Kubitius

Michael Roth, Jahrgang 1968, ist Professor für Systematische Theologie an der Evangelisch-Theologischen Fakultät der Rheinischen Friedrich-Wilhelms-Universität Bonn.

Michael Roth

Willensfreiheit?

Ein theologischer Essay
zu Schuld und Sünde,
Selbstgerechtigkeit und Skeptischer Ethik

Zweite unveränderte Auflage

cmz

Bibliografische Information der Deutschen Nationalbibliothek

Die Deutsche Nationalbibliothek verzeichnet diese Publikation in der Deutschen Nationalbibliografie; detaillierte bibliografische Daten sind im Internet über http://dnb.d-nb.de abrufbar.

Zweite unveränderte Auflage

An der Glasfachschule 48, 53359 Rheinbach
Tel. 02226-9126-26, Fax 02226-9126-27, info@cmz.de

Scans und Satz (Adobe Garamond Pro 11 auf 13,5 Punkt)
mit Adobe InDesign CS3:
Winrich C.-W. Clasen, Rheinbach

Technische Beratung:
Frank Münschke dwb (Klartext Medienwerkstatt GmbH), Essen

Papier: Alster 90 g mit 1,3 f. Vol.

Umschlagbild:
Lars C. Winneich, *Piet*, 2011; Acryl auf Leinwand, 86,5 × 81,8 cm; Privatbesitz

Umschlaggestaltung:
Lina C. Schwerin, Hamburg

Gesamtherstellung:
BoD – Books on Demand, Norderstedt

ISBN 978-3-87062-122-3

20150617

www.cmz.de

Inhaltsverzeichnis

3. Rechtsprechung, Schuld und Strafe

Einführung

Das Thema »Willensfreiheit« steht nicht erstmals auf der Tagesordnung. Seit der Antike beschäftigt die Philosophie das Problem der Willensfreiheit[1] und es war seither stets in der wissenschaftlichen Diskussion präsent.[2] Allerdings hat sich die Lage insofern geändert, als im Unterschied zu früheren Zeiten die Diskussion um das Theorem der Willensfreiheit seit geraumer Zeit auch öffentliches Interesse erregt. Ganz offenkundig sind hierfür die Befunde der Hirnforschung und der experimentellen Psychologie verantwortlich. Die geradezu hitzige Diskussion ist nur allzu gut zu verstehen, denn die Auswirkungen des Problems betreffen das substantielle Interesse unseres Selbstverständnisses als freie und bestimmungsfähige Personen. Vor allem aber scheinen sie unsere alltägliche Praxis des intersubjektiven Umgangs zu betreffen.

Ist zu befürchten, dass der Zweifel am Theorem der Willensfreiheit unsere alltägliche Praxis in Frage stellt, andere Menschen für ihre Taten verantwortlich zu machen und nach persönlicher Schuld zu fragen? Wenn man nicht mehr von Freiheit und Verantwortung sprechen kann, ist es dann überhaupt berechtigt, eine Person für ihr Handeln zu loben oder zu tadeln? Welchen Sinn machen Moral und Ethik, wenn unser Wille nicht frei ist? Muss man nicht – im Interesse von Moral und Ethik – das Theorem der Willensfreiheit geradezu voraussetzen?

Vor allem scheinen die Rechtsprechung und das Instrument des Strafens und der Schuldzuschreibung in Frage gestellt zu sein. Wird diese Praxis nicht aus den Angeln gehoben, wenn man die Freiheit des Willens bestreitet? Auch wird in der Auseinandersetzung um die

1 Vgl. Dihle 1985; Seebaß 2003.

2 Vgl. Pauen/Roth 2008, 7.

Willensfreiheit immer wieder auf das Selbsterleben des Menschen verwiesen: Widerspricht unser Selbsterleben nicht der Bestreitung der Willensfreiheit, insofern wir uns als ja auch frei erleben? Müssen wir unser Erleben von Freiheit als Selbsttäuschung verstehen? Andererseits: Erleben wir uns tatsächlich frei in dem Sinne, dass wir autonom darüber entscheiden können, was uns als begehrenswert erscheint und was wir in unserem Wollen intendieren? Gibt es nicht auch die Erfahrung, im eigenen Wollen »festgehalten«, ja in gewisser Weise ihm »ausgeliefert« zu sein?

Im Blick auf diese Fragen drängt sich die Rede von der Sünde auf; denn die Sünde wird als »Synthese von Schicksal und Schuld«[3] zur Sprache gebracht, als ein Zugleich von Unfreiheit und Verantwortlichkeit. Aufschlussreich ist die Rede von der Sünde vor allem deshalb, weil sie ihren Ort in der Selbsterfahrung der Person hat.

Ich werde in diesem Essay *erstens* zu zeigen versuchen, dass es bei dem Streit um das Theorem der Willensfreiheit nicht darum geht, *ob* von menschlicher Freiheit geredet werden kann oder nicht, sondern darum, *wie* von menschlicher Freiheit gesprochen werden kann: ob Freiheit als Selbstmächtigkeit zu verstehen ist oder ob von einer Freiheit die Rede ist, die der Abhängigkeit menschlicher Existenz Rechnung trägt.

Zweitens werde ich versuchen zu verdeutlichen, dass das Theorem der Willensfreiheit keineswegs unsere alltägliche Praxis der Zuschreibung von Schuld und Verantwortung legitimiert, sondern im Gegenteil dieser entgegensteht.

Und *drittens* werde ich die These vertreten, dass das Festhalten an dem Theorem der Willensfreiheit nicht in der Legitimation unserer alltäglichen Praxis der Zuschreibung von Schuld und Verantwortung begründet ist (wie dies immer behauptet wird), sondern in unserem Bedürfnis, *in selbstgerechter Weise* über die Schuld an-

3 Elert 1952, 25.

derer und die eigene Schuld zu reden. Dass ich mich dabei vor allem dem Strafrecht zuwende, ergibt sich angesichts der Fragestellungen von selbst. Abschließend werde ich *viertens* erörtern, inwiefern die Einsicht in die Unfreiheit des Willens die Grundfrage der Ethik bestimmt.

Der vorliegende theologische Essay hat den Anspruch, Überlegungen in ihrer Form »essayistisch« und in ihrer Art »denkerisch« zu entfalten und zu erörtern. Mit dem Adjektiv »theologisch« ist die Richtung der folgenden Gedanken angedeutet. Auffallend mag sein, dass ich (neben Kap. 1.5) erst in den letzten Kapiteln (Kap. 4 und Kap. 5) ausführlicher auf die theologische Tradition zu sprechen komme. Gleichwohl handelt es sich im gesamten Buch um theologisches Denken; denn die Theologie kann ihren Gegenstand nur innerhalb der allgemeinen Verstehensbemühungen und Denkbewegungen zur Sprache bringen.

Anders als jene theologische Denkrichtung, die die Theologie als Wissenschaft für ein internes Forum versteht, auf dem »[u]nbefangen theologische Begriffe [...] gebrauch[t]«[4] werden können, wird in dem vorliegenden Essay davon ausgegangen, dass auch der Theologe nicht auf Offenbarung und Glaube verweisen kann statt zu argumentieren. Weil auch der Theologe vernünftig Rechenschaft ablegt, indem er methodisch nachdenkt, Gründe für seine Überlegungen angibt und argumentativ um Zustimmung wirbt, sucht er keinen internen Zirkel, der seine Aussagen abnickt, weil er bestimmte (theologische) Reizworte ausspricht. Die Gefahr eines solchen internen Zirkels, in dem die Theologie »unbefangen« ihre Begriffe gebrauchen kann, ist groß: Sie besteht darin, dass die Theologie dann »in dogmatischen Sprachspielen kommuniziert, denen selbst für professionelle Insider die Aura des Immerschon-Unverständlichen eignet«[5].

Mein Anliegen ist daher, Einsichten des Glaubens innerhalb des allgemeinen Diskurses zur Geltung zu bringen und darin auch den

4 Gegen Sauter 2002, 102.

5 Graf 2004, 262.

christlichen Glauben als »denkende Religion«[6] zu verantworten. Das vom Glauben inaugurierte Denken steht nicht *neben* oder *über* den unterschiedlichen Verstehens- und Kommunikationszusammenhängen, in denen wir uns immer schon befinden, sondern wird *in*, *mit* und *unter* ihnen aktuell.[7]

6 Harnack 1927, 2. Vgl. auch: Tanner 2002, 87 f.; Roth 2009b; Moltmann 2009, 534 f.

7 Vgl. Roth 2005b; Roth 2009c.

1. Klärungen im Vorfeld

1.1 Vorbemerkung Ist es so ohne weiteres möglich, Argumente für und gegen das Theorem der Willensfreiheit zusammenzustellen? Ganz offensichtlich fällt es bereits schwer zu formulieren, was mit dem Begriff »Willensfreiheit« eigentlich gemeint ist. Ich werde daher in diesem Kapitel zunächst einige Klärungen vornehmen, um den folgenden – mit Kap. 2 einsetzenden – Gedankengang zu entlasten. Diese ersten Klärungen sollen – entgegen einer falschen Darstellung des Streites – zunächst einige Scheinalternativen kritisch in den Blick nehmen (Kap. 1.2), um im Anschluss eine erste Antwort auf die Frage zu geben, worum es bei dem Streit um das Theorem der Willensfreiheit eigentlich geht (Kap. 1.3). Zu dieser Klärung gehört es auch, die in der Diskussion immer wieder auftauchenden Libet-Experimente einzuordnen und ihren Stellenwert zu bestimmen (Kap. 1.4).

Schließlich ist auch ein erster Blick auf die protestantische (vor allem lutherische) Tradition zu werfen (Kap. 1.5), auf die ich am Ende dieses Buches im Zusammenhang der Sündenlehre (Kap. 4) und unserer Frage nach der Bedeutung der Frage nach der Willensfreiheit für die Ethik (Kap. 5) zurückkommen werde. Ist es tatsächlich so, dass Theologen von Hause aus dazu aufgerufen sind, den Befürwortern der Willensfreiheit Beistand zu leisten? Mit Matthias Petzoldt formuliert: »Muss der Glaube die Willensfreiheit verteidigen?«[8]

1.2 Scheinalternativen Wenn wir uns der Frage nähern, um was es bei dem Streit um das Theorem der Willensfreiheit eigentlich geht, so ist zunächst der auffällige Umstand zu konstatieren, dass bei der Diskussion um die Willensfreiheit teilweise mit Alternati-

8 Petzoldt 2008.

ven und Frontstellungen gearbeitet wird, die für ein diszipliniertes Nachdenken äußerst hinderlich sind. Gerade in der öffentlichen Diskussion werden gerne Begriffe wie bspw. »Willensfreiheit«, »alternative Handlungsmöglichkeiten« oder auch »Auch-anders-handeln-Können« gebraucht, ohne genauer geklärt zu werden. Stattdessen wird mit Scheinalternativen und Scheinselbstverständlichkeiten gearbeitet, die suggerieren, die Rede von einem »Auch-anders-handeln-Können« und »alternativen Handlungsmöglichkeiten« sei nur möglich, wenn man das Theorem vom freien Willen akzeptiere.

Ein gutes Beispiel bietet der Artikel »Der Mensch ist verführbar« im *Rheinischen Merkur* (10/2009, Spezial 9), in dem Hans Michael Heinig, Professor für Öffentliches Recht und Leiter des Kirchenrechtlichen Instituts der Evangelischen Kirche in Deutschland, für die Willensfreiheit plädiert und formuliert: »Menschliche Freiheit ist die Voraussetzung, um überhaupt vom Bösen oder vom Recht sprechen zu können. Ohne die Möglichkeit alternativen Handelns macht die Rede von beidem keinen Sinn. Deshalb wirken naturwissenschaftliche Debatten über menschlichen Determinismus auf Rechtswissenschaftler, Theologen und Moralphilosophen häufig ausgesprochen beunruhigend«. An diesem Satz ist vieles begrifflich unscharf.

Erstens: Dass die menschliche Freiheit die Voraussetzung dafür ist, von Recht zu sprechen, ist nicht zu bestreiten (vgl. Kap. 3). Die entscheidende Frage ist, *was* jeweils unter menschlicher Freiheit verstanden wird (und dann auch, welche Konsequenz dies für das Verständnis des Rechts hat). Auch deterministische Positionen entwickeln ein Verständnis von menschlicher Freiheit (vgl. Kap. 2). Die Alternative lautet daher nicht Determinismus versus Freiheit, sondern deterministisches versus nicht-deterministisches (bzw. indeterministisches) Freiheitsverständnis. Heinig erweckt den falschen Eindruck, dass deterministische Positionen die Rede von Freiheit ablehnen und man daher deterministische Positionen ganz leicht aushebeln könne, indem man auf die Notwendigkeit verweist, von Freiheit zu sprechen – dies ist unseriös.

Zweitens: Zu bestreiten ist auch nicht, dass wir nur dann von Freiheit sprechen können, wenn wir auch anders handeln könnten, das heißt »alternative Handlungsmöglichkeiten haben«. Wer nicht seinem eigenen Willen gemäß handeln kann, weil er etwa von einem anderen zu etwas gezwungen wird und daher keine Handlungsalternative hat, ist nicht frei und fühlt sich auch nicht so (vgl. Kap. 2.1). Das ist völlig unstrittig und bedarf daher eigentlich auch keiner genauen Auseinandersetzung. Heinig ist aber im Irrtum, wenn er die Rede von Handlungsalternativen durch den Determinismus bestritten sieht; denn auch unter deterministischen Voraussetzungen wird von Handlungsalternativen gesprochen (vgl. Kap. 2.1). Nun ist es selbstverständlich denkbar und auch legitim, dass jemandem das Verständnis von Freiheit, wie es in deterministischen Konzeptionen entwickelt wird, nicht ausreicht und er auch Gründe gegen dieses Verständnis von Freiheit geltend macht. Keinesfalls darf man aber so tun, als würden deterministische Positionen jede Rede von alternativen Handlungsmöglichkeiten bestreiten; denn dies ist schlichtweg falsch.

Drittens: Auch die Zusammenstellung von Rechtswissenschaftlern, Theologen und Moralphilosophen überrascht. Sie sind keineswegs alle »beunruhigt«, vor allem nicht in gleicher Weise. In der Tat finden sich (immer weniger werdende) Moralphilosophen, die für die Willensfreiheit plädieren. Größer schon (aber ebenfalls immer geringer werdend) ist die Zahl der Rechtswissenschaftler, die durch die »Debatten über menschlichen Determinismus« »beunruhigt« sind. Warum sie es sind und inwiefern diese Beunruhigung vielleicht als sehr erfreulich zu beurteilen und ihnen durchaus zu gönnen ist, werden wir in Kap. 3 ausführlich erörtern. Gänzlich überrascht aber, dass Theologen »beunruhigt« sein sollen, wie Heinig ohne weitere Differenzierung behaupten zu müssen meint. Dies kann ja nur für solche Theologen der Fall sein, denen Luthers Schrift »De servo arbitrio« genau so unbekannt ist wie die entsprechenden Aussagen in den Bekenntnisschriften und die zudem die Unterschiede zwischen der katholischen und der protestantischen Tradition nicht kennen, sondern letztere mit ersterer verwechseln. Nicht erst Sigmund Freud hat dem Theorem der Willensfreiheit widersprochen und dem humanistischen Menschenbild eine tiefe »Kränkung«[9] zugefügt, sondern auch Martin Luther und Philipp Melanchthon wussten darum, dass das Ich nicht Herr im eigenen Haus ist und haben diese Kränkung dem Humanismus ihrer Zeit (vor allem in Gestalt von Erasmus von Rotterdam) nicht erspart. Gegen die Rede vom freien Willen (*liberum arbitrium*) haben sie vom unfreien Willen (*servum arbitrium*) gesprochen. Es geht es mir hier nicht darum zu kritisieren, dass jemand eine andere als in diesem Essay vorgetragene Interpretation von Luthers Schrift oder den entsprechenden Aussagen in den Bekenntnisschriften hat. Wünschenswert wäre aber, wenn deutlich gemacht würde, dass man um die genannte Differenzierung zwischen römisch-katholischer und protestantischer Lehrbildung wenigstens rudimentär weiß und zu erkennen gibt, dass das reformatorische Menschenbild mit dem aufgeklärt-humanistischen Bild vom Menschen nicht einfach zusammenfällt, sondern sich mit diesem kritisch auseinandersetzt. Luthers Schrift gegen Erasmus enthält – so der Philosoph Herbert Schnädelbach – »die denkbar schärfste Abgrenzung von jedem Humanismus«[10], der Theologe Oswald Bayer spricht in Bezug auf Luthers Schrift gar von einem »Attentat auf das humanistische Bild des Menschen«[11]. Diese reformatorische Kritik an dem aufgeklärt-humanistischen Bild vom Menschen ist keine Randerscheinung des Protestantismus, sondern in dieser Kritik entfaltet der Protestantismus seinen Kern. Pointiert formuliert: Der Protestantismus ist etwas anderes als das religiöse Sahnehäubchen aufgeklärt-humanistischer Anschauungen. Wer dies verkennt, bringt den Protestantismus um seine Kraft.

9 Freud 1947, 11.

10 Schnädelbach 2007, 64.

11 Bayer 2007, 169.

1.3 Worum geht es? Was bedeutet die Infragestellung des Theorems der Willensfreiheit für unsere alltägliche Praxis der Zurechnung von Handlungen, der Schuldzuschreibung und Strafbemessung? Ist es gar nicht mehr möglich, von Schuld und Verantwortung zu sprechen? Vertreter des Theorems der Willensfreiheit setzen »Szenarien des moralischen Chaos in die Welt und lehren die Menschen das Fürchten vor dem Naturalismus der Hirnforschung« bspw. mit dem Szenarium, »dass die an die Willensfreiheit gebundene Schuldfähigkeit von Straftätern mit dem Verlust des freien Willens zur Tat ebenfalls wegfallen müsse«[12]. So behauptet bspw. Gottfried Seebaß, dass »Überlegungen und Handlungen, die ihrem Sinn nach darauf ausgerichtet sind, etwas geschehen zu machen oder Geschehen aktiv zu beeinflussen«, unter der Voraussetzung des Determinismus und der Bestreitung des Theorems der Willensfreiheit »sinnlos« sind.[13] Aber nicht nur Befürworter des Theorems der Willensfreiheit wie Seebaß, sondern auch die Bestreiter dieses Theorems leisten nicht selten mit provokativen Aussagen diesen Horrorszenarien Vorschub, insofern sie unsere alltägliche Praxis der Zuschreibung von Schuld in Frage stellen: So behauptet Franz M. Wuketits, dass uns die Einsichten der modernen Hirnforschung nahelegen, »uns von althergebrachten Konzepten von Schuld und Strafe zu verabschieden«[14], Wolf Singer sieht es als verfehlt an, »Menschen mit problematischen Verhaltensdispositionen als schlecht oder böse abzuurteilen« und »von Freiheit zu sprechen«[15]. Von daher empfiehlt Singer dem deutschen Strafrecht auch eine neue Terminologie, die nur noch äußerlich von dem Wort »Verantwortung« Gebrauch macht, in Wahrheit aber »Gefähr-

12 Grün et al. 2008, 8.

13 Seebaß 1993, 9. Zur Kritik an Seebaß vgl. Leder 1995; Pauen 2001.

14 Wuketits 2008, 5.

15 Singer 2004, 63 f.

lichkeit« meint.[16] In dieser Weise formuliert auch Wolfgang Prinz: »Wir könnten aber [...] auch ein anderes Rechtssystem etablieren. Etwa eines, das nicht auf dem Schuld- oder Verantwortungsprinzip beruht, sondern darauf, daß man für Handlungen, die anderen schaden, zahlen muß, ohne daß man den Handelnden Freiheit und Schuldfähigkeit unterstellt.«[17] Auch Ulrich Pothast denkt in diese Richtung, wenn er die übliche Praxis von Tadel, Schuldzuschreibung und Strafzumessung kritisiert und die Forderung aufstellt, dass an ihre Stelle therapeutische Eingriffe treten sollen.[18]

Im Blick auf ein solches Plädoyer wird Jan Philipp Reemtsmas Befürchtung verständlich, der er in einem Streitgespräch mit Hans Markowitsch Ausdruck verleiht: »Wovon Sie träumen, die Ersetzung des Rechts durch die Psychiatrie, das wird hoffentlich Utopie bleiben. Es setzt ein Menschenbild voraus, bei dem wir alle wie ferngesteuerte Maschinen durch die Gegend laufen. Die Auswirkungen auf die Gesellschaft wären katastrophal« (*Der Spiegel* 31/2007, 123). In der Tat ruft die Vorstellung der Ersetzung des Rechts durch die Psychiatrie, auch wenn sie sich zunächst sehr human anhört (»Der Übertreter des Gesetzes darf nicht bestraft, sondern muss therapiert werden«), ungute Gefühle hervor. Es stellt sich die Frage, ob hier die »Grenzen der Staatsgewalt«[19] überschritten werden. Man bedenke nur, dass auch das kommunistische China den letzten Kaiser in ein »Umerziehungslager« gebracht hat, weil er offenkundig Hilfe brauchte, da er die Größe der kommunistischen Ideen nicht zu sehen in der Lage war und auch nicht fähig zu sein schien, ein Leben im Sinne des Kommunismus zu führen (ich werde auf diese Frage in den Kap. 3.5 und 3.8 zurückkommen).

16 Singer 2005, 537.

17 Prinz 2004, 26.

18 Vgl. Pothast 1987, 387 ff.

19 Bauer 1966, 205 ff.

Sowohl die Szenarien des moralischen Chaos, die die Befürworter des Theorems der Willensfreiheit malen, als auch die provokativen Aussagen von einigen Gegnern dieses Theorems setzen als selbstverständlich voraus, dass die Bestreitung des Theorems der Willensfreiheit unsere Praxis der Zuschreibung von Schuld und Verantwortung außer Kraft setzt. Ist das aber tatsächlich der Fall? Es ist nicht zu übersehen, dass die abendländische Geistesgeschichte der vergangenen zweihundert Jahre die Vorstellung eines freien Willens und die Zuschreibung von Schuld und Verantwortung fest miteinander verknüpft hat, so dass es nicht verwundert, dass vor allem Strafrechtler am Postulat der Willensfreiheit festhalten.[20] Sie sind häufig davon überzeugt, dass ein Mensch »nur dann [...] für die Handlung verantwortlich« ist, wenn er aus »eigenem, freien Willen gehandelt hat«[21]. Als typisch kann hier die Argumentation von Ansgar Beckermann gelten: Strafe setzt Verantwortlichkeit und Schuld voraus, Verantwortlichkeit und Schuld wiederum die Willensfreiheit.[22] In der Tat stellt sich die Frage, wie man eine Person für eine Normverletzung bestrafen will, an der sie keine Schuld trägt, und wie man der Person die Schuld an einer gesetzes- oder normwidrigen Handlung anlasten kann, wenn sie im Vollzug der Handlung nicht frei war und daher gar nicht anders handeln konnte. Ganz offenkundig ist unsere alltägliche Praxis der Schuldzuschreibung, aus der die strafrechtliche Praxis der Schuldzuschreibung erwachsen ist, von der Beurteilung der in unserem Handeln waltenden Freiheit nicht zu lösen (vgl. Kap. 3). In diese Richtung argumentiert bspw. Michael Pauen: Versuche, die Bindung von Strafe an Schuld bzw. von Schuld an Freiheit zu lockern, um so die Legitimität des staatlichen Strafens von der Existenz der Willensfreiheit unabhängig zu machen, konnten sich nach Pauen deshalb nicht etablieren, weil

20 Vgl. Schiemann 2008.

21 Günther 2005, 83.

22 Vgl. Beckermann 2006, 293.

der Zusammenhang von Strafe und Schuld bzw. von Schuld und Strafe äußerst plausibel ist.[23] Allerdings dürfen hier nicht zu schnell Alternativen aufgestellt werden: Argumente, die die Notwendigkeit der Rede von menschlicher Freiheit einsichtig machen (wie bspw. in diesem Fall das Argument des plausiblen Zusammenhangs von Strafe, Schuld und Freiheit) sind keineswegs Argumente für das Theorem der *Willens*freiheit (vgl. Kap. 1.2). Dies ist – so habe ich behauptet – deshalb nicht der Fall, weil die Gegner und Befürworter des Theorems der Willensfreiheit sich nicht darin unterscheiden, dass die einen die Rede von menschlicher Freiheit ablehnen, während die anderen ihre Notwendigkeit hervorheben, sondern in der Frage, *wie* von menschlicher Freiheit geredet werden muss. Diesem gilt es auch hier Rechnung zu tragen: So ist die Frage zu stellen, von welcher Freiheit die Rede ist, wenn von dem Zusammenhang von Schuld und Freiheit gesprochen wird. Es geht somit nicht um die Frage, ob von Freiheit, Schuld und Verantwortung geredet werden kann, sondern *wie* Freiheit, Schuld und Verantwortung zu bestimmen sind. Dies muss mit aller Entschiedenheit festgehalten werden, damit nicht die Notwendigkeit der Rede von Schuld und Verantwortung allzu kurzschlüssig zur Unterstützung des Theorems der Willensfreiheit herangezogen wird.

Was ist nun aber das Theorem der Willensfreiheit? Ich habe bisher immer wieder den Terminus »freier Wille« gebraucht, ohne diesen zu klären. In der Tat fällt es schwer zu beantworten, was mit diesem Theorem eigentlich gemeint ist. Dass wir unserem Willen entsprechend handeln können, kann nicht die Pointe dieses Theorems sein, dies ist unstrittig. Gemeint sein kann auch nicht, dass wir das (wirklich) wollen, was wir wollen; denn natürlich wollen wir, was wir wollen, weil wir es ja wollen. Auch die Rede davon, dass Willensfreiheit bedeutet: »Ich kann frei entscheiden, was ich will«, ist erklärungsbedürftig. Läuft es nicht darauf hinaus zu sagen, dass

23 Vgl. Pauen 2008, 43 f.

mein Wollen mein Wollen bestimmt? Zu fragen wäre auch, was das Ich ist, das den Willen bestimmt. Ist es nicht immer auch durch den Willen geprägt? Inwiefern unterscheidet sich ein solcher Satz in der Konsequenz dann von dem bekannten Satz von Wolf Singer: »Keiner kann anders, als er ist.«[24]? Wenn man verstehen will, was es mit dem Theorem der Willensfreiheit auf sich hat, so empfiehlt es sich, es als Alternative zum Determinismus zu begreifen.

Der Determinismus verweist auf die geschlossenen Kausalverläufe, weil er von der Erfahrung der Regelhaftigkeit aller Ereignisse der physischen Welt getragen ist, wie auch immer die einschlägigen Regularien genauer beschreibbar sein mögen. In dieser Weise definieren auch Michael Pauen und Gerhard Roth den Determinismus: »Als determiniert bezeichnen wir ein Ereignis, wenn dessen Eintreten durch vorangegangene Umstände vollständig festgelegt wird, so dass bei der Wiederholung der vorangegangenen Umstände auch das Ereignis immer wieder eintreten wird. Ist unsere Welt determiniert, dann gelten die genannten Bestimmungen für sämtliche Ereignisse in dieser Welt. In einer solchen Welt kann man also niemals sagen, daß etwas anderes hätte eintreten können, als faktisch eingetreten ist.«[25] Auch wenn der Determinismus nur eine These ist, so ist er doch die Voraussetzung *aller* empirischen Wissenschaften, die davon ausgehen, dass alle Vorgänge in der physischen Welt von einem universalen nomologischen Kausalprinzip beherrscht werden: Sie fragen nach den Ursachen und versuchen diese möglichst umfassend zu beschreiben. Auf Grund unserer Erfahrung der Regelhaftigkeit aller Ereignisse der physischen Welt ist auch unser alltägliches Handeln von einer deterministischen Vorstellung getragen: Wir gehen davon aus, dass die uns widerfahrenden Ereignisse eine Ursache haben, nach der wir fragen können. Insofern ist der Determinismus die Voraussetzung dafür, dass unsere Welt eine ver-

24 Singer 2004, 35.

25 Pauen/Roth 2008, 38.

ständliche Welt ist. In dieser Weise argumentiert auch Peter Bieri: »Es ist die Idee einer Welt, in der wir verstehen können, *warum* etwas geschieht. Zwar gibt es darin vieles, was wir nicht verstehen, und vermutlich wird das immer so bleiben. Trotzdem, denken wir, ist die Welt eine Gesamtheit von Phänomenen, in die wir Licht bringen können, indem wir uns erklären, warum die Phänomene so sind, wie sie sind. Selbst wenn dieser Gedanke eine Täuschung wäre: Anders können wir über die Welt nicht denken. Phänomene zu erklären und dadurch verständlich zu machen, heißt, die *Bedingungen* zu entdecken, von denen sie abhängen. Wenn sie erfüllt sind, und nur wenn sie erfüllt sind, tritt das Phänomen auf. Für jede einzelne Bedingung gilt, daß sie notwendig ist: Wäre sie nicht erfüllt, würde das betreffende Phänomen nicht auftreten. Zusammengenommen sind die Bedingungen jeweils hinreichend: Wenn sie alle erfüllt sind, kann es nicht ausbleiben, daß sich das Phänomen einstellt. Wenn wir die Bedingungen kennen, die das Phänomen möglich machten, und die Bedingungen, die zusammen sein Eintreten festlegten, haben wir den Eindruck zu verstehen, warum es vorliegt. Wenn uns das Phänomen rätselhaft erscheint, dann deshalb, weil wir nicht wissen, welche Bedingungen es waren, die es ermöglichten und die zusammen dafür sorgten, daß es auch wirklich eintrat. […] Für diese Idee hat man das Wort *Determinismus* gewählt.«[26] Diese geschlossenen Kausalverläufe, die unser Verstehen ermöglichen, gelten auch für den Menschen; denn »auch die Menschen gehören zur Welt, und das bedeutet: Auch für das, was sie tun, gibt es Bedingungen, die gesondert notwendig und zusammen hinreichend für ihre Taten sind«[27]. Wohlgemerkt: Mit »Determinismus« ist hier – wie auch an anderen Stellen des Essays – ausschließlich die kausale Bestimmtheit im Sinne kausaler Netze gemeint, nicht der strenge Begriff des Determinismus, wie er in der Physik (bspw. der

26 Bieri 2009, 16 f.

27 Bieri 2009, 17.

Newtonschen Mechanik) verwendet wird, wo er reversible Naturgesetze bezeichnet.

Das Theorem von der Willensfreiheit bestreitet diese geschlossenen Kausalverläufe für das menschliche Handeln. In diese Richtung könnte man Immanuel Kant verstehen: »Zur inneren Freiheit aber werden zwei Stücke erfordert: seiner selbst in einem gegebenen Fall *Meister* (*animus sui compos*) und über sich selbst *Herr* zu sein (*imperium in semetipsum*), d. i. seine Affekte zu *zähmen* und seine Leidenschaft zu *beherrschen*«[28]. Für Kant bedeutet Willensfreiheit »das Vermögen, einen Zustand *von selbst* anzufangen, deren Kausalität also nicht nach dem Naturgesetze wiederum unter einer anderen Ursache steht, welche sie der Zeit nach bestimmte«[29]. Menschen, die in dieser Weise den Begriff »Willensfreiheit« benutzen, gehen davon aus, dass der Wille dann frei ist, wenn er aus sich heraus, selbstinitiiert und ohne außer ihm liegende Gründe eine Handlung bestimmt.[30] Zwar mögen äußere und innere Bedingtheiten jeglicher Art, Ansichten, Wünsche oder Motive vorliegen, welche die Handlung einer Person in die eine oder andere Richtung drängen – die Letztentscheidung darüber, wie gehandelt wird, liegt jedoch bei diesem freien Willen.

Der Determinismus ist – wie auch der Indeterminismus – eine These. Festzustellen bleibt allerdings, dass ein solcher den Determinismus bestreitender Begriff der Willensfreiheit in Erklärungsnotstände gerät. Die Einsicht in die Geschlossenheit der Kausalverläufe auf makrophysikalischer Ebene auf Grund unserer Erfahrungen von der Regelhaftigkeit aller Ereignisse prägt spätestens seit dem 18. Jahrhundert das Bewusstsein nicht nur der Gebildeten der Zeit (wohlgemerkt: *seit dem*, nicht bloß *im* 18. Jahrhundert)[31]. *Alle* em-

28 MdS, A 50.

29 KrV, B 561.

30 So bspw. Schreiber 2005.

31 Gegen Habermas 2005, 155.

pirischen Wissenschaften sind dem Kausalitätsprinzip verpflichtet und insofern »deterministisch«. Auch Immanuel Kant, der ein Vertreter der Willensfreiheit ist, hat sich dieser deterministischen Sicht nicht verschlossen. Dass die physikalische Welt durch Kausalverläufe geprägt ist, die für eine nicht-deterministische Idee der Willensfreiheit keinen Raum lässt, ist für Kant selbstverständlich[32] – im Unterschied zu vielen, die sich (zu Unrecht) auf Kant berufen, wie etwa Hans-Peter Müller, der meint, den freien Willen im bewussten Abwägen von Handlungsmöglichkeiten nachweisen zu können.[33] So formuliert Kant: »Es ist keine Freiheit, sondern alles in der Welt geschieht lediglich nach Gesetzen der Natur.«[34] Dennoch will Kant die Rede von dem freien Willen aufrechterhalten. Die Idee der Freiheit ist daher für Kant eine transzendentale, keine empirische.[35] Mit der Frage, was man sich unter der transzendentalen Idee der Freiheit, selbstinitiiert eine Kausalkette zu beginnen, vorzustellen habe, hält Kant sich nicht auf, sondern erklärt: »Die Freiheit ist in dieser Bedeutung eine rein transzendentale Idee, die ernstlich nichts von der Erfahrung Entlehntes enthält, zweitens deren Gegenstand auch in keiner Erfahrung bestimmt gegeben werden kann, weil es ein allgemeines Gesetz, selbst der Möglichkeit aller Erfahrung, ist, daß alles, was geschieht, eine Ursache, mithin auch die Kausalität der Ursache, die *selbst geschehen*, oder entstanden, wiederum eine Ursache haben müsse; wodurch denn das ganze Feld der Erfahrung, soweit es sich erstrecken mag, in einen Inbegriff bloßer Natur verwandelt wird.«[36] Willenshandlungen sind entsprechend für Kant nur der Idee nach, nicht aber empirisch frei. Daraus folgt für Kant auch, dass der Ver-

32 Vgl. hierzu Merkel 2008, 341 ff.

33 Vgl. Müller 2005.

34 KrV, B 473.

35 Vgl. GMdS, BA 63; KrV, B 566 ff; vgl. hierzu Steinvorth 1994, 179 ff.

36 KrV, B 561.

such, Willensfreiheit empirisch nachweisen zu wollen, absurd ist. Argumentationsfiguren wie die von Hans-Peter Müller sind für Kant ausgeschlossen. Freilich überzeugt Kants »Zwei-Welten-Theorie«, die zwischen einer transzendentalen und einer empirischen Welt unterscheidet, schon deshalb nicht, weil sie nicht erklären kann, wie ein indeterminierter Wille in die ansonsten herrschende Naturdeterminiertheit eingreifen kann. Ich wage es daher auch zu bezweifeln, dass die Probleme der Willensfreiheit durch eine kritische Rückbesinnung auf Kant zu lösen sind.[37]

Ich halte fest: Strittig zwischen den Befürwortern und Bestreitern des Theorems der Willensfreiheit ist nicht, *ob* von Freiheit geredet werden kann oder nicht, sondern *wie* davon geredet werden muss. Ist der Mensch ein unbewegter Beweger, der Kausalketten initiieren kann, diesen aber selbst nicht unterworfen ist, oder ist der Mensch Teil der Welt und damit auch ihrer Wirkmechanismen? Die deterministische Einsicht in die Geschlossenheit der Kausalverläufe auf makrophysikalischer Ebene prägt spätestens seit dem 18. Jahrhundert unser Denken; alle empirischen Wissenschaften sind diesem Kausalitätsprinzip ebenso verpflichtet wie unser Alltagsdenken. Demgegenüber ist ein Theorem wie das der Willensfreiheit, das diese geschlossenen Kausalverläufe in Bezug auf menschliches Handeln bestreitet, fast nicht denkmöglich. Im Blick auf diese Problemlage halte ich es für die sinnvollste Aufgabe, der Frage nachzugehen, wie Freiheit und Determination mit einander vereinbar sind. Wohlgemerkt: Es wird nicht darum gehen, Reste von Indetermination in einer determinierten Welt aufzuspüren, sondern zu fragen, wie unter den Bedingungen des Determinismus menschliche Freiheit zu verstehen ist. Bevor ich hiermit in Kap. 2 einsetze, werde ich zunächst zwei weitere Klärungen im Vorfeld vornehmen: hinsichtlich der Libet-Experimente (Kap. 1.4) und der reformatorischen Behauptung des »unfreien Willens« (Kap. 1.5).

37 Gegen Höffe 2004, 172; Höffe 2000, 207.

1.4 Die Libet-Experimente Offensichtlich sind die Neurowissenschaften für das verstärkte Interesse an der Diskussion um das Theorem der Willensfreiheit verantwortlich. Die so genannten Libet-Experimente haben vor fast 30 Jahren eine ganze Lawine von Publikationen ausgelöst.[38] Dies überrascht, denn das Problem der Willensfreiheit beschäftigt die Philosophie seit der Antike und ist seither stets in der wissenschaftlichen Diskussion präsent. Die Vorstellung von einer Selbstmächtigkeit des Menschen, die den Menschen als »unbewegten Beweger« versteht, der es vermag, »aus eigener Kraft«, »selbstverursacht« oder »selbstinitiiert« eine Kausalkette zu beginnen, ist schon lange vor der Neurowissenschaft als Illusion bezeichnet worden. So spricht Sigmund Freud von drei Kränkungen der menschlichen Eigenliebe: der mit dem Namen Kopernikus verknüpften »kosmologischen Kränkung«, der mit dem Namen Darwin verknüpften »biologischen Kränkung« und der von Freud selbst dem menschlichen Narzissmus zugefügten »psychologischen Kränkung«, die sich daraus ergebe, »daß die seelischen Vorgänge an sich unbewußt sind und nur durch eine unvollständige und unzuverlässige Wahrnehmung dem Ich zugänglich und ihm unterworfen werden«. Solche Auffassung komme »der Behauptung gleich, daß das Ich nicht Herr sei in seinem eigenen Haus«[39].

Aber bereits vor Freud hatte die entstehende physiologische und psychologische Forschung das Theorem von der Willensfreiheit kritisiert. Ein gutes Beispiel für den unaufgeregten Umgang mit der Frage der Willensfreiheit bietet die Schrift des evangelischen Pfarrers Oskar Pfister aus dem Jahr 1903 »Die Willensfreiheit. Eine kritisch-systematische Untersuchung«, die dieser als Beitrag für ein Preisausschreiben über die Willensfreiheit der »Haager Gesellschaft zur Verteidigung der christlichen Religion« verfasste. Die Frage des Preisausschreibens lautete: »Kann man sich für die Theorie des

38 Vgl. Petzoldt 2008, 55ff.

39 Freud 1947, 11.

Indeterminismus (Kants transzendentale Willensfreiheit) mit Recht auf Tatsachen des Seelenlebens berufen? Ist diese Theorie aufrecht zu halten gegenüber den neueren wissenschaftlichen Untersuchungen über die Regelmäßigkeit in den menschlichen Willenstaten, den Zusammenhang zwischen physiologischen und psychologischen Erscheinungen u.s.w.? Welche Bedeutung hat sie für Religion und die Sittlichkeit?«[40]

Nachdem Pfister in einem ersten Hauptteil auf die Beziehung des Willens zur Außenwelt eingegangen ist und gezeigt hat, dass Nationalität, bürgerliche Sphäre, Erziehung, Hereditât und Leiblichkeit (Untersuchung der Physiologie, Psychopathologie und der Kriminalanthropologie) den Willen bedingen, geht er in seinem zweiten Hauptteil auf die Tatsachen des Seelenlebens ein.[41]

Menschliche Handlungen – so behauptet Pfister – stehen in »direktem Abhängigkeitsverhältnis zu den vorhandenen Gefühlen«[42]. Aus Friedrich Jodls Lehrbuch der Psychologie aus dem Jahre 1896 übernimmt Pfister den Satz: »Gefühle sind immer der Realgrund, aus dem der Wille hervorwächst.«[43] Und so fährt Pfister mit eigenen Worten fort: »Die Erfahrung zeigt uns den Willen stets durch Triebfedern, durch Interessen bestimmt. Die Gefühle enthalten den eigentlichen Grund der Tätigkeit. Ohne böse Lust gibt es keine Sünde, ohne heilige Begierde, Liebe, Pflichtgefühl keine edle und große Tat.«[44] Der Wille ist nicht in die autonome Selbstentscheidung des Menschen gestellt, vielmehr ist er durch das Gefühl motiviert und so im Horizont des Interesses der Person geprägt. »Die empirische Psychologie bestätigt uns, daß auch die Beschaffung

40 Pfister 1903, IVf; vgl. zu Pfister: Roth 2000.

41 Vgl. Pfister 1903, 115ff.

42 Pfister 1903, 123

43 Pfister 1903, 120; vgl. bei Jodl 1896, 721.

44 Pfister 1903, 120f.

neuer Vorstellungen durch den Willen nicht von dessen Willkür abhängig sei und gleichzeitig in dieser oder auch jener Weise geschehen könne. Immer ist der Wille abhängig von peripheren Reizen (Empfindungen und Wahrnehmungen) oder zentral bedingten Prozessen (sinnlichen Gefühlen, Erinnerungsbildern und ihren gefühlsmäßigen Begleitern) also von Vorgängen, an deren Determiniertsein auch der Indeterminist nicht zu zweifeln wagt.«[45] So ist für Pfister auch deutlich, auf welche Weise der Wille durch das Gefühl seine Motivation erfährt:

»Die Motivbewegung ist [...] durch die Assoziationsbedingungen und die mit den Vorstellungen auftretenden Gefühlswerte bestimmt«. Motiviert ist der Wille des Subjektes somit durch das an die Vorstellung gebundene Gefühl. »Unsre Analyse der Gefühls- und Willensprozesse führt zur Annahme eines hinter der Bildfläche des Bewußtseins liegenden Mechanismus, in welchem die Gefühlsintensität wie die Reproduktion der Vorstellungen begründet liegt. Wir haben nirgends Veranlassung, den Willen als selbständiges Wesen anzusehen, das, abgesehen von seinen Beziehungen zu Vorstellungen und Gefühlen, bewußt entscheidet.«[46] Diese feste Willensrichtung entfaltet Pfister als »Anlage und Charakter«[47]: »Wo im Laufe der Jahre und Jahrzehnte eine unveränderliche Willensrichtung entstand, reden wir von einem *Charakter*. Im Begriff des Charakters liegt seine Stabilität enthalten.«[48] Und so kommt Pfister in Bezug auf den Determinismus zu dem Schluss: »Nichts spricht gegen einen *organischen* Determinismus, der die Persönlichkeit als gestaltende Einheit anerkennt, als Prinzip, welches nicht duldet, daß irgend eine ihm von außen kommende Bestimmung in seinem Lebenskreis etwas unmittelbar wirke, sondern sie in seine innere

45 Pfister 1903, 127.

46 Pfister 1903, 130.

47 Vgl. Pfister 1903, 130ff.

48 Pfister 1903, 136.

Tiefe versenkt, um sie, verwandelt und seinem eigentümlichen Wesen assimiliert, daraus neu hervorquellen zu lassen.«[49]

Nun bedurfte es jedoch weder der Einsichten der Neurowissenschaften, um das Theorem der Willensfreiheit zu kritisieren, noch der Psychoanalyse Freuds oder das mit dem Namen Wilhelm Wundt verbundene Entstehen der experimentellen Psychologie, vielmehr haben auch philosophische Analysen das Theorem der Willensfreiheit einer Kritik unterzogen (von theologischen Betrachtungen – vgl. Kap. 1.5 – ganz zu schweigen). Bereits in der zweiten Hälfte des 18. Jahrhunderts kann Paul-Henri Thierry d'Holbach formulieren: »Aus allem, was bisher [...] gesagt wurde, geht hervor, daß der Mensch keinen Augenblick seines Lebens frei ist. Er ist nicht Herr über seine natürliche Körperbildung; er ist nicht Herr über seine Ideen oder über diejenigen Modifikationen seines Gehirns, die durch Ursachen bedingt sind, die unabhängig von ihm und ohne sein Wissen fortwährend auf ihn wirken. [...] Die Freiheit des Menschen ist nur die in ihm selbst enthaltene Notwendigkeit.«[50] Aber auch d'Holbach vertritt damit nur eine Position, die schon in der Antike vertreten werden konnte.

Die kurzen Hinweise zeigen, dass – ob zu Recht oder zu Unrecht, mag zunächst dahingestellt sein – bereits lange vor den Neurowissenschaften das Theorem der Willensfreiheit in Zweifel gezogen wurde. Nun sind aber nicht nur Zweifel am Theorem der Willensfreiheit altbekannt, sondern auch die Neurowissenschaft, die die Frage nach der Willensfreiheit ins Zentrum der gegenwärtigen Überlegungen gerückt hat, ist keineswegs eine neue Disziplin. Neurowissenschaftliche Forschung gibt es nicht erst seit den Libet-Experimenten. Die Anfänge der modernen Lokalisationslehre, die davon ausgeht, dass es verschiedene, voneinander abgrenzbare Zentren im Gehirn gibt, und zwar sowohl für physische Funktionen

49 Pfister, 138 f. Pfister zitiert aus: Müller 1844, 57.

50 Holbach 1960, 162ff.

(z. B. Regulation der Atmung oder auch Koordination der Motorik) als auch für psychische Qualitäten (z. B. Sprache und Emotionen), reichen ungefähr zweihundert Jahre zurück.[51] Dass alle perzeptiven, kognitiven, emotionalen und exklusiv motorischen Leistungen des Menschen neuronal realisiert werden, gilt seit langer Zeit als unumstritten. Die Arbeiten, die neuronale Grundlagen von unterschiedlichen psychischen und physischen Qualitäten zu ermitteln suchen, haben daher auch keinen grundsätzlichen Widerspruch herausgefordert, sondern sind, insofern sie öffentlichkeitswirksam aufbereitet waren, von einer interessierten Öffentlichkeit dankbar aufgenommen worden. Ich erinnere in diesem Zusammenhang an die in den 1980er Jahren populären Bücher von Oliver Sacks, der Neurologie am Albert Einstein College of Medicine in New York lehrte. Besonders bekannt wurde Sacks Buch »Zeit des Erwachens«, das 1990 mit Robert DeNiro und Robin Williams in der Hauptrolle – wenn auch etwas allzu sentimental – verfilmt wurde. Sacks Bücher enthalten interessante Fallgeschichten von Menschen, die aus der Normalität »herausgefallen« sind, weil aufgrund neurologischer Störungen scheinbar Selbstverständliches verloren gegangen ist. So erzählt Sacks in seinem Buch »Der Mann, der seine Frau mit einem Hut verwechselte« bspw. die Krankheitsgeschichte seiner Patientin Christina, bei der jede Eigenwahrnehmung ausgefallen ist, weil sie ihren Körper nicht mehr als ihren eigenen Körper fühlt,[52] oder einer Patientin, die ihre Hände nicht mehr als ihre eigenen Hände, sondern als fremde Fleischklumpen[53] erlebt. Sacks Geschichten vermittelten in den 1980er Jahren einer interessierten Öffentlichkeit, dass uns eine winzige Hirnverletzung, ein kleiner Tumult in der zerebralen Chemie, in eine andere Welt geraten lässt. Seine Fallberichte zeigen, wir fragil unsere Normalität ist. Nur eine kleine Veränderung

51 Hagner 2008.

52 Sacks 1988, 69ff.

53 Sacks 1988, 88ff.

auf neuronaler Ebene und die Gewissheit, dass etwas eine Hand oder (durchaus komplexer) dass diese Hand meine Hand ist, ist dahin und wir fallen aus der »Normalität« heraus. Auch das Gefühl, dass »ich es bin, der etwas tut«, besitzt eine komplexe neurobiologische Grundlage, die gestört werden kann, so dass sich scheinbar Selbstverständliches plötzlich nicht mehr von selbst versteht. Die neueren neurowissenschaftlichen Forschungen haben gezeigt, dass natürlich auch die Selbstzuschreibung von Willenshandlungen eine komplexe neurobiologische Grundlage besitzt: Auch das Gefühl, dass ich es bin, der diese oder jene Bewegung veranlasst, lässt sich (selbstverständlich) neuronal realisieren. Für die Selbstattribution einer Bewegung ist es hinreichend, dass es eine normale sensomotorische Rückmeldung von dem bewegten Körperteil ins Gehirn gibt; wird diese Rückmeldung unterbrochen (z. B. durch Verletzungen), kommt es zum Gefühl der Fremdbestimmtheit der Bewegung.[54] Vor allem kann es für eine Selbstattribution auch ausreichen, dass die nur scheinbar von meinem Körper ausgeführte Bewegung vom Gehirn so verarbeitet wird, dass bei mir der Eindruck entsteht, ich hätte sie vorgenommen.[55]

Im Blick auf die heutige Gesprächslage ist überraschend, dass – um bei den populären Büchern von Sacks zu bleiben – niemand auf die Idee kam, sich zu empören. Weder die Einsicht, dass alle perzeptiven, kognitiven, emotionalen und exklusiv motorischen Leistungen des Menschern neuronal realisiert sind, noch die Prämisse, dass alle Vorgänge im Gehirn im Rahmen bekannter Naturgesetze ablaufen, rief Widerspruch hervor. Seit einigen Jahren zeigt sich jedoch ein anderes Bild: Offenbar waren die Positionen und Voraussetzungen der Neurowissenschaften doch nicht so stark verankert, wie es den Anschein hatte. Vor allem aber mag die Ursache darin zu sehen sein, dass sich die Neurowissenschaftler nicht

54 Vgl. Jeannerod 1997; Jeannerod 2003; Blakemore et al. 2002.

55 Vgl. Wegner 2002.

explizit zum Thema »Willensfreiheit« geäußert hatten und man so über die Konsequenz (bzw. Voraussetzung) ihrer Arbeit im Unklaren bleiben konnte.

Auslöserfunktion für die Debatte um den freien Willen innerhalb der Hirnforschung und Neurophysiologie hatten Experimente, die der US-amerikanische Neurophysiologe Benjamin Libet in den 1980er Jahren durchgeführt hatte.[56] Libet griff dabei auf eine Entdeckung des deutschen Neurologen Hans Helmut Kornhuber zurück, der in den 1960er Jahren herausfand, dass menschlichen Bewegungen ein »Bereitschaftspotential« des Gehirns vorausgeht, ein elektrisches Potential, das sich mit Elektroden über den prämotorischen Kortex von der Kopfhaut ableiten lässt und die Aktivität der beteiligten Nervenzellen widerspiegelt. Dieses Potential beginnt sich eine bis eine halbe Sekunde vor dem Start der Bewegung zu zeigen und wird dann immer stärker.[57] Libet, der das Theorem der Willensfreiheit beweisen wollte, schloss daraus, dass zur Belegung eines bewussten, unbedingten freien Willens dieser Wille dem Bereitschaftspotential vorausgehen muss; denn nur dann kann er die Ursache für die Wahl und Anbahnung gerade dieser Bewegung sein. Libet stellte den Versuchspersonen daher die Aufgabe, entweder einen Finger der rechten Hand oder aber die gesamte rechte Hand innerhalb von drei Sekunden zu bewegen. Dabei sollten sie anhand einer Art Osziloskop-Uhr mitteilen, welche Position der rotierende Punkt auf der Uhr gehabt hat, als sie den Willen spürten, die Hand oder den Finger zu bewegen. Mittels eines Elektromyogramms, das ausschlägt, sobald Muskeln kontrahieren, wurde der Beginn der Handlung aufgezeichnet und mittels eines EEG wurden die Hirnströme der Person gemessen. Eigentliches Ziel des Experimentes war die Bestätigung der Willensfreiheit durch den Nachweis, dass sich der Wille zur Handlung vor dieser und vor elektrischen Impul-

56 Vgl. Libet 1978.

57 Vgl. Kornhuber/Deecke 1965; vgl. hierzu: Jahanshahi/Hallet 2003.

sen im Gehirn entwickelt. Gerade dies geschah aber nicht; denn die Ergebnisse wiesen in eine andere Richtung: So wurde ungefähr 550 ms vor einer Bewegung des Fingers oder der Hand ein sog. Bereitschaftspotential im Gehirn gemessen, während erst 200 ms vor der Handlung die Entscheidung bewusst war. Libet fand so heraus, dass das Gehirn etwa 350 ms[58] vor der Zeit des Erscheinens der *bewussten* Handlungsabsicht[59] ein »Bereitschaftspotential«[60] zeigt, einen Erregungszustand, der die Handlung einleitet. Der Willensentschluss konnte also nicht das Bereitschaftspotential und damit die Bewegung gestartet haben. Libets Fazit war: Das Bereitschaftspotential und damit die »gewollte« Bewegung werden unbewusst vorbereitet.[61]

Wie jedes Experiment sind natürlich auch die Libet-Experimente nicht ohne Widerspruch geblieben. So wurde auf die Schwierigkeit hingewiesen, den Zeitpunkt des Willensaktes genau zu bestimmen und mit der objektiven Zeitmessung in Beziehung zu setzen. Vor allem Frank Rösler hat auf grundlegende methodische Probleme der Libet-Experimente hingewiesen,[62] die sowohl die physiologische Messung der unbewussten Hirnaktivität als auch die physiologische Messung der selbstbewussten Hirnaktivität und schließlich die psychologische Messung des bewussten Willensaktes betreffen. Aussagen über die zeitliche Reihenfolge und – mehr noch – über den Kausalzusammenhang von unbewusster Hirnaktivität und bewusstem Willensakt erscheinen daher nach Rösler sehr fragwürdig. Rösler kommt zu dem Schluss, dass aus den Libet-Experimenten keine weit reichenden Aussagen über den freien Willen abzuleiten

58 Vgl. Libet 2005, 168, 172.

59 Vgl. Libet 2005, 161.

60 Libet 2005, 160.

61 Vgl. Petzoldt 2008, 57 f.

62 Vgl. Rösler 2008.

sind. Kritisiert wurde ebenfalls, dass die von den Versuchspersonen durchgeführten Bewegungen sehr einfache und hochgradig eingeübte Reaktionen waren, die bloß gestartet werden mussten, keinesfalls aber wirkliche Entscheidungssituationen.[63] So kritisiert unter anderem Michael Pauen, dass eine Willensentscheidung von dem Libet-Experiment gar nicht untersucht wurde.[64] Die eigentliche Willensentscheidung – so Pauen – ist vor dem Experiment gefallen, als sich die Versuchsperson entschied mitzumachen oder nicht. Als die Entscheidung gefallen war, lief alles determiniert: »Die Versuchsperson konnte nicht bestimmen, *was* sie tun würde, sie konnte noch nicht einmal bestimmen, ob sie etwas tun würde. Bestimmen konnte sie nur den Zeitpunkt einer zuvor festgelegten Bewegung«[65]. In diese Richtung geht auch die Kritik von Bettina Walde: »Libets Resultate legen lediglich nahe, daß die unmittelbare Steuerung einer bestimmten Teilklasse von Handlungen unbewußt erfolgt. Er untersucht ja ausschließlich Handlungen, bei denen der Abstand zwischen Absicht und Ausführung maximal einige Sekunden beträgt. Daraus zu folgern, daß wir gar keine Entscheidungen frei träfen, ist unzulässig. Dazu müsste man erst die Relevanz der Libetschen Ergebnisse im Hinblick auf solche Willensentscheidungen genauer beschreiben, wie wir sie im Alltag treffen – speziell auf solche, die in Bezug auf Fragen nach der Verantwortung unseres Handelns wichtig sind. [...] Ein von langer Hand geplantes Verbrechen etwa. Oder die individuelle Berufswahl. Überhaupt Handlungen, bei denen Absicht und Ausführung ziemlich weit auseinander liegen.«[66] In Übereinstimmung mit Pauen kritisiert Walde daher: »Die Zeitangaben der Probanden über das Auftreten ihrer Handlungsabsichten sind höchstwahrscheinlich nur Angaben darüber,

63 So u. a. Helmrich 2003.

64 Vgl. Pauen 2006, 200 ff.

65 Pauen 2006, 201 f.

66 Walde 2004, 149 f.

wann eine schon vorher – bei Einführung in den Versuchsablauf – gebildete Intention handlungswirksam wird.«[67]

Nun wird man sich der Kritik von Walde nicht leicht entziehen können. In der Tat handelt es sich bei den in den Libet-Experimenten untersuchten Entscheidungssituationen nicht um wirkliche Entscheidungen, in denen wir Gründe für unsere Entscheidung reflektieren. Anders ausgedrückt: Bei den Entscheidungen in den Libet-Experimenten geht es um nichts. In der Tat lassen sich die hier getroffenen Entscheidungen nicht mit solchen Entscheidungen gleichsetzen, in denen wir nach Gründen für die eine oder die andere Alternative fragen. Im Blick auf solche Entscheidungssituationen, bei denen es um etwas geht, scheint es sich bei den Entscheidungen, die in den Libet-Experimenten untersucht werden, eher um Zufallsentscheidungen zu handeln.

Die namhaft gemachten Einwände gegen das Libet-Experiment haben zu gezielten Bemühungen geführt, das Messverfahren zu optimieren. So arbeiten bspw. Michael Stadler und Mitarbeiter an einem Verfahren, dass die objektive Bestimmung des bewussten Willensaktes erlauben könnte und damit das Abschätzen des Zeitpunktes des Willensaktes anhand eines rotierenden Zeigers überflüssig machen und damit auch einen der kritischsten Punkte der Libetschen Methodik beseitigen könnte.[68] Ebenfalls wird versucht, die freie Wahlmöglichkeit einzubeziehen. So modifizieren die Versuche von Patrick Haggard und Martin Eimer den Versuch von Libet um einige Komponenten: Sie führen unter anderem eine »freie Wahlmöglichkeit« ein, in der sich Versuchspersonen entscheiden können, ob sie die linke oder rechte Taste einer Apparatur drücken.[69] Es zeigte sich dabei, dass der Beginn des lateralisierten

67 Walde 2004, 150.

68 Vgl. Stadler 2007

69 Vgl. Haggard/Eimer 1999; vgl. hierzu Schiemann 2008, 134; kritisch hierzu: Rösler 2008, 141 ff.

Bereitschaftspotentials wiederum signifikant vor dem Zeitpunkt des Willensentschlusses lag, und zwar gleichgültig, ob der Versuchsperson eine Wahlmöglichkeit eingeräumt wurde oder nicht. Doch selbst die Alternative, die rechte oder die linke Hand zu bewegen, wird Kritiker wie Bettina Walde, die in den Libet-Experimenten keine bedeutsamen Entscheidungssituationen untersucht sehen, nicht überzeugen.

Neben diesen berechtigten Einwänden gegen die Libet-Experimente gibt es auch solche, die nicht nachgesprochen werden können, ohne damit zu offenbaren, dass es an einem grundlegenden Verständnis dessen mangelt, worum es bei der Behauptung neuronaler Verankerung von mentalen Zuständen im Gehirn geht. Dazu gehört der anhaltend beliebte – bspw. von Eberhard Schockenhoff erneut aufgegriffene – Einwand, dass auf der Ebene der neuronalen Vernetzungen keine »satzartigen Gebilde« auszumachen seien, die »mit den Gehalten unterschiedlicher Überzeugungen auch nur annäherungsweise korrespondieren«. Von daher folgert Schockenhoff: »Das Unterfangen, mentale Zustände wie moralische Wertüberzeugungen und theoretische Einstellungen zu zentralen Lebensproblemen, aber auch moralische Einzelphänomene wie individuelle Entscheidungen, Gewissensregungen oder die Empfindung von Schuld und Scham auf neuronale Determinanten zurückzuführen, ist undurchführbar.«[70] Dieser Einwand ist schlichtweg kurios: Die Erwartung, dass mentale Zustände in Form satzartiger Gebilde im menschlichen Gehirn gespeichert seien, ist absurd. Die Behauptung, dass bspw. Vorstellungen neuronal verankert sind, bedeutet keineswegs, dass sie in Form »satzartiger Gebilde« verankert sind. Dies macht bereits ein Blick auf computerbasierte Systeme deutlich: Eine Suche nach satzartigen Gebilden ist hier ausgeschlossen. Selbst die primitive Sprachverarbeitung eines Computers kommt ohne Derartiges aus. Der Einwand wäre daher dem eines Computerspe-

70 Schockenhoff 2004, 169.

zialisten vergleichbar, der mit dem Mikroskop auf der Festplatte eines Computers nur magnetisierte Eisenpartikel findet, nicht aber die Texte, Bilder und Musikstücke, die dort gespeichert sind, und daher behauptet, es gebe keine Texte, Bilder und Musikstücke, weil er nur magnetisierte Eisenpartikel finde, die aber mit den Gehalten von Texten, Bildern und Musikstücken nicht »annäherungsweise korrespondieren«[71].

Festzuhalten bleibt, dass die Neurowissenschaft die Determinismuskonzeption allenfalls dahingehend präzisiert hat, dass sie einzelnen, nach naturwissenschaftlichen Gesetzen ablaufenden Hirnprozessen konkrete unbewusste und bewusste Akte zuordnet. Das mag zwar der Determinismusthese größere Anschauung und Plausibilität vermitteln, fügt aber der seit langem vertretenen These der Geschlossenheit der Kausalverläufe nichts prinzipiell Neues hinzu.[72] Anzunehmen ist, dass sich das öffentliche Interesse gerade der Hochschätzung der Naturwissenschaften und der experimentellen Wissenschaften verdankt.[73] Ihre Aussagen werden in viel stärkerem Maße als bedeutsam empfunden als die der Geisteswissenschaften, zumal sie besser medial kommunikabel zu sein scheinen als philosophische Überlegungen.

Die Hochschätzung der experimentellen Wissenschaften kann allerdings nicht darüber hinwegtäuschen, dass die Libet-Experimente nicht in der Lage sind, das Theorem der Willensfreiheit zu widerlegen. Existenzsätze wie der über den freien Willen lassen sich grundsätzlich nicht experimentell falsifizieren (wie sich Allaussagen nicht experimentell verifizieren lassen). In einem Experiment kann immer nur *ein* Fall untersucht werden, unmöglich aber lassen sich alle möglichen Fälle experimentell überprüfen. Damit wird man aber auch sagen können, dass sich eine Beschäftigung mit dem The-

71 Vgl. Köhler 2008, 184 ff; Pauen/Roth 2008, 125 f.

72 Vgl. Heun 2008, 287 f.

73 So auch Birbaumer 2004.

orem der Willensfreiheit nicht als eine Auseinandersetzung mit den neurowissenschaftlichen Untersuchungen gestalten kann. Neurowissenschaftliche Untersuchungen sind in den Entdeckungszusammenhang des Problems einzuordnen, nicht in den Begründungszusammenhang. Vor allem ist natürlich eine Unterstützung für das Theorem der Willensfreiheit nicht zu erreichen, indem man die Aussagekraft der Libet-Experimente kritisiert. Die Bestreitung des Theorems der Willensfreiheit bedarf der Libet-Experimente nicht, sie verleihen ihr höchstens größere Anschauung und Plausibilität. Und daher wird jede Bestreitung des Theorems der Willensfreiheit eine Gelassenheit hinsichtlich der Kritik an den Libet-Experimenten an den Tag legen. Dies gilt vor allem hinsichtlich des meines Erachtens tragfähigen Einwandes, dass es sich bei den Libet-Experimenten nicht um wirkliche Entscheidungssituationen handelt, bei denen Gründe ausschlaggebend sind und bei denen es um etwas geht. In der Tat: Im Blick auf diesen Einwand wird man mit Rösler sagen können, dass sich aus den Libet-Experimenten keine weit reichenden Aussagen über den freien Willen ableiten lassen. Wohlgemerkt: Wenn wir sagen, dass sich aus den Libet-Experimenten keine weitreichenden Aussagen über den freien Willen ableiten lassen, so bedeutet dies nicht, dass sich schlichtweg keine Aussagen aus den Libet-Experimenten ableiten lassen. Deutlich machen sie nämlich, dass es Fälle gibt, in denen es eine Täuschung ist, wenn man glaubt, ein bewusster Willensentschluss sei die Ursache für eine bestimmte Handlung.

1.5 Die reformatorische Behauptung des „unfreien Willens" Dass Theologen und Moralphilosophen die eifrigsten Verfechter des Theorems der Willensfreiheit sind, behauptet wie der oben bereits genannte Hans Michael Heinig auch Klaus-Jürgen Grün, allerdings kann er die Beunruhigung über die naturwissenschaftlichen Argumente nur als Zeichen der Unaufrichtigkeit sehen: »Aus Gründen der institutionellen Selbstbehauptung müssen zahlreiche Funktionäre der Geisteswissenschaften und des kirchlichen

Glaubens den Schein aufrecht erhalten, es hätte eine Entzauberung des freien Willens niemals stattgefunden«. Die Bestreitung des freien Willens speist sich nach Grün aus »religiösen oder moralischen Vorurteilen«[74]. Gerade auf Grund ihres moralischen Anliegens würden Theologen mit Moralphilosophen eine gemeinsame Front bilden gegen jeden Versuch, das Theorem der Willensfreiheit kritisch zu hinterfragen.

Nun ist es sicherlich nicht abzustreiten, dass bestimmte ethische Konzeptionen durch die Bestreitung der Willensfreiheit in ihren Grundfesten erschüttert sind, besonders, wenn sie der Auffassung sind, der Mensch erfülle dann seine ihm als Mensch gegebene Bestimmung, wenn er sich über sich selbst – seine Neigungen, Gefühle und sein Begehren – erhebt und sich autonom einem moralischen Sollen verpflichtet. Ist das Menschenbild der Aufklärung von der Überzeugung getragen, dass die menschliche Würde gerade »in der Kraft zu moralischem Handeln« und »zu vernünftiger Selbstbestimmung«[75] besteht, dann ist in der Tat die Einsicht Freuds, »daß das Ich nicht Herr sei in seinem eigenen Haus«, eine »Kränkung«[76].

Nun darf nicht übersehen werden, dass bereits die Reformatoren diesem humanistisch-aufgeklärten Bild vom Menschen eine Kränkung zugefügt und die Vorstellung von einer Selbstmächtigkeit des Menschen lange vor Freud abgewiesen und diese Freiheit Gott vorbehalten haben.[77] So kann nach Philipp Melanchthon zwar nicht geleugnet werden, dass in der menschlichen Vernunft »eine gewisse Freiheit zu äußeren Werken« liegt; denn jeder von uns macht die Erfahrung, dass es in unserer »Macht steht, einen Menschen zu grüßen oder nicht zu grüßen, dieses Gewand anzuziehen oder nicht an-

74 Grün 2008, 13.

75 Gräb 2001, 215.

76 Freud 1947, 11.

77 Vgl. Bayer 2007, 168 f.

zuziehen, Fleisch zu essen oder nicht zu essen«. Allerdings darf nicht übersehen werden, dass »die inneren Affekte nicht in unserer Gewalt« sind. »Denn durch Erfahrung und Gewohnheit erleben wir, dass der Wille nicht aus Antrieb Liebe, Hass und ähnliche Affekte ablegen kann, sondern ein Affekt wird durch den Affekt besiegt.«[78] Wer behauptet, »dass der Wille von seiner Natur her den Affekten widerstreiten oder er sich des Affektes entledigen kann, so oft es der Verstand anmahnt oder beschließt«, erliegt einer Illusion. Im Innersten, im Herzen des Menschen, in seinem Willenszentrum, dem »Quell der Affekte«[79], ist der Mensch nicht frei; »es steht nichts weniger in seiner Gewalt als sein Herz«[80]. Melanchthon unterscheidet somit zwischen unserem Wollen von diesem und jenem und den Affekten, die bestimmen, was wir wollen, selbst aber nicht unserer Bestimmung unterliegen. Melanchthon würde keineswegs bestreiten, dass wir wollen können, was wir wollen. Aber *was* wir wollen, wird von unserem Begehren bestimmt: Wir wollen, was wir begehren. Und nach Melanchthon lehrt uns die die Erfahrung – nicht die Einsicht in dogmatische Notwendigkeiten –, dass unser Wollen von unserem Begehren bestimmt wird. Wir können uns nicht entscheiden, was Gegenstand unserer Liebe und was Objekt unseres Hasses ist. Von daher kann man nach Melanchthon auch nicht behaupten, dass wir uns gegen unser Begehren entscheiden und Herr über uns selbst sein können. Natürlich haben wir die Fähigkeit, kurzfristigem Begehren nicht nachzugehen, weil es langfristigeren Wünschen entgegensteht. Aber wir erheben uns dann nach Melanchthon nicht über unser Begehrvermögen, sondern folgen nur einem anderen Begehren. Von daher spricht Melanchthon nicht wie Kant davon, »seine Affekte zu *zähmen* und seine Leidenschaft zu *beherrschen*«[81],

78 Melanchthon 1993, 1, 42 und 44.

79 Melanchthon 1993, 1, 46.

80 Melanchthon 1993, 1, 65, 43.

81 MdS, A 50.

sondern davon, dass »ein Affekt [...] durch den Affekt besiegt [wird]«. Im Grunde formuliert Melanchthon damit eine Einsicht, die uns bereits bei Oskar Pfister begegnet ist und die dieser der empirischen Psychologie Friedrich Jodls (vgl. Kap. 1.2) verdankt, dass nämlich menschliche Handlungen in »direktem Abhängigkeitsverhältnis zu den vorhandenen Gefühlen«[82] stehen: »Gefühle sind immer der Realgrund, aus dem der Wille hervorwächst«[83]. Wenn Pfister formuliert, dass uns die Erfahrung zeigt, dass es »[o]hne böse Lust [...] keine Sünde, ohne heilige Begierde, Liebe, Pflichtgefühl keine edle und große Tat [gibt]«,[84] dann weist dies überraschende Parallelen mit der Formulierung Melanchthons auf, dass wir »durch Erfahrung und Gewohnheit erleben [...], dass der Wille nicht aus Antrieb Liebe, Hass und ähnliche Affekte ablegen kann, sondern ein Affekt [...] durch den Affekt besiegt wird«.

In dieser Weise hat sich auch Martin Luther in seiner im Jahr 1525 veröffentlichten Schrift »De servo arbitrio« (»Vom unfreien Willen«) gegen die Behauptung eines freien Willens gewendet und damit der humanistischen Auffassung eines Erasmus von Rotterdam widersprochen, der mit seiner Schrift »De libero arbitrio« (»Vom freien Willen«) – ganz Humanist seiner Zeit – für die Tatkräftigkeit und Persönlichkeit des Menschen plädiert und diese an seiner Ausstattung zum freien Willen festmacht.[85] Erasmus selbst hatte in der Anfangszeit der reformatorischen Bewegung durchaus Gemeinsamkeiten mit Luthers Anliegen gesehen: etwa in seiner Überzeugung von der Reformbedürftigkeit der Kirche oder in seiner Hochschätzung der Quellen des Christentums und den dadurch geforderten philologischen Bemühungen. Gerade in der Frage der Willensfreiheit jedoch widerspricht Erasmus der reformatorischen Theologie und

82 Pfister 1903, 123.

83 Pfister 1903, 120.

84 Pfister 1903, 120 f.

85 Vgl. Petzoldt 2008, 46; Schwarz 1998, 177 ff.

wählt sich damit für seine Kritik an der reformatorischen Bewegung keinen Nebenschauplatz, sondern greift das Fundament der reformatorischen Theologie an. Luther hatte in der Heidelberger Disputation aus dem Jahr 1518 seine radikale Sündenlehre konstitutiv mit der Behauptung der Unfreiheit des Willens verbunden: »Das freie Willensvermögen nach dem Sündenfall ist ein blosser Name [*solo titulo*]«[86]. Diese 13. These der Heidelberger Disputation wird zur »Keimzelle des Streites mit Erasmus«[87] in »De servo arbitrio«. Da diese These als einer der 41 Irrtümer Martin Luthers in der Bannandrohungsbulle »Exurge Domini« vom 15. Juni 1520 aufgeführt wurde, hat Luther sie in seiner »Assertio omnium articolorum«, der »Wahrheitsbekräftigung aller Artikel Martin Luthers, die durch die neueste Bulle Leos X. verdammt worden sind«, aus demselben Jahr eingehend und ausführlich verteidigt.[88] In seiner Diatribe »De libero arbitrio« von 1524 bezieht sich Erasmus auf diesen 36. Artikel der »Bekräftigung aller Artikel Martin Luthers«. Bei Luther und bei Erasmus geht es im Kern um die Heilsfrage: Kann sich der Mensch mit freiem Willen dem Heil zuwenden?

Erasmus will in seiner Schrift – seiner hermeneutischen Methode entsprechend, gegensätzliche biblische Aussagen zum Ausgleich zu bringen – biblische Argumente für und wider die Entscheidungsfreiheit des Willens vortragen. So erörtert er zunächst alt- und neutestamentliche Stellen, die für die Willensfreiheit sprechen, um sich im Anschluss hieran denjenigen Schriftstellen zuzuwenden, die gegen die Willensfreiheit zu sprechen scheinen. Weil Gott als Autor der Schrift hinter beiden Gruppen von Schriftstellen stehe, plädiert Erasmus dafür, eine mittlere Auffassung zu vertreten, die menschliche Willensfreiheit und göttliches Heilswirken miteinander zum Ausgleich bringt. Weil göttliche Gnade und der freie Wille des

86 Luther 2006a, 47, Z 15f.

87 Bayer 2007, 168.

88 Vgl. Luther 2006d.

Menschen für Erasmus ineinandergreifen, vertritt er die These, dass es »in unserer Freiheit steht, unseren Willen der Gnade zuzuwenden oder ihn von ihr abzuwenden – so wie wir frei sind, dem uns entgegenstrahlenden Licht die Augen zu öffnen oder, umgekehrt, sie vor ihm zu verschließen«[89]. Parallel dazu: »Unter dem freien Willen verstehen wir die Kraft des menschlichen Willens, mit der sich der Mensch dem zuwenden kann, was zum ewigen Heil führt, oder von dem abwenden kann.«[90]

»De servo arbitrio« ist Luthers Antwort auf Erasmus. Fand Luther die Schrift von Erasmus zunächst nicht so aufregend, dass sie ihn zur schnellen Entgegnung hingerissen hätte, wohl auch deshalb, weil ihn zum Zeitpunkt des Erscheinens der Schrift von Erasmus die Auseinandersetzung mit Karlstadt und die Bauernunruhen beschäftigten, so hat Luther rückblickend seine Schrift gegen Erasmus zusammen mit seinen Katechismen als seine wichtigste bezeichnet.[91]

In Luthers Streitschrift gegen Erasmus findet sich die berühmte Wendung: »Am sichersten und frömmsten wäre es, dieses Wort [sc. Freier Wille], ganz aufzugeben. Wollen wir das nicht tun, sollten wir es doch nach bestem Wissen und Gewissen so zu verwenden lehren, dass dem Menschen ein freies Willensvermögen nicht im Blick auf eine ihm übergeordnete, sondern nur im Blick auf eine ihm untergeordnete Sache zugestanden werde. Das heißt, dass er wisse, er habe im Blick auf sein Vermögen und seinen Besitz ein Recht, [Dinge] nach seinem freien Willensvermögen zu gebrauchen, zu tun, zu lassen. Obwohl selbst hier durch das freie Willensvermögen Gottes alles allein dahin gelenkt wird, wohin immer es ihm gefällt.«[92] Nun darf die Unterscheidung zwischen »übergeordneter« und »unterge-

89 Erasmus 1969, IIa 11.

90 Erasmus 1969, Ib 10.

91 Vgl. Luther 1938, 99.

92 Luther 2006b, 297, Z. 24–32.

ordneter« Sache nicht missverstanden werden, in dem Sinne etwa, dass Luther meine, der unfreie Wille eigne sich nur hinsichtlich des Glaubens (übergeordnete Sache), nicht aber hinsichtlich unserer innerweltlichen Willensentscheidungen (untergeordnete Sachen)[93]. Wer zwischen einer Unfreiheit hinsichtlich Gott bzw. des Glaubens und einer Freiheit hinsichtlich der innerweltlichen Willensentscheidungen unterscheiden zu müssen meint (im Sinne von: vor Gott kein freier Wille, vor der Welt ein freier Wille), übersieht, dass der Glaube ja eine Bedeutung für unsere innerweltlichen Handlungen hat und eine Unfreiheit des Glaubens daher auch eine Unfreiheit hinsichtlich unserer innerweltlichen Handlungen notwendig nach sich zieht. Der Glaube wird von Luther gerade nicht als ein »Für-wahr-Halten« von irgendwelchen Dingen verstanden, die für unser Leben und die in unserem Leben getroffenen Willensentscheidungen keine weitere Bedeutung haben (wie das Für-wahr-Halten der Existenz eines Yetis im Himalaja), sondern als ein das Leben und Handeln des Menschen bestimmendes Vertrauen, das auch unsere alltäglichen Willensentscheidungen qualifiziert. Dass der als Vertrauen verstandene Glaube für die Qualifikation all unserer innerweltlichen Willensentscheidungen entscheidend ist, macht Luther vor allem in der Schrift »Von den guten Werken« aus dem Jahr 1520 deutlich, indem er den Glauben allen Werken vorordnet. Der Glaube ist »Werckmeister und heubtman«[94] aller unserer innerweltlichen Entscheidungen und Taten. Wenn mit dem Glauben die Grundrichtung des Wollens bezeichnet ist, die alle einzelnen Willensakte bestimmt, dann gilt damit aber auch umgekehrt: Die Rede von der Unfreiheit des Menschen hinsichtlich des Glaubens bestreitet nicht, dass wir dieses oder jenes wollen können – aber eben die Grundrichtung unseres Wollens (die Alternative von Glauben und Unglauben bzw. Vertrauen und Misstrauen) haben wir nicht in un-

93 Gegen Härle 2005, 273.

94 Luther 1888, 213, Z. 14

serer Hand. Daher kommt dem Menschen nach Luther – entgegen seiner unglücklichen Formulierung von einer Negation des freien Willens hinsichtlich der übergeordneten Sache und einem Zugeständnis des freien Willens hinsichtlich der untergeordneten Sachen – auch im Blick auf eine ihm untergeordnete Sache keine »Willensfreiheit« zu;[95] denn in den Willensentscheidungen hinsichtlich der untergeordneten Sache gibt er der (seinem Willen entzogenen) Grundrichtung seines Wollens (hinsichtlich der übergeordneten Sache) Ausdruck. Luther verdeutlicht dies, indem er, nachdem er eine Willensfreiheit in Bezug auf die untergeordnete Sache zugestanden hat, sofort hinzufügt: »Obwohl selbst hier durch das freie Willensvermögen Gottes alles dahin gelenkt wird, wohin immer es ihm gefällt« (s. o.). Die Differenz zwischen der scheinbaren Freiheit unserer Handlungen und ihrer tatsächlichen Determiniertheit erklärt Luther in »De servo arbitrio« »mit einer Perspektivendifferenz«[96]: »Alles, was wir tun, alles, was geschieht, geschieht – auch dann, wenn es uns veränderlich und zufällig zu geschehen scheint – in Wirklichkeit notwendig und unveränderlich, wenn Du den Willen Gottes betrachtest.«[97] Es gibt keine Lücken in der göttlichen Vorhersehung. Der Mensch tut dieses oder jenes, weil er es will, was er aber will, entzieht sich seiner Verfügungsgewalt, hier ist er schlechthin abhängig.

In diese Richtung sind auch die Aussagen der Bekenntnisschriften zu verstehen, insofern diese ebenfalls eine Handlungsfreiheit (tun können, was man will) bejahen, eine Willensfreiheit (wollen können, was man will) aber negieren, etwa wenn die Augsburgische Konfession in Artikel XVIII formuliert: »Vom freien Willen wird also gelehret, daß der Mensch etlichermaß ein freien Willen hat, äußerlich ehrbar zu leben und zu wählen unter denen Dingen,

95 So auch: Leonhardt 2008, 150 f; Maurer 2006; Hermanni 2004, 174 ff.

96 Leonhardt 2008, 150.

97 Luther 2006b, 253, Z. 1–4.

so die Vernunft begreift; aber ohn Gnad, Hilfe und Wirkung des heiligen Geists vermag der Mensch nicht, Gott gefällig zu werden, Gott herzlich zu furchten, oder zu glauben, oder die angeborene böse Lüste aus dem Herzen zu werfen. Sondern solchs geschieht durch den Heiligen Geist, welcher durch Gottes Wort gegeben wird.«[98] Auch hier darf der intime Zusammenhang zwischen den Affekten des Herzens und dem äußerlichen Leben nicht außer Acht gelassen werden, vielmehr hält auch die Augsburgische Konfession den Sachverhalt fest, dass die Grundrichtung unseres Wollens nicht durch unseren Willen bestimmt wird, sondern diesen bestimmt. Die Affekte bleiben unserem willentlichen Zugriff entzogen, sie bestimmen unseren Willen und verleihen ihm die Ausrichtung. Daher können wir uns aus dieser Grundrichtung auch nicht selbst befreien, weil jeder Versuch der Befreiung doch Teil dieser Grundrichtung wäre. Er muss daher – unabhängig von unserem Wollen – von außen durchbrochen werden. Dies hält die Augsburgische Tradition – wie die christliche Tradition insgesamt – durch den Begriff des »Heiligen Geistes« fest. Nur er kann die »böse Lust« aus dem Herzen werfen, nicht der von dieser bösen Lust immer bereits bestimmte Wille.

Die Willensfreiheit war für die Reformatoren kein eigenständiges Thema, sondern ergab sich aus der Rechtfertigungslehre und der Frage, in welcher Weise der Mensch an seinem Heil mitwirken kann.[99] Für Luther ist entscheidend, dass die Zuwendung zum Heil, der Glaube, in keiner Weise Werk des Menschen, sondern allein Gottes Werk ist. Bei Erasmus hingegen kommt dem freien Willen des Menschen eine gewisse Bedeutung bei der Zuwendung zum Heil zu. Damit steht Erasmus der katholischen Tradition nahe, wie sie im Trienter Konzil schriftlich festgelegt wurde: Dort wurde ein Zusammenspiel von vorausgehender Gnade Gottes und einwil-

98 CA, 73.

99 Vgl. Bayer 2007, 179ff.

ligendem Wirken des Menschen lehrmäßig festgelegt und auch die Lehre vom freien Willen zum wiederholten Male vom kirchlichen Lehramt dogmatisiert. So formuliert das Dekret über die Rechtfertigung des Trienter Konzils im Kanon 4: »Wer sagt, der von Gott bewegte und erweckte freie Wille des Menschen wirke durch seine Zustimmung zu der Erweckung und dem Ruf Gottes nichts dazu mit, sich auf den Empfang der Rechtfertigungsgnade zuzurüsten und vorzubereiten, und er könne nicht widersprechen, wenn er wolle, sondern tue wie etwas Lebloses überhaupt nichts und verhalte sich rein passiv: der sei mit dem Anathema belegt.«[100]

Nun wäre Erasmus falsch verstanden, wenn man ihm unterstellen würde, er habe dem Menschen die Fähigkeit zur Selbsterlösung zugeschrieben. Keineswegs negiert Erasmus die Gnade Gottes. Daher ist für Erasmus der freie Wille des Menschen, verstanden als Fähigkeit, sich der Gnade Gottes zuzuwenden, im großen und weiten Meer der Gnade nur ein »perpusillum«[101], eine »Winzigkeit«. An dieser möchte Erasmus jedoch festhalten. Die Willensfreiheit bezeichnet nur die Fähigkeit, »mit der sich der Mensch dem zuwenden kann, was zum ewigen Heil führt, oder von dem abwenden kann«[102]. Auch die Gründe, warum er an dieser Winzigkeit festhalten möchte, sind uns bereits in einem anderen Zusammenhang begegnet: Die Leugnung jener winzigen Mitwirkung des Menschen an seinem Heil würde die Verantwortung des Menschen aufheben und damit jede Ethik verunmöglichen.

Nun ist auffällig, dass Luther selbst diese Winzigkeit, sich der Gnade Gottes zuzuwenden (oder diese abzulehnen) Erasmus nicht zugesteht: »Du denkst gar nicht daran, wie viel du ihm [sc. dem freien Willensvermögen] mit diesem Fürwort ›sich‹ oder ›sich selbst‹ zubilligst, wenn du sagst, es könne sich hinwenden; du schließt

100 DH 1554.

101 Erasmus 1969, IV 7f.

102 Erasmus 1969, Ib 10.

nämlich den Heiligen Geist mit all seiner Kraft völlig aus, so als ob er überflüssig und nicht notwendig sei.«[103] Für Luther wäre mit diesem Zugeständnis an Erasmus die Heilsgewissheit gefährdet. »Wäre« – so erklärt Oswald Bayer – »das Heil nicht ganz und allein in Gottes Hand, hätte ich auch nur im Geringsten mitzureden und mitzuwirken, wäre ich auch nur an diesem einen Punkt – es ist freilich der archimedische Punkt – auf mich selbst gestellt, dann schliche sich eine Ungewissheit ein, die die Heilsgewissheit und damit alles zerstören würde.«[104] Daher formuliert Luther am Ende der Streitschrift gegen Erasmus – bekenntnishaft:

»Ich bekenne durchaus von mir: Wenn das geschehen könnte, ich würde nicht wollen, dass mir ein freies Willensvermögen gegeben wird oder irgendetwas in meiner Hand belassen würde, wodurch ich nach dem Heil streben könnte. Nicht nur deshalb, weil ich in so vielen widrigen Umständen und Gefahren und weiter bei so vielen angreifenden Dämonen nicht im Stande wäre, zu bestehen und es zu behaupten, denn *ein* einziger Dämon ist mächtiger als alle Menschen und nicht ein Mensch würde gerettet, sondern weil ich auch dann, wenn es keine Gefahren, keine widrigen Umstände, keine Dämonen gäbe, dennoch gezwungen würde, mich andauernd ins Ungewisse hinein anzustrengen und Lufthiebe zu machen. Denn mein Gewissen wäre, und wenn ich auch ewig lebte und wirkte, niemals gewiss und sicher, wie viel es tun muss, damit Gott Genüge getan wäre. [...] Aber weil jetzt Gott mein Heil meinem Willensvermögen entzogen und zugesagt hat, mich nicht durch mein Werk und mein Laufen, sondern durch seine Gnade und seine Barmherzigkeit zu retten, bin ich sicher und gewiss, dass er treu ist; er wird mich nicht belügen. Ferner ist er mächtig und groß, so dass kein Dämon, keine widrigen Umstände ihn werden niederzwingen und mich entreißen können. ›Niemand‹ sagt er,

103 Luther 2006b, 355, Z. 17–21.

104 Bayer 2007, 170.

›wird sie aus meiner Hand entreißen, weil der Vater, der gegeben hat, größer ist als alles.‹.«[105]

Damit stellt Luther klar: Es ist Gott allein, der das Heil wirkt – und gerade weil es Gott allein ist, braucht der Mensch nicht in einer ängstlichen Nabelschau in Ungewissheit zu verharren. Man könnte im Blick auf diese Aussagen die Frage nach der Willensfreiheit genauso gut in der Sündenlehre verorten: Weil der Mensch ganz und gar Sünder ist, kann er von sich aus nichts tun. Im Hintergrund steht die Auffassung von der Sünde als einer Macht, die unsere Entscheidungen bestimmt und gefangen hält. Nach reformatorischer Auffassung hält diese Macht den gesamten Menschen gefangen und spart keinen integren Teil des Menschen aus, der sich gegen die Sünde behaupten und sich dem Heil zuwenden kann (vgl. hierzu Kap. 4). Gerade daher kann Luther auch die »Winzigkeit«, das Heil ablehnen zu können (und umgekehrt: das Heil eben nicht abzulehnen), Erasmus nicht zugestehen. Die reformatorische Behauptung der Unfreiheit des Willens hat ihren Ort in der Sünden- und Gnadenlehre, die nur ineinander verstanden werden können. Die Einsicht in die Ohnmacht des Menschen lässt die Notwendigkeit der Alleinwirksamkeit Gottes verstehen, wie umgekehrt die Alleinwirksamkeit Gottes die Situation des Menschen zeigt: seine völlige Ohnmacht.

Nun ist mit Luthers Einspruch gegen die humanistische Tradition die These von Erasmus keineswegs aus der Welt geschafft. Schon kurz nach Luthers Tod kam es auf evangelischer Seite zum Rückgriff auf die These von Erasmus, der Wille habe die winzige Fähigkeit, sich dem Heil zuzuwenden. Der daraus erwachsende »synergistische Streit« wurde in der Konkordienformel 1577 geschlichtet.[106] Aber auch die Konkordienformel vermochte die These von Erasmus nicht zu verbannen. Bis in die Gegenwart wird auch in der

105 Luther 2006b, 649, Z. 42 – 651, Z. 24.

106 Vgl. FC, 776 ff; vgl. hierzu: Sparn 1980.

protestantischen Theologie immer wieder auf diese These zurückgegriffen, so etwa bei Wilfried Härle, der zwar den Glauben durch den Geist gewirkt sieht, dem menschlichen Willen aber die winzige Fähigkeit zuerkennt, den Glauben anzunehmen oder eben nicht anzunehmen[107] – frei nach dem pietistisch-methodistischen Motto: »Die Gnade ist ein Geschenk, du musst es nur annehmen!« Ähnlich argumentiert auch Eilert Herms, der Glaube als »freiwillentliche Anerkennung« des Angebots Gottes versteht, »im Unterschied zu ihrer freiwillentlichen Nichtanerkennung«[108]. Diese Formulierung erinnert an die Aussage von Erasmus, der unter dem freien Willen »die Kraft des menschlichen Willens, mit der sich der Mensch dem zuwenden kann, was zum ewigen Heil führt, oder von dem abwenden kann«, versteht. Den Einwand, der »Glaube sei Geschenk Gottes und nicht Tat des Menschen«, erkennt Herms nicht an, vielmehr ist aus seiner Sicht dieser »Behauptung [...] nachdrücklich zu widersprechen«. Lediglich die Offenbarung ist allein Gottes Tat, der Glaube ist aber »Tat und gutes Werk des Menschen«[109]. Der Gehorsam des Glaubens ist »Werk des Menschen, und zwar das einzige in sich selbst heilsnotwendige ›gute‹ Werk«[110]. Der hierin liegende Widerspruch zu der reformatorischen Bestimmung des Glaubens ist offensichtlich;[111] denn bei Luther ist – um mit Wilfried Joest zu sprechen – im Vorgang der Glaubensbildung das »Moment der Spontaneität des Selbsteinsatzes [der Person] bis auf den letzten Rest getilgt«, so dass Luther gerade für den Akt der Glaubensbildung »den Begriff cooperatio cum Deo ausdrücklich ablehnen

107 Vgl. Härle 1995, 89; Schwöbel 1990, 78; 110.

108 Herms 1992a, 96.

109 Herms 1982, 26.

110 Herms 1984, 106.

111 So gegen Herms u.a. Kock 2001, 287 f; Fischer 2002, 245; Kastning 2003, 222; Goltz 2008, 305 ff.

[kann]«[112]. Für Luther ist »auch die ›Antwort‹ des Glaubens, also genau dasjenige, worin für ihn zweifellos der eigentliche Glaubensakt des Menschen als Person geschieht, ganz und gar als Widerfahrnis göttlichen Wirkens«[113] zu verstehen. Anders als bei Herms, für den das äußere Wort ein durch den freien Willen des Menschen nachträglich zu ratifizierendes Geschehen ist, ist für Luther – wie Oswald Bayer formuliert – das dem Menschen begegnende äußere Wort »als Selbstmitteilung etwas grundlegend anderes als eine erst noch zu ratifizierende und zu verwirklichende Ermöglichung, sie ist *Ermächtigung*. Das Evangelium, Kraft Gottes (Röm 1,16), ist auch als äußeres Wort nicht Verwirklichung erstrebende Möglichkeit, sondern Wirklichkeit setzende Macht«[114]. Wir können ergänzen: Gerade weil das äußere Wort keine zu ratifizierende Ermöglichung, sondern Wirklichkeit setzende Macht ist, kann Heilsgewissheit entstehen, die den Menschen davon befreit, sich ängstlich auf die Frage nach der Verwirklichung der gegebenen Möglichkeit hin zu bespiegeln.

Luthers Einsicht in die Unfreiheit des Willens ist eng mit seinem Verständnis der Sünde verknüpft, d. h. derjenigen Grundgestimmtheit, die das gesamte Denken, Handeln und Wollen des Menschen gefangen hält. Diese Macht lässt keinen Raum für eine – von der Sünde nicht betroffene – Alternative von Anerkennung und Nichtanerkennung. Gerade in der Sündenlehre dürfte daher die Auffassung von Herms zu erheblichen Schwierigkeiten führen.[115] Es kann daher nicht überraschen (ist aber für unseren Zusammenhang äußerst aufschlussreich), dass »[i]nnerhalb der Schriften von Herms der Begriff der Sünde eine auffallend untergeordnete Rolle spielt. Er findet sehr selten Verwendung und wird nie in einem größeren

112 Joest 1967, 277.

113 Joest 1967, 37.

114 Bayer 2007, 227.

115 Vgl. Goltz 2008, 309.

Zusammenhang entfaltet«[116]. Gerade weil sich die »angesprochenen Probleme in der Sündenlehre in unverkennbarer Deutlichkeit zeigen« würden, vermutet Rainer Goltz in seiner Analyse des Werkes von Herms, »dass gerade darin auch das Schweigen von Herms zu diesem dogmatischen Topos begründet ist«[117]. Wir müssen an dieser Stelle bei der Behauptung der reformatorischen Verbindung von Unfreiheit des Willens und Sünde stehen bleiben. Ich werde in Kap. 4 auf diese Thematik zurückkommen, um zu verdeutlichen, inwiefern die Rede von Sünde unaufhebbar mit der Rede von der Unfreiheit des Willens verbunden ist.

1.6 Fazit In diesem Kapitel wurden fest zementierte »Vorurteile« in Frage gestellt, die das eigentliche Problem verdecken. Meine Behauptungen (auch hinsichtlich der Verbindung von Unfreiheit des Willens und Sünde) sollen sich in den folgenden Kapiteln im Denken bewähren.

Alle Argumente, die darauf abzielen, die Notwendigkeit der Rede von menschlicher Freiheit einsichtig zu machen, sind keineswegs Argumente für das Theorem der Willensfreiheit; denn die Gegner und Befürworter des Theorems der Willensfreiheit unterscheiden sich nicht darin, dass die einen die Rede von menschlicher Freiheit ablehnen, während die anderen ihre Notwendigkeit hervorheben, sondern in der Frage, *wie* von menschlicher Freiheit geredet werden muss. Dies gilt auch für den Determinismus. Die Alternative lautet nicht Determinismus versus Freiheit, sondern deterministisches versus nicht-deterministisches Freiheitsverständnis. Ebenso verfehlt ist es, zur Begründung des Theorems der Willensfreiheit anzuführen, dass Menschen in ihren Entscheidungen nicht durch einen Zwang festgelegt sind, sondern »alternative Handlungsmöglichkeiten haben«. Auch Gegner des Theorems der Willensfreiheit tragen

116 Goltz 2008, 308 f.

117 Goltz 2008, 309.

dem Sachverhalt Rechnung, dass es – im Unterschied zu von außen erzwungenen Handlungen – auch Handlungen gibt, bei denen wir anders handeln könnten, wenn wir wollten. Befürworter des Theorems der Willensfreiheit müssen erklären, was sie unter der Willensfreiheit verstehen und sich nicht gegen Positionen abgrenzen, die von den Gegnern dieses Theorems gar nicht vertreten werden.

Auch mit dem Einwand, dass die Rede von Schuld und Verantwortung menschliche Freiheit voraussetzt, ist noch kein Argument für die Willensfreiheit gegeben; denn es ist die Frage zu stellen, von welcher Freiheit die Rede ist, wenn von dem Zusammenhang von Schuld und Freiheit gesprochen wird. Insofern ist Vorsicht geboten, wenn Begriffe wie »alternative Handlungsmöglichkeiten«, »Auch-anders-handeln-Können«, »Schuld« und »Verantwortung« zur Begründung der Willensfreiheit herangezogen werden, weil sie der Bestreitung des Theorems der Willensfreiheit Konsequenzen unterstellen, die diese nicht besitzt.

Versteht man – wie wir im Folgenden – das Theorem der Willensfreiheit als Alternative zum Determinismus, so ist festzuhalten: Behauptet der Determinismus, dass bei sämtlichen Ereignissen in der Welt ihr Eintreten durch vorangegangene Umstände vollständig festgelegt wird, so dass bei der Wiederholung der vorangegangenen Umstände auch das Ereignis immer wieder eintreten wird, so bestreitet das Theorem der Willensfreiheit diese geschlossenen Kausalverläufe für das menschliche Handeln. Der Begriff von Willensfreiheit geht davon aus, dass der Wille dann frei ist, wenn er aus sich heraus, selbstinitiiert und ohne außer ihm liegende Gründe eine Handlung bestimmt.

Die Darstellung und Diskussion der Libet-Experimente und der reformatorischen Position schließlich diente dazu, Begründungszusammenhänge bei der Frage nach der Willensfreiheit offenzulegen und zu unterscheiden.

welcher Determinismus,
bei dem Determinismus
&
freier Wille vereinbar sind

2. Handlungsfreiheit und Willensfreiheit

2.1 Vorbemerkung In diesem Kapitel werde ich – vor allem in Auseinandersetzung mit den Konzeptionen von Gerhard Roth und Michael Pauen – eine kompatibilistische Freiheitstheorie zur Diskussion stellen, die – im Unterschied zu Auffassungen wie bspw. der von Jürgen Habermas, der behauptet, dass »eine kausal geschlossene Welt für die Freiheit der Wahl keinen Platz«[118] lasse – zeigt, dass Freiheit und Determination miteinander vereinbar (kompatibel) sind. Damit ist die im vorigen Kapitel aufgestellte Behauptung zu bewähren, dass die Gegner des Theorems der Willensfreiheit und die Befürworter dieses Theorems sich nicht darin unterscheiden, dass die einen die Rede von menschlicher Freiheit ablehnen, während die anderen ihre Notwendigkeit hervorheben, sondern in der Frage, wie von menschlicher Freiheit geredet werden muss und kann, und dass die Alternative daher auch nicht lautet: Determinismus versus Freiheit, sondern deterministisches versus nicht-deterministisches (bzw. indeterministisches) Freiheitsverständnis. Ebenso gilt es, die Behauptung zu bewähren, dass die Rede von Handlungsalternativen durch den Determinismus nicht bestritten wird, weil auch unter deterministischen Voraussetzungen von Handlungsalternativen gesprochen werden kann.

Ich werde in einem ersten Schritt zunächst der Frage nachgehen, wie menschliche Freiheit zu verstehen ist (Kap. 2.2). Die folgenden Kapitel nehmen dann die entscheidenden Argumente, die für das Theorem der Willensfreiheit angeführt werden, auf und untersuchen sie: Kann man tatsächlich sagen, dass das Theorem der Willensfreiheit auf unmittelbarer Wirklichkeitserfahrung beruhe und daher als eine recht solide verankerte Intuition zu gelten habe, der Rechnung getragen werden muss (Kap. 2.3)?

118 Habermas 2005, 155.

Muss der Determinismus tatsächlich das Selbstverständnis rational Stellung nehmender Subjekte zur Selbsttäuschung erklären, weil er Erklärungen der Handlungssubjekte hinsichtlich ihrer Handlungen durch Gründe durch kausale Erklärungen ersetzt und damit nicht mehr dem Sachverhalt Rechnung tragen kann, dass der menschliche Wille nicht ausschließlich und nicht vollständig durch anonyme Kausalprozesse, sondern auch und oft ausschlaggebend durch selbst gewählte Gründe bestimmt ist (Kap. 2.4)?

Führt die Bestreitung des Theorems der Willensfreiheit tatsächlich zu einem solchen Umgang miteinander, dass wir nur noch in einer Beobachtersprache übereinander kommunizieren, so dass wir uns dabei als Nach-Gründen-Handelnde unverständlich werden und einander behandeln wie »psychische Objekte« (Kap. 2.5)?

Führt die Bestreitung des Theorems der Willensfreiheit dazu, dass nicht mehr zur Geltung gebracht werden kann, dass Menschen selbstbestimmt handeln können und sich für ein selbstbestimmtes Leben entscheiden können (Kap. 2.6)?

Abschließend werde ich in aller gebotenen Kürze auf zwei weitere Argumente gegen die Bestreitung des Theorems der Willensfreiheit eingehen: das so genannte »self-defeating«-Argument, das auf die reductio ad absurdum des strikten Kausaldeterminismus zielt, und auf den Versuch, den physikalischen Determinismus mit den Argumenten eines angeblichen Indeterminismus der Quantenphysik zurückzuweisen (Kap. 2.7).

2.2 Freiheit: Tun können, was man will Was meinen wir, wenn wir eine Handlung als »frei« bezeichnen? Freiheit ist ein Reflexionsbegriff. Er bezeichnet nicht einen positiv aufweisbaren Sachverhalt, sondern reflektiert auf die Abwesenheit eines solchen, und zwar in der Regel auf die Abwesenheit einer Beeinträchtigung. Ein Mensch kann fieberfrei sein, ein Volk frei von Fremdherrschaft oder einem

Tyrannen.[119] Wir haben konkrete Vorstellungen von dem, was Freiheit nicht ist, insofern wir Freiheit stets gegen erzwungene und von außen festgelegte Handlungen abgrenzen.[120] »Frei« wird etwas gemäß dem Alltagsverständnis also genannt, wenn es frei von Hindernissen, Behinderungen oder Beeinträchtigungen ist: Wir haben eine »freie Aussicht«, wünschen anderen eine »freie Fahrt« oder treten für »freie Meinungsäußerung« ein. Jemand, der aus dem Gefängnis entlassen wird, wird »frei gelassen«. Der Jugendliche, der mit vierzehn Jahren religionsmündig wird, kann – anders als zuvor, als seine Eltern über seine Teilnahme am Religionsunterricht entschieden haben – frei entscheiden, ob er am Religionsunterricht teilnimmt oder nicht. Er entscheidet nun gemäß *seinem* Willen und nicht mehr dem Willen seiner Eltern folgen müssend. Wir können daher sagen, dass sich eine freie Handlung von einer erzwungenen Handlung unterscheidet. Frei ist ein Mensch, wenn er ohne »äußeren Zwang« seinen Wünschen, seinen Ansichten, seinen Trieben und seiner Natur gemäß handeln kann und dabei nicht durch äußere Umstände entscheidend beeinträchtigt ist.

Mit diesen Überlegungen ist bereits ein wesentliches Element der Rede von Freiheit in Bezug auf menschliches Handeln in den Blick gekommen: Wir bezeichnen eine Handlung als »frei«, wenn eine Handlung *selbstbestimmt* ist. Selbstbestimmt sind Handlungen, wenn sie sich auf ihren faktischen Urheber und *seine* Motive, Wünsche und Intentionen zurückführen lassen. Es macht einen erheblichen Unterschied, ob eine Handlung durch einen Urheber selbst bestimmt wird oder sie sich auf andere, der Person nicht zuschreibbare Faktoren zurückführen lässt. Eine selbstbestimmte Handlung unterscheidet sich von einer erzwungenen Handlung somit dadurch, dass letztere eben nicht einem Wunsch und einer Überzeugung und damit nicht der Natur des Handelnden entspringt.

119 Vgl. Spaemann 1998a, 209 ff.

120 Vgl. Pauen 2008, 45.

»Wenn jemand aufgrund eines freien Entschlusses heiratet, so heißt dies dem populären Verständnis zufolge, dass der Entschluss nicht durch andere (z. B. Eltern) bestimmt war, sondern dass er mit der Natur des Handelnden in Einklang stand; der Bräutigam hat sich seiner Natur gemäß entschieden. Wäre er ein anderer gewesen, [...] so hätte er sich anders entschieden.«[121] Eine Person, die nicht ihren Wünschen, Überzeugungen und Motiven gemäß handeln kann, ist in ihren Handlungen nicht frei. Wir sprechen daher von Freiheit, wenn die Handlungen in der Natur, dem So-und-nicht-anders-Sein der Person begründet sind und wenn die Person daher für die Handlungen »etwas kann«, weil sie *ihren* Wünschen, Motiven und Intentionen entspringen. Eine so verstandene Autonomie ist eine wesentliche Voraussetzung für Freiheit.

Eine zweite Voraussetzung ist für Freiheit wesentlich: Abgegrenzt werden muss die Freiheit auch von *Zufällen*. Zufälle sind definiert als Ergebnisse, die nicht durch die Ausgangsbedingungen festgelegt werden, sie können genauso gut eintreten wie ausbleiben. Zufällig zustande gekommene Handlungen sind daher dem Einfluss des Handelnden entzogen. Zufallsentscheidungen sind das genaue Gegenteil von freien Entscheidungen.[122] Der entscheidende Unterschied zwischen einem Zufall und einer freien Handlung besteht somit darin, dass freie Handlungen durch ihren Urheber bestimmt werden, so dass sie im Nachhinein auf ihn zurückführbar sind. Eine freie Handlung muss sich auf genau *die* Person zurückführen lassen, die das Subjekt der jeweiligen Handlung ist. Es muss also möglich sein, mit Bezug auf die handelnde Person zu erklären, warum die Handlung so und nicht anders ausgefallen ist.

Wenn wir festgestellt haben, dass Autonomie und Urheberschaft die wesentlichen Bedingungen dafür sind, eine Handlung als »frei« zu bezeichnen, so darf nicht übersehen werden, dass diese Freiheit

121 Stemminger 1992, 243.

122 Vgl. Spaemann 1998a, 200 f.

graduell ist. Es gibt kein Handeln, dass nicht auch äußeren Umständen Rechnung tragen muss. Wenn wir tun, was wir wollen, müssen wir immer »Kompromisse« mit diesen äußeren Umständen schließen. Und natürlich differieren unsere Lebenssituationen auch hinsichtlich der Zahl der Kompromisse, die wir schließen müssen. Es gibt Menschen, denen mehr Möglichkeiten offenstehen als anderen, und es gibt Situationen, in denen wir mehr Kompromisse schließen müssen als in anderen. Aber insofern unsere Handlungen nicht *ausschließlich* durch Zwang oder Zufall beherrscht werden, kann eine Handlung als frei bezeichnet werden. Auch unser *Gefühl* der Freiheit ist hierin begründet: Ein wesentlicher Gesichtspunkt für das Gefühl der Freiheit ist, dass wir Handlungsoptionen haben. Das heißt: Wir müssen uns glaubhaft vorstellen können, dass wir jetzt oder in einer vorgestellten Situation A oder auch B tun könnten.[123] Von daher können wir formulieren: Voraussetzung dafür, sich in einer Handlung als frei zu erleben (und diese daher auch so zu bezeichnen), ist die Existenz von Handlungsalternativen. Wenn eine Person in ihrer Entscheidung keine Alternativen hat, fühlt sie sich auch nicht frei. So formulieren Michael Pauen und Gerhard Roth: »Nehmen wir [...] an, eine Person vollziehe in einer bestimmten Situation eine Handlung A anstelle einer Handlung B: Sie bezahlt, statt zu stehlen. Um als frei und selbstbestimmt [...] zu zählen, muss es auf die Person, genauer: auf die personalen Präferenzen der Person zurückzuführen sein, dass sie die Handlung A und nicht die Handlung B vollzogen hat. Dies aber impliziert ganz offensichtlich, dass die Person sowohl A als auch B tun *kann*, und es daher nur noch auf die Person ankommt, ob sie A oder B tun *wird*. Wenn die Person ohnehin nur noch A tun *kann*, dann hängt es nicht mehr von ihr ab, ob sie A oder B tun wird, sondern von der Instanz, die sie darauf festlegt, A zu tun. Wenn mir also die lückenlose Überwachung durch Ladendetektive gar keine Möglich-

123 Vgl. Merkel/Roth 2008, 63 f.

keit lässt, in einem Lebensmittelladen zu stehlen, statt die Ware zu bezahlen, dann ist es keine selbstbestimmte Handlung, wenn ich die Waren bezahle, statt sie zu stehlen. Ich *könnte* die Ware ja gar nicht stehlen. Anders ausgedrückt: Wenn ich die Ware unter diesen Bedingungen bezahle, anstatt sie zu stehlen, ist dies nicht auf mich, sondern auf die Bedingungen zurückzuführen, die den Ladendiebstahl ausschließen. Wenn es aber auf *mich* zurückzuführen ist, dass ich die Waren bezahle, statt sie zu stehlen, dann kann dies eben nicht durch äußere Bedingungen festgelegt sein. Ich muss also die Ware stehlen *können*, selbst wenn ich sie faktisch bezahle.«[124]

Als frei bezeichnen wir also eine Handlung, wenn unser Wille begründet, warum eine Handlung so und nicht anders ausgefallen ist. Von daher können wir auch formulieren: Frei bin ich, wenn ich alternative Handlungsmöglichkeiten habe und daher auch anders handeln könnte, wenn ich anders handeln wollen würde. Die Behauptung der Existenz der Willensfreiheit geht aber darüber hinaus: Es wird behauptet, dass es für die Rede von der Freiheit nicht ausreicht, dass eine Person auch anders handeln könnte, vielmehr sei nur dann von Freiheit zu reden, wenn die Person auch anders *wollen* könnte. So wird verlangt, dass selbst, wenn sämtliche Umstände, also auch die Wünsche, Charaktermerkmale und Überzeugungen einer Person vollkommen gleich bleiben, neben der faktisch vollzogenen Handlung A auch eine alternative Handlung B zustande kommen kann. Es muss innerhalb des Entscheidungsprozesses einen Punkt geben, an dem sowohl die eine als auch die andere Alternative faktisch möglich ist.[125] Wenn diese Forderung erfüllt wäre, läge dann tatsächlich eine größere Freiheit vor?

Nur dem ersten Anschein nach haben wir es bei dem Theorem der Willensfreiheit mit einer besonders anspruchvollen Variante von alternativen Handlungsmöglichkeiten zu tun, in Wahrheit wird aber

124 Pauen/Roth 2008, 53.

125 So u. Chisholm 1982; Seebaß 2006, 200 f.

die Rede von Freiheit aufgehoben; denn diese Auffassung verstößt – wie Michael Pauen und Gerhard Roth zeigen – gegen das Prinzip der Urheberschaft: »Urheberschaft setzt voraus, dass man mit Bezug auf die Person erklären kann, warum diese unter den gegebenen Umständen eine Handlung A statt einer Handlung B ausgeführt hat. Diese Bedingung wird verletzt, wenn es die Präferenzen des Handelnden unter den gegebenen Umständen völlig offen lassen, ob Option A oder Option B realisiert wird. In diesem Fall würde die Bezugnahme auf den Handelnden gerade *keine* Erklärung für den Ausgang der Handlung liefern. Zwar wäre es sehr wohl möglich, dass sowohl das eine als auch das andere Ergebnis eintritt, doch keines dieser Ereignisse würde als Handlung des (vermeintlichen) Urhebers zählen. Wir könnten unter diesen Umständen also nicht mehr davon sprechen, dass die Person anders hätte *handeln* können. Was genau passierte, hinge nicht vom Handelnden und seinen Präferenzen ab, sondern vom bloßen Zufall.«[126] Freie Entscheidungen setzen Motive, Wünsche, Intentionen der handelnden Person voraus, die sie realisieren kann. Sie lassen sich auf den Urheber zurückführen. Undeterminierte Handlungen wären gerade nicht motiviert und hätten daher auch keinen Anhalt an der Person. »Wenn die Wünsche und Überzeugungen der Person festlegen, dass sie A und nicht B tut, dann ist es durch die Person selbst determiniert, daß sie A und nicht B tut – schließlich machen die Wünsche und Überzeugungen die Person selbst aus. Bestünde eine solche Festlegung nicht, dann könnten Handlungen oder Entscheidungen auch nicht von der Person festgelegt sein, und die Forderung der Urheberschaft wäre verletzt.«[127] Eine Handlung, die nicht in den Wünschen, Motiven, Ansichten und Intentionen des Handelnden begründet wäre, wäre dem Handelnden auch nicht zuzuordnen. Sie wäre daher auch von der Person her nicht zu verantworten.

126 Pauen/Roth 2008, 49 f.

127 Pauen/Roth 2008, 51.

Das Theorem der Willensfreiheit impliziert eine weitere Forderung: die *ultimative Urheberschaft*. Es wird verlangt, dass nur dann von Freiheit zu reden sei, wenn eine Handlung sich nicht auf Bedingungen zurückführen lasse, die dem Einfluss des Handelnden entzogen seien. Der Begriff von Willensfreiheit geht davon aus, dass der Wille dann frei ist, wenn er aus sich heraus, selbstinitiiert und ohne außer ihm liegende Gründe eine Handlung bestimmt.[128] Zwar mögen äußere und innere Bedingtheiten jeglicher Art, wie Ansichten, Wünsche oder Motive vorliegen, welche die Handlung einer Person in die eine oder andere Richtung drängen – die Letztentscheidung darüber, wie gehandelt wird, liegt jedoch bei diesem freien Willen. Die Schwäche dieses Arguments ist leicht einsichtig: Ein Willensakt bedarf eines Motivs. Was müssen wir uns aber unter einem motivlosen Willen vorstellen? Auf den ersten Blick scheint die Antwort nahe zu liegen: Ein freier Wille ist der Wille, der entscheidet, was für mich ein Motiv wird und was nicht. Nun ist es aber auch nicht möglich zu sagen, dass der freie Wille sich darin »austobt« zu entscheiden, was für eine Person jeweils ein Motiv ist und was nicht, wenn der Wille in irgendeiner Weise mit einem Individuum in Zusammenhang gebracht werden soll; denn wenn der Wille sich gänzlich frei, also unbeeinflusst von der Persönlichkeit mit ihren bewussten und unbewussten Motiven und Zielen, entscheidet, ist diese Voraussetzung nicht gegeben. Zudem stellt sich ein weiteres Problem: Wenn ich behaupte, dass sich der Wille unter den gegebenen Motiven für ein Motiv, das in der konkreten Handlung leitend sein soll, ohne Voraussetzung im So-Sein der Person entscheidet, dann ergibt sich die Frage, wovon diese Entscheidung abhängt. Hängt sie nicht von der jeweiligen Stärke der Motive ab, wäre erneut die Frage zu stellen, woher der Wille sich bestimmt, und natürlich auch, inwiefern dieser Wille mit der Person in Zusammenhang gebracht werden kann. In dieser Wei-

128 Vgl. Schreiber 2005.

se formuliert auch Robert Spaemann: »Die Entscheidung für die Grundrichtung des Wollens hat nicht selbst den Charakter eines Willensaktes. [...] Ein Willensakt bedarf eines Motives. Aber von welchem Motiv sollte die Entscheidung darüber, was für mich ein Motiv ist, geleitet sein? Wir kämen hier in einen unendlichen Regress. Die Richtung des Wollens ist nicht wieder durch einen Willensakt bestimmt«. Es kann kein »Wollen-wollen« geben und daher bedarf es »einer dem Wollen vorausgehenden Haltung [...], um den Willen zu motivieren«[129]. Diese Haltung hat nicht den »Charakter des Wollens, sondern qualifiziert unmittelbar das Sein der Person, aus dem alles Wollen hervorgeht«[130]. Was für uns ein Motiv wird, bestimmen unsere Bedürfnisse, Sehnsüchte und Gefühle – nennt man sie nun mit Gerhard Roth »Meta-Motive«[131] oder mit Robert Spaemann das »fundamentale Aussein-auf«[132]. Von hier aus gewinnen Gründe ihren Charakter des Grundseins. Diese »Meta-Motive« bzw. das »fundamentale Aussein-auf« verdanken sich nicht unserer freien Entscheidung, vielmehr bilden sie den »vorgegebenen Horizont des Mit-sich-zu-Rate-Gehens«[133] und Abwägens, in dem sich das herrschende Motiv durchsetzt.[134] Was uns als das Bessere unter den gegebenen Gesichtspunkten erscheint, das tun wir. Und es erscheint uns so, weil wir sind, wie wir sind. In diese Richtung gehen auch die Überlegungen von Harry Frankfurt und Peter Bieri, die von Freiheit sprechen, wenn willens- und handlungsrelevante Gründe reflektiert werden.[135] So wird man Gerhard Roth zustim-

129 Spaemann 1998a, 228.

130 Spaemann 1998a, 229.

131 Roth et al. 2008, 129.

132 Spaemann 1998a, 227.

133 Spaemann 1998a, 227.

134 So Roth 2008, 9.

135 Frankfurt 1993; Bieri 2009, 389 ff.

men können, wenn er hinsichtlich des »Mit-sich-zu-Rate-Gehens« formuliert: »Ein solches Abwägen hat [...] seine Motivgeschichte, die wiederum in der Lebensgeschichte und damit der Persönlichkeit des Handelnden verwurzelt ist.«[136] Ein Handeln, das nicht einer in der Lebensgeschichte verwurzelten Motivgeschichte entspringt, wäre auch dem Handelnden nicht zurechenbar. Gegen die Behauptung der ultimativen Urheberschaft ist daher festzuhalten, dass eine unmotivierte Entscheidung nicht auf die handelnde Person zurückgeführt werden kann, weil sie an seinen Motiven, Wünschen und Vorstellungen keinen Anhalt hat. »[E]ine wirklich ›freie‹, d. h. motivlose Entscheidung wäre hingegen unmotiviert, d. h. zufällig.«[137]

Zu Recht machen daher Michael Pauen und Gerhard Roth darauf aufmerksam, dass die Forderung nach einer ultimativen Urheberschaft zwei miteinander unvereinbare Annahmen enthält: »Einerseits wird unterstellt, dass die Entscheidung ihrem Urheber zugeschrieben werden kann, doch dann muss es irgendwelche Überzeugungen und Wünsche des Urhebers geben, auf die sich die Entscheidung zurückführen lässt – nur dann kann von Urheberschaft die Rede sein, nur dann lässt sich die Entscheidung dem Urheber zuschreiben. Auf der anderen Seite wird jedoch gleichzeitig angenommen, dass die Entscheidung voraussetzungslos ist – sonst könnte nicht von ultimativer Urheberschaft bzw. einer voraussetzungslos freien Entscheidung die Rede sein. Auf Grund dieses Widerspruchs ist ultimative Urheberschaft keineswegs eine stärkere Form der Urheberschaft, vielmehr schwächt sie diese Forderung, indem sie eine unverzichtbare Voraussetzung von Urheberschaft, nämlich Abhängigkeit der Handlung vom Handelnden, aufhebt. Gleichzeitig verfängt sie sich in einem immanenten Widerspruch, der dazu zwingt, dieses Kriterium zurückzuweisen.«[138]

136 Roth et al. 2008, 129.

137 Roth et al. 2008, 128.

138 Pauen/Roth 2008, 54.

Wir können daher festhalten: Wir haben Freiheit im Sinne einer *Handlungsfreiheit* verstanden. Von Freiheit sprechen wir, wenn unsere Handlung sich unseren Wünschen und Motiven verdankt und weder Resultat von Zwang noch von Zufall ist. Entscheidend ist, dass wir Handlungsalternativen haben und auch anders handeln könnten, gesetzt den Fall, wir wollten anders. Wir können auch sagen: Unsere Handlungen sind frei, wenn sie durch unseren Willen determiniert (verursacht) sind. Wir haben damit gezeigt, wie unter den Bedingungen des Determinismus von Freiheit gesprochen werden kann. Es ging also nicht darum, an dem Freiheitsbegriff festzuhalten, indem wir versuchen nachzuweisen, dass es in einer determinierten Welt Reste von Unbestimmtheit gibt, die dazu führen, dass menschliche Handlungen doch nicht festgelegt sind. Grundlage der Behauptung ist vielmehr die Einsicht, dass es widersinnig wäre, den Ausdruck »können« so zu verstehen, dass er keine Festlegung der Handlung durch den Urheber zuließe. Von diesem Verständnis der Freiheit als Handlungsfreiheit unterscheidet sich das Verständnis der Freiheit, wie es im Theorem der Willensfreiheit enthalten ist: Frei sind wir nicht, wenn wir handeln können, wie wir wollen, sondern wenn wir wollen können, wie wir wollen. In gewisser Hinsicht ist die Formulierung »wollen können, wie wir wollen« selbstverständlich und es braucht nicht über sie gestritten zu werden: Wenn wir tun, was wir wollen, wollen wir natürlich auch, was wir wollen, eben weil wir es ja wollen. Aber was wollen wir? Die Formulierung »wollen, was wir wollen« zeigt, dass nicht erklärt ist, was wir wollen – wir kommen immer auf das Wollen zurück, und wenn es eine Art Überwollen ist. Wenn das, was wir wollen, aber nicht einfach ein Zufall sein soll, so dass wir uns nicht erklären könnten, warum wir eigentlich wollen, was wir wollen, so bedarf das Wollen eines Motivs, das unser Wollen bestimmt, sich aber nicht dem Wollen verdankt. Ein Wollen, das nicht durch unser So-und-nicht-anders-Sein (unsere Motive, Sehnsüchte und Wünsche) verursacht ist, könnte mit uns auch nicht in Zusammenhang gebracht werden. Wir wären nicht der Urheber solcher Handlungen. Wir haben daher im Anschluss an Gerhard Roth und Michael Pauen den Begriff der Willensfreiheit als selbstwidersprüchlich erkannt, da er miteinander unvereinbare Implikationen besitzt. Das Theorem der Willensfreiheit zerstört daher, was es garantieren will: die Rede von menschlicher Freiheit.

2.3 Phänomenale Evidenz der Willensfreiheit? Das Gefühl der Freiheit stellt sich ein, wenn eine Handlung sich auf meine Wünsche, Überzeugungen und Motive zurückführen lässt und durch diese Wünsche, Überzeugungen und Motive erklärbar wird, warum ich eine Handlung A und nicht eine Handlung B vollzogen habe: Ich selbst bin es, der die Handlung bestimmt, die Handlung ist geprägt durch mein So-und-nicht-anders-Sein. Freiheit kommt zustande, wenn der Mensch sich als Urheber seiner Handlungen fühlt, wenn diese nicht durch Zwang oder Zufall beherrscht werden.[139] Anders formuliert: Wir fühlen uns frei, wenn wir Handlungsoptionen haben. Das Gefühl der Freiheit impliziert keinesfalls das Theorem der Willensfreiheit. Es zeigte sich, dass dieses Gefühl gerade unter den Bedingungen eines determinitischen Verständnisses der Welt erlebt und verstanden werden kann.

Nun wird aber häufig das Gegenteil des Gesagten behauptet, nämlich, dass die Willensfreiheit »auf unmittelbare[r] Wirklichkeitserfahrung«[140] beruhe, sie eine in unserem Alltagsdenken »recht solide verankerte Intuition«[141] sei. Ein typisches Beispiel für diese vorschnelle Behauptung taucht bei Rochus Leonhardt auf, wenn er ohne weitere Begründung behauptet, die Bestreitung der Willensfreiheit kollidiere »natürlich« mit »unserer Selbsterfahrung und unseren lebensweltlichen Gepflogenheiten«, weil wir »sowohl uns selbst wie auch andere Menschen durchaus als frei handelnde

139 So Borner 2008, 174.

140 Singer 2002, 76.

141 Mohr 2008, 72.

Subjekte«[142] betrachten. Eine Begründung oder einen phänomenologischen Ausweis für das, was angeblich so »natürlich« ist, gibt Leonhardt leider nicht. Doch impliziert die Tatsache, dass wir sowohl uns selbst als auch andere als frei handelnde Subjekte wahrnehmen, keineswegs das Theorem der Willensfreiheit, vielmehr scheint es ihm geradezu zu widersprechen. Bei Leonhardt taucht ein typischer Kurzschluss auf: Das Gefühl der Freiheit wird vorschnell mit dem Theorem der Willensfreiheit identifiziert, so dass er zu der Auffassung kommt, die Negation der Willensfreiheit lasse sich durch unser Freiheitsgefühl bestreiten. Es zeigte sich aber, dass unser Freiheitsgefühl keineswegs eine Willensfreiheit impliziert, sondern nur eine Handlungsfreiheit. Natürlich entspricht es unserer Selbsterfahrung und unseren lebensweltlichen Gepflogenheiten, dass wir uns selbst wie auch andere Menschen als frei handelnde Subjekte wahrnehmen und behandeln, d. h. als Menschen, die gemäß ihren Wünschen, Intentionen und Neigungen handeln, aber keineswegs entspricht es unserer Selbsterfahrung und unseren lebensweltlichen Gewohnheiten, dass wir uns und andere Menschen als willensfreie Subjekte wahrnehmen und behandeln, deren Entscheidungen sich nicht auf ihre Wünsche, Intentionen und Neigungen zurückführen lassen. Das Gegenteil ist der Fall. Blicken wir zunächst auf die Wahrnehmung anderer Menschen: Dass wir uns und andere als frei handelnde Subjekte betrachten, bedeutet, dass wir einander als Subjekte betrachten und behandeln, die gemäß ihren Wünschen, Intentionen und Motiven handeln können und dass daher Handlungen auf die Wünsche, Motive und Intentionen des handelnden Subjektes zurückzuführen sind. Wir gehen gerade nicht davon aus, dass es alternative Handlungsmöglichkeiten in dem Sinne gibt, dass (selbst wenn sämtliche Umstände, also auch die Wünsche, Charaktermerkmale und Überzeugungen einer Person vollkommen gleich bleiben) neben der faktisch vollzogenen Handlung A auch eine

142 Leonhardt 2008, 144.

alternative Handlung B zustande kommen kann, und auch nicht davon, dass der Wille aus sich selbst heraus, selbstinitiiert und ohne außer ihm liegende Gründe eine Handlung bestimmt. Unter diesen Umständen würden wir nämlich alle Handlungen von Menschen als völlig willkürlich erleben und wir würden nicht erkennen können, inwiefern sie einen Anhalt an ihrer Person, ihrem durch ihre Motive, Wünsche und Neigungen geprägten So-und-nicht-anders-Sein haben. Dass wir Handlungen auf das So-und-nicht-anders-Sein des Handelnden zurückführen, ist ein wesentliches Element unserer sozialen Beziehungen. Nur deshalb können wir miteinander umgehen, nur deshalb können wir einander berechnen und uns auf andere einstellen (vgl. Kap. 3.4). Nur deshalb ist es auch möglich, menschliches Verhalten zum Gegenstand soziologischer und psychologischer Untersuchungen zu machen. Je genauer wir jemanden kennen, desto berechenbarer ist er für uns, gerade weil wir Einblick in seine Motive und Wünsche haben. Wir werden einander vertraut. Wir wissen, was »typisch« für jemanden ist, häufig wissen wir es sogar besser, als er selbst. Je mehr wir mit dem Charakter eines Menschen vertraut sind, desto weniger werden wir überrascht von dem, was er tut. Gerade auf dieser Berechenbarkeit basieren soziale Beziehungen. »Dort« – so formuliert Fritz Bauer treffend – »erwarten wir in der Regel Folgerichtigkeit des Handelns; sonst könnten wir keine Ehe schließen und Familie gründen, Freundschaften stiften und Geschäfte betreiben, kurz, jede Menschenbeurteilung wäre sinnlos. Sie beruht nämlich darauf, dass Charaktere sich nicht chamäleonartig ändern.«[143] Die Handlungen von Menschen, die wir kennen, sind eben nicht kontingent, wir erleben sie nicht als willkürlich und gerade daher haben unsere Beziehungen eine Geschichte. Und daher können wir auch versuchen, die Handlungen des anderen zu verstehen, sie mit seiner uns bekannten Geschichte in Einklang zu bringen. Dies ist auch der Grund, warum wir häufig

143 Bauer 1969, 59 f.

die Reaktionen anderer vorhersagen können. Wenn uns ein guter Freund erzählt, dass er am Abend überlegt hat, ob er ins Kino geht, die Küche aufräumt oder seinem Nachbarn beim Ausbau des Dachbodens behilflich ist und uns dann berichtet, dass er sich für das Kino entschieden hat, sind wir häufig nur wenig überrascht: »Das hätte ich dir gleich sagen können!«. Um jedem Missverständnis vorzubeugen: Das Gesagte bedeutet selbstverständlich nicht, dass wir alle Handlungen eines uns bekannten Menschen vorhersagen können, aber Vorhersagbarkeit gehört auch nicht zu den Voraussetzungen von Determination,[144] vielmehr ist die Möglichkeit der Vorhersagbarkeit eine Folge der Determination. »Determiniertheit ist [...] eine ontologische Kategorie, Vorhersagbarkeit eine erkenntnistheoretische. Daher können wir im Prinzip die eine ohne die andere haben. Obwohl ein Prozeß vollkommen determiniert sein kann (d. h. gesetzmäßig und bestimmten Randbedingungen unterliegend), mag es sein, daß wir ihn nur unvollkommen kennen und ihn so nicht vorhersagen können. Dies gilt im Übrigen für die meisten realen Prozesse. Ebenso ist der Begriff des freien Willens eine ontologische Kategorie, so dass Vorhersagbarkeit ihn nicht widerlegt und Nichtvorhersagbarkeit nicht als Kriterium oder Test für den Besitz eines freien Willens gilt.«[145] Wir können die Handlungen des anderen nicht mit Bestimmtheit vorhersagen, weil uns sein So-und-nicht-anders-Sein nicht vollständig erschlossen ist. Und daher sind wir häufig überrascht über das, was Menschen tun. »Das hätte ich nicht von Ursula gedacht!« Dennoch haben wir nicht das Gefühl, dass die von uns nicht vorhergesehene Handlung nicht auf das So-und-nicht-anders-Sein von Ursula zurückzuführen ist. Zum einen verdeutlicht dies bereits unsere Redeweise, dass wir eine »neue Seite« bzw. eine »unbekannte Seite« von der betreffenden Person kennen gelernt haben. Wir verstehen sie nun neu und anders als

144 Vgl. Walter 1998, 42 ff, 194 ff.

145 Bunge/Mahner 2000, 207.

zuvor. Zum anderen führt dieses neue, tiefere Verstehen auch zu einem neuen Umgang mit der betreffenden Person, weil wir ihre uns bisher unbekannte Seite in Rechnung stellen. Es hat daher Bedeutung dafür, welche Reaktionen und Handlungen wir von ihr künftig erwarten.

Auch wir selbst erleben uns nicht als willensfrei in dem Sinne, dass unser Wollen nicht durch unseren Charakter determiniert wäre. Wäre dies so, würde unser Wille uns gerade nicht als unser eigener, aus unserer Motivgeschichte erwachsener, vorkommen, sondern wir würden ihn als kontingent und fremd erleben. Entscheidend ist: Wir könnten nicht »in uns gehen«, um zu ergründen, was uns zu bestimmten Handlungen getrieben hat, welche eventuell tief sitzenden Ängste uns an bestimmten wichtigen Entscheidungen gehindert haben. Wäre unser Wille nicht durch unsere Person bedingt, würden wir permanent überrascht und könnten unser eigenes Handeln nicht »einordnen«. Kurz: Wir würden unseren Willen nicht als *unseren* Willen erleben. Von daher ist Marc Borner zu widersprechen, wenn er behauptet: »Ob Determination oder Nicht-Determination, Menschen möchten sich im Sinne der Autorenschaft als Urheber ihrer Tat und nicht durch Zwang oder Zufall beherrscht fühlen. Und dieses Gefühl wird ihnen als Gefühl der Freiheit vermittelt.«[146] Unsere Überlegungen zeigen vielmehr, dass *nur* aufgrund des Determinismus Menschen sich als Urheber ihrer Taten verstehen und sich nicht durch Zwang oder Zufall beherrscht fühlen. Das Gefühl der Freiheit ist überhaupt nur unter den Bedingungen des Determinismus zu verstehen. Ein Wille muss mit einem Individuum in Zusammenhang gebracht, ihm zugeschrieben werden können. Nur so entsteht das Gefühl, dass ich es bin, der diese oder jene Bewegung steuert, diese oder jene Entscheidung trifft, dieses oder jenes will. Ich erlebe mich als frei, wenn ich meinem Willen ein Ich-Vorzeichen geben kann, nicht wenn der Wille »in mir« von meinem Ich losgelöst ist.

146 Borner 2008, 174.

2.4 Unterscheidung zwischen Handlungsgrund und Handlungsursache Unsere Handlungen sind als frei zu bezeichnen, wenn sie sich auf unsere Wünsche und Motive zurückführen lassen. Insofern wird man sagen können, dass unser Handeln sich kausal erklären lässt: von dem So-und-nicht-anders-Sein der Person her. In diesem Sachverhalt ist die Möglichkeit psychologischer und soziologischer Forschung bis hin zur Kriminalitätsprävention begründet. Nun wird aber gegen die Beschreibung unseres Handelns im Kausalschema nicht selten unsere Bindung an Gründe ausgespielt. So wird betont, dass der Wille nicht ausschließlich und nicht vollständig durch anonyme Kausalprozesse, sondern auch und oft ausschlaggebend durch selbst gewählte Gründe bestimmt ist. In diese Richtung argumentiert Jürgen Habermas: »Der Determinismus muß das Selbstverständnis rational Stellung nehmender Subjekte zur Selbsttäuschung erklären.«[147] Ganz ähnlich behauptet Julian Nida-Rümelin, dass »kausale Erklärungen, die nicht auf die betreffenden Gründe Bezug nehmen, in einem Konflikt mit Erklärungen über Gründe«[148] stünden. Dieses Argument taucht auch bei Lutz Wingert wieder auf. Wingert grenzt sein Verständnis der Freiheit von einem »Würfelmodell der Freiheit« ab, das er folgendermaßen beschreibt: »Frei bin ich, wenn ich auch anders handeln könnte – gesetzt den Fall, ich wollte nur anders. Das frei Gewollte ist wie ein Würfelwurf. Der Wurf könnte so ausfallen – ich könnte das wollen. Der Wurf könnte aber auch so ausfallen – ich könnte auch jenes wollen. Und je nachdem, wie die Würfel fallen, je nachdem, was mein Wille zufälligerweise ist, so handele ich eben – wenn ich frei bin.«[149] In diesem Verständnis der Freiheit habe der freie Mensch tatsächlich keinen festgelegten Grund zu wollen, was er will. Von diesem Bild gelte es sich aber zu befreien, um »Freiheit als Fähigkeit

147 Habermas 2005, 176.

148 Nida-Rümelin 2006, 35 f.

149 Wingert 2004, 197 f.

zur Selbstbindung im Handeln durch Gründe« zu verstehen. »Frei ist man in seinem Tun, wenn man auch anders handeln könnte, gesetzt den Fall, man hätte einen Grund dafür, anders zu handeln. Da ein rechtfertigender Grund mit einem Urteil seiner Anerkennungswürdigkeit verbunden ist, bindet er nicht blind. Denn Urteile stoßen uns nicht zu, sondern werden von uns gefällt.«[150] Wingert wendet sich dagegen, Gründe als »mitlaufende, rationalisierende Kommentare eines naturhaft-deterministischen Handlungsgeschehens« zu interpretieren: »Ich mag mich über den rücksichtslos rempelnden Passanten auf der Bahnhofstreppe ärgern. Bisweilen jedoch verraucht mein Ärger und verstummt mein Lospoltern, wenn ich erkenne, daß er extrem kurzsichtig ist. Ein Grund (›Er kann nichts dafür‹) ändert mein Handeln. Gründe sind nicht immer bloß sozialverträgliche Rationalisierungen, die keine Rolle im Handeln spielen. Sie zählen. Und sie erklären in vielen Fällen am besten den Erfolg oder Mißerfolg unserer Handlungen.«[151]

Im Blick auf die gerade erwähnten Einwände von Habermas, Nida-Rümelin und Wingert wird man sagen können, dass die bisher vorgetragenen Überlegungen keineswegs bestritten haben, dass Menschen aus Gründen handeln. Das Gegenteil ist der Fall: Wir sprechen von Freiheit, wenn die Person ihr Handeln durch ihre Intentionen begründen kann. Freies Handeln ist ein Handeln, von dem wir einen Grund einfordern können. Von daher wäre es auch präziser zu sagen, dass, wenn wir bestimmte durch Handlungen verursachte Ereignisse auf bestimmte Personen zurückführen, diese als *Begründer* der Tat verstanden werden. Sie sind Begründer, weil wir von ihnen *Gründe* einfordern können, durch die wir Auskunft über die Intention der Handlung bekommen. Der Handelnde nimmt, wenn er Auskunft über sein Handeln gibt, die Grund-Perspektive ein. Allerdings ist die Frage zu stellen, was einen Grund zu einem

150 Wingert 2004, 198.

151 Wingert 2004, 199.

Grund werden lässt, das heißt: wodurch Gründe ihren Charakter des Grundseins gewinnen. Mit dieser Frage ist man auf die Ursachen-Perspektive verwiesen und das So-und-nicht-anders-Sein der Person rückt in den Blick.

Um Grund und Ursache nicht gegeneinander auszuspielen und zu behaupten, dass eine Beschreibung unseres Handelns im Kausalschema unserer Bindung an Gründe nicht Rechnung tragen könne, ist es notwendig, Grund und Ursache genauer zu definieren. Michael Pauen und Gerhard Roth schlagen folgende tragfähige Definition vor: Unter Ursachen verstehen wir »räumlich und zeitlich bestimmbare Ereignisse [...], die gewisse Wirkungen in unserer Umwelt hervorbringen. [...] Von Gründen sprechen wir demgegenüber in Zusammenhang mit *Überzeugungen, Wünschen oder Hoffnungen*, die verständlich machen, *warum* Personen etwas tun oder behaupten.«[152] Ein Beispiel für eine Ursache ist das Auftreffen eines Balls auf eine Scheibe zu einem bestimmten Zeitpunkt, was dazu führt, dass die Scheibe zerbricht. Ein Beispiel für einen Grund ist das Auswechseln der durchgebrannten Glühbirne in der Nachttischlampe, um vor dem Einschlafen noch lesen zu können. Im Unterschied zu Ursachen sind Gründe mit Intentionalität verbunden. Gründe geben an, weswegen wir etwas tun, Ursachen geben an, was bestimmte Wirkungen notwendig zeitigt. Ich kann daher nur metaphorisch sagen, dass der Grund dafür, dass die Scheibe zerbrochen ist, das Auftreffen des Balls war; denn das Auftreffen des Balls ist nicht der Grund, den die Scheibe hat, zu zerbrechen. Eine Fensterscheibe hat keine Gründe, weil sie keine Intentionalitäten besitzt. Gerade weil ein Grund über die Intentionalität Auskunft gibt, kann ich auch sagen, dass etwas »kein guter Grund« ist. Demgegenüber kann ich nicht sagen, dass etwas keine gute Ursache für die Fensterscheibe ist, zu zerbrechen. Gründe sind an eine kommunikative Struktur gebunden, an die Perspektive der Verständigung

152 Pauen/Roth 2008, 113 f.

bzw. der Selbstverständigung[153] und haben daher einen normativen Charakter: »Gründe können den Vollzug bestimmter Handlungen oder das Akzeptieren von anderen Überzeugungen *rechtfertigen*. Für Ursachen gilt das nicht.«[154] Die Tatsache, dass ein Ball gegen eine Fensterscheibe geprallt ist, liefert keine Rechtfertigung dafür, dass die Scheibe zerbricht. Haben Gründe einen normativen Charakter, so haben Ursachen einen zwingenden (»naturgesetzlichen«) Charakter. Von daher kann ich nicht sagen: »Die Ursache dafür, dass ich mich bei ihnen um diese Stelle hier bewerbe, liegt darin, dass die Firma, in der ich bisher gearbeitet habe, Konkurs angemeldet hat«. Dies ist deshalb unpräzise, weil die Tatsache, dass die Firma, in der ich bisher gearbeitet habe, Konkurs angemeldet hat, nicht zwingend zur Folge haben muss, dass ich mich bei dieser Firma bewerbe. Ich könnte mich genauso gut bei einer anderen Firma bewerben oder mich resigniert aus dem Arbeitsmarkt verabschieden.

Eine weitere Unterscheidung zwischen Grund und Ursache ist damit bereits angeklungen: Gründe sind im Gegensatz zu Handlungen keine räumlich und zeitlich bestimmbaren Einzelereignisse, sondern Abstrakta.[155] Sie existieren nicht an einem bestimmten Ort und zu einer bestimmten Zeit. Daher können mehrere Personen an unterschiedlichen Orten zu unterschiedlichen Zeiten ein und denselben Grund für eine Handlung haben.

Diese Unterscheidung zwischen Grund und Ursache darf aber nicht die Zusammengehörigkeit von beiden überspielen. Zwar können wir Handlungen nicht verständlich machen, wenn wir nur nach ihren Ursachen fragen, es bedarf vielmehr einer Erklärung, die die Intentionalität des Handelnden bedenkt,[156] weil sich Handlungen anders als Ereignisse (wie das Zerbrechen einer Fensterscheibe)

153 Vgl. Fischer 2002, 79 f.

154 Pauen/Roth 2008, 115.

155 Vgl. Pauen/ Roth 2008, 115.

156 Vgl. Merkel 2008, 343 ff.

im rein kausalen Begriff nicht verständlich machen lassen. Aber dies bedeutet nicht, dass man nicht auch nach der Ursache einer Handlung fragen kann, danach, was eine bestimmte Handlung hervorbringt. So ist Bittner zuzustimmen, wenn er den Unterschied von Grund und Ursache in Bezug auf das Handeln folgendermaßen definiert: »[D]er Grund, aus dem jemand etwas tut, ist das, weswegen er es tut: Die Ursache hingegen dafür, daß jemand etwas tut, ist das, was geschehen macht, daß er es tut.«[157]

Nun ist aber darüber hinaus ein entscheidender Punkt zu bedenken: Das, weswegen jemand etwas tut, und das, was geschehen macht, dass er es tut, sind nicht zwei sich ergänzende Sachverhalte, sondern zwei Dimensionen desselben Sachverhalts. Grund-Perspektive und Ursachen-Perspektive haben denselben Gegenstand. Erklärt der Grund die Handlung im Blick auf die Intention des Handelnden, so die Ursache in Bezug auf das So-und-nicht-anders-Sein (die Natur) des Handelnden. Entscheidend ist, dass die Intention des Handelnden sich auch in der Beschreibung des So-und-nicht-anders-Sein des Handelnden findet. Intentionen sind im Unterschied zu Ursachen nicht zeitlich und räumlich begrenzt, allerdings haben wir es immer mit einzelnen Vorkommnissen solcher Intentionen zu tun, die eine *bestimmte* Person zu einem *bestimmten* Zeitpunkt hat. Von dem (abstrakten) Inhalt einer Intention ist der zeitlich und räumlich bestimmbare Intentions-*Zustand* zu unterscheiden. Er gehört zur Beschreibung des So-und-nicht-anders-Seins des Handelnden. Der Intentions-Zustand verursacht eine Handlung. Fragen wir nun, wie eine (abstrakte) Intention zur Intention einer bestimmten Person zu einem bestimmten Zeitpunkt werden kann, so sind wir auf die Gefühlsebene der Person verwiesen, die ihr Denken, Handeln und Wollen prägt. Wir können also sagen, dass eine bestimmte Motivgeschichte eine Intention zu einer Intention eines bestimmten Menschen zu einem bestimmten Zeitpunkt werden lässt. Das

157 Bittner 2005, 96.

So-und-nicht-anders-Sein des Handelnden ist die Ursache dafür, dass ein bestimmter Grund zum Grund einer bestimmten Person zu einem bestimmten Zeitpunkt wird. Weil Personen hinsichtlich ihres So-und-nicht-anders-Seins differieren, differieren sie auch hinsichtlich der Gründe, die sie haben.

Wir können daher festhalten: Jeder Handlungsbeschreibung unter Gründen lässt sich deshalb prinzipiell ein exaktes Pedant unter Kausalbegriffen zuordnen. Zu jeder aus Gründen erklärten Handlung gibt es auch eine solche Beschreibung im Kausalschema. Dies übersehen die Einwände, die unsere Bindung an Gründe gegen die Beschreibung im Kausalschema ausspielen wollen. Natürlich zählen Gründe für unser Handeln. Zu beachten aber ist immer auch, wodurch Gründe ihren Charakter des Grundseins gewinnen. Mit dieser Frage sind wir auf die Ursachen-Perspektive verwiesen.

2.5 Warum wir uns nicht als Objekte behandeln können Wir haben festgestellt, dass wir menschliches Handeln – wie auch Ereignisse – im Kausalschema verstehen können. Lutz Wingert stellt die berechtigte Frage nach den »Grenzen naturalistischer Selbstobjektivierung«: Können wir uns dauerhaft ausschließlich als Objekte verstehen, die sich *selbst* ebenso gut wie *einander* beobachten und in einer Beobachtersprache nur noch übereinander kommunizieren, ohne dass wir uns dabei als Handelnde, Fragende und Lernende unverständlich werden?[158] Diese Frage von Wingert ist genauer in den Blick zu nehmen. Wir *sind* psychische Objekte und als solche auch verstehbar, daran besteht – nach unseren bisherigen Überlegungen – kein Zweifel. Wir *können* Menschen nach dem Kausalitätsprinzip verstehen – nicht zuletzt die Psychologie und ihre Perspektive machen dies deutlich. Weil wir psychische Objekte *sind*, besteht auch die *Möglichkeit*, dass wir uns als solche auch im zwischenmenschlichen Umgang *verstehen* und *behandeln*. Daher *können* wir uns auch

158 Vgl. Wingert 2006.

wie psychische Objekte behandeln. Wenn wir aber psychische Objekte *sind* und uns daher innerhalb unserer sozialen Beziehungen auch so behandeln *können*, dann stellt sich die Frage, warum es sich empfiehlt, dies *nicht zu tun*. Der Wunsch, nicht als psychisches Objekt behandelt zu werden, scheint mir alles andere als ein philosophisch überhöhter Anspruch an die Interaktion zwischen Personen zu sein, sondern ein allgemein-menschlicher Anspruch: So werfen wir es anderen ja vor, wenn sie uns oder andere »wie Objekte« behandeln. Wenn wir psychische Objekte *sind*, die sich daher auch als solche behandeln *können*, was wird dann eigentlich von uns verlangt, wenn wir uns nicht als psychische Objekte behandeln *sollen*? Sind wir dazu aufgerufen, eine Illusion zu etablieren und in dieser zu leben, vergleichbar etwa Kindern, die, wenn sie Räuber und Gendarm spielen, so tun »als ob« und damit eine Scheinwelt etablieren?[159] Mehr noch: Dieses Spiel wäre insofern tiefgreifender, als im Spiel die Spielenden wissen, dass sie eine Scheinrealität etablieren.[160] Sollen wir mithin eine Illusion etablieren und vergessen, dass wir in einer Illusion leben, mit anderen Worten: im Spiel aufgehen und die Realität völlig ausblenden? Um die Berechtigung der Frage Wingerts zu verstehen, müssen wir *erstens* der Frage nachgehen, was es eigentlich bedeutet, sich als psychische Objekte zu verstehen, und *zweitens*, warum es nicht ratsam ist, sich innerhalb sozialer Beziehungen als psychische Objekte zu verstehen.

Einen anderen Menschen als Objekt zu verstehen, bedeutet offenkundig, ihn nicht als Subjekt ernst zu nehmen, mit den Worten Spaemanns: ihn nicht als jemanden, sondern als etwas zu behandeln.[161] Wir behandeln ihn »wie eine Sache«. Was aber tut man, wenn man jemanden als etwas behandelt? Der Vorwurf, als Objekt (»wie eine Sache«) behandelt zu werden, scheint sich vor allem in

159 Vgl. J. Huizinga 1944, 12 f.

160 Vgl. Plessner 1961, bes. 103 f.

161 Vgl. Spaemann 1998a.

dem Vorwurf der Manipulation zu äußern. Dies ist insofern ganz angemessen, als »Manipulation« zunächst die Handhabung eines Gerätes bezeichnet.[162] Wann aber sprechen wir von einer Manipulation, und zwar in dem Sinne, dass »wir uns manipuliert fühlen«? In Knaurs Wörterbuch lesen wir, Manipulation sei »etwas oder jemanden in die gewünschte Richtung lenken, beeinflussen; steuern«[163]. Meyers Lexikon online definiert: »Im psychosozialen Bereich ist Manipulation die Beeinflussung des Menschen (als Einzelwesen oder in einer Gruppe) zum Zwecke einer systematisch zielgerichteten Lenkung und Prägung des Bewusstseins, der Denkgewohnheit oder der Gefühlslage.«[164] Beide Definitionen führen nicht recht weiter: Jemanden in eine gewünschte Richtung zu lenken, ihn beeinflussen zu wollen, ist noch nicht Manipulation. In jeder Kommunikation hat der Sender eine bestimmte Absicht und will in eine »gewünschte Richtung lenken« bzw. »beeinflussen«. Nehmen wir an, wir fragen eine gute Freundin, ob sie mit uns ins Kino geht. Sie zögert, weil sie sich eigentlich etwas anderes für den Abend vorgenommen hat. Wir werden nun Gründe angeben, um sie zu überzeugen, indem wir etwa darauf hinweisen, wie großartig der Film ist oder dass der Abend gut geeignet ist, mal zu entspannen. Vielleicht machen wir auch darauf aufmerksam, dass wir lange nichts mehr gemeinsam unternommen haben und die Gelegenheit nun günstig sei. Die Freundin wird sich nicht manipuliert fühlen, obwohl wir eindeutig versucht haben, sie in eine gewünschte Richtung zu lenken. Sie wird sich auch dann nicht manipuliert fühlen, wenn wir sagen, wie enttäuscht wir sind, wenn sie nicht mitkommt und wie wir uns darauf gefreut haben. Der Grund liegt – so eine erste Vermutung – darin, dass wir unsere Absicht in keiner Weise verborgen haben, der Vorwurf der Manipulation wohl aber irgendetwas mit Verdeckung

162 Vgl. Brockhaus 1811, 53; Meyers 1908, 227.

163 Knaur 1985, 643.

164 http://de.wikipedia.org/wiki/Manipulation (Zugriff v. 30. Januar 2010).

bzw. Täuschung zu tun haben muss. Stellen wir uns vor, wir vermuten, dass die Freundin den Abend anders zu verbringen gedenkt. Wir beginnen nun unser Gespräch gar nicht mit der Frage, ob sie uns ins Kino begleitet, sondern mit einer Klage darüber, dass wir in letzter Zeit wenig gemeinsam unternehmen und in uns langsam das Gefühl heranreift, unsere Gegenwart sei ihr gar nicht mehr so wichtig. Oder wir sagen ihr, dass wir uns Sorgen um sie machen, weil andere behaupten, dass mit ihr in letzter Zeit gar nichts mehr »los« sei und sie sich im Haus zu verkriechen scheine. Im Laufe des Gespräches über unsere Traurigkeit wegen ihres mangelnden Interesse an uns oder über unsere Sorge bezüglich des Eindrucks, den sie auf andere hinterlässt, stellen wir die Möglichkeit in den Raum, am Abend gemeinsam ins Kino zu gehen oder noch geschickter: wir erwähnen bloß, dass ein guter Film läuft und lassen sie alle notwendigen Schlüsse selbst ziehen. In gewisser Weise gehen wir angemessen vor: Wenn ihr tatsächlich an unserer Freundschaft etwas liegt und wenn wir recht in der Annahme gehen, dass es ihr wichtig ist, von anderen nicht als jemand gesehen zu werden, mit dem nichts los ist, wird diese Rede auf sie Eindruck machen. Es ist keineswegs so, dass wir sie zwingen, vielmehr wird diese Rede sie veranlassen, mitgehen zu *wollen*, sei es, um uns zu zeigen, dass ihr doch etwas an unserer Freundschaft liegt, sei es, um zu zeigen, dass durchaus etwas los ist mit ihr. Man wird also auch keineswegs sagen können, dass dieses Vorgehen nicht erfolgversprechend ist, wahrscheinlich ist es sogar erfolgversprechender als der erstgenannte Weg (zumindest für jemanden, der in dieser Weise vorzugehen versteht). Dennoch würde bei einem solchen Vorgehen – wenn es durchschaut wird – der Vorwurf der Manipulation auftauchen. Worin liegt aber die Verdeckung und Täuschung? Die Täuschung in diesem Fall liegt nicht in dem, *was* wir gesagt haben. Jemand, der manipuliert, ist kein Lügner. Es kann durchaus richtig sein, dass wir den Eindruck haben, dass sie an der Freundschaft mit uns nicht mehr richtig interessiert ist, und es mag auch richtig sein, dass die anderen geäußert haben, dass mit ihr in letzter Zeit nicht viel los sei. Die Täuschung liegt nicht in dem, *was* wir gesagt haben, sondern in der *Absicht*, über die wir getäuscht haben. Es geht uns nämlich nicht um das, was wir sagen, vielmehr ist das, was wir sagen, ausschließlich durch unsere Zielsetzung bestimmt. Wer manipuliert, dem geht es nicht um das, was er sagt, sondern er will mit dem Gesagten etwas erreichen, das er nicht durchsichtig macht. Was er erreichen will, will er an dem Bewusstsein des anderen »vorbei« erreichen. Er nimmt Einfluss auf die Gefühlsebene, die ja die Entscheidungen und das Wollen des anderen bestimmen, ohne diese Absicht offenzulegen. In diesem Fall haben wir den anderen als psychisches Objekt behandelt, als jemanden, der durch seine Gefühle bestimmt wird und dessen Gefühle beeinflusst werden müssen, um das Gewünschte zu erreichen. Wir drehen sozusagen an seinen Schrauben.

Blicken wir auf die Unterscheidung zwischen Grund und Ursache, werden wir sagen können: Jemand, der einen anderen wie eine Sache behandelt, nimmt im Umgang mit ihm die Ursachen-Perspektive ein. Er geht nicht auf seine Intentionen ein, sondern auf die Ebene, die die Intentionen generiert, seine Gefühlsebene. Im Anschluss an Robert Spaemann und Gerhard Roth haben wir gesagt, dass die »Meta-Motive« bzw. das »fundamentale Aussein-auf« den vorgegebenen Horizont des »Mit-sich-zu-Rate-Gehens« bilden, in dem stärkere gegen schwächere Motive abgewogen werden (vgl. Kap. 2.2). Jemand, der einen anderen aus der Ursachen-Perspektive heraus behandelt, nimmt nicht Teil an dem »Mit-sich-zu-Rate-gehen« des anderen. Er blickt daher nicht in die gleiche Richtung wie der andere, sondern steht sozusagen »hinter« ihm. Genau hierin scheint das Problem zu bestehen. Zunächst ist nun eines deutlich zu sagen: Die Alternative ist gewiss nicht die Forderung nach symbiotischen Beziehungen. Wir haben auf den anderen immer auch einen Außenblick, wir müssen weder mit ihm noch mit seinen Motiven und seinen die Bedürfnisse generierenden Gefühlen verschmelzen. Gerade weil wir nicht mit dem anderen verschmelzen, können wir ihn manchmal auch hinsichtlich einiger Gefühle orientieren, die bei ihm unbewusst leitend sind, während sie uns nicht verborgen geblieben sind. Doch auch mit solchen Hinweisen bleiben wir im Horizont des Mit-sich-zu-Rate-Gehens. Wir geben offen Auskunft darüber, was wir tun, warum wir es tun und in welcher Absicht wir es tun. Indem wir in dieser Weise Auskunft geben, teilen wir mit dem anderen den Raum der Gründe, statt ihn als eine Ursache-Wirkung-Relation zu verstehen, die er natürlich auch ist. Wohlgemerkt: Wir *können* jemanden ausschließlich in der Ursache-Wirkung-Relation verstehen und ihn auch so behandeln. Wir versuchen dann seine Gefühlslage zu beeinflussen, damit er in einer gewünschten Weise handelt. Dabei spielt es keine Rolle, ob wir dies aus guten oder schlechten Motiven heraus tun, ob wir dem anderen damit schaden wollen oder ob wir denken, dass wir dies zu seinem Besten tun.

Wenn ich formuliert habe, dass wir den anderen als ein »psychisches Objekt« behandeln, wenn wir die Ursachen-Perspektive in unserem Handeln auf ihn anwenden, dann müssen wir nun fragen, wieso es sich nicht empfiehlt, dies zu tun. Für den Einzelfall ist es sicherlich erfolgversprechend, vielleicht sogar eher erfolgversprechend, als sich mit dem anderen in den Raum der Gründe zu begeben. Und weil es im Einzelfall erfolgversprechend ist, tun wir dies auch manchmal, manche von uns freilich häufiger und auch besser als andere, aber wohl niemand ist ganz von dieser Taktik frei. Das Problem in diesem Vorgehen besteht darin, dass wir uns nicht *dauerhaft* als psychische Objekte behandeln können, weil dies jede Vertrauensbasis zerstören würde. Wir haben gesehen, dass derjenige, der einen anderen ausschließlich in einem Ursache-Wirkung-Zusammenhang versteht und manipuliert, indem er Einfluss auf seine Gefühlslage nehmen will, kein Lügner in dem Sinne ist, dass das, was er sagt, in der Absicht gesagt wird, uns über die Wahrheit der Dinge zu täuschen. Es geht nicht um das, was gesagt wird, sondern mit dem Gesagten soll etwas bewirkt werden. Wenn wir es uns zur Gewohnheit machen, in dieser Weise miteinander umzugehen, dann führt dies dazu, dass wir allem, was gesagt wird, nicht mehr trauen können. Wir müssten uns ständig fragen, in welcher (uns verborgenen) Absicht ein anderer etwas sagt, was er damit erreichen will und in welche Richtung er uns drängen will. Wir müssen dann sozusagen ständig »hinter« die Äußerung des anderen sehen, weil der Inhalt des Gesagten die Bedeutung des Gesagten nicht erschließt, da ja die Bedeutung des Gesagten von dem Inhalt des Gesagten völlig losgelöst ist. Wir könnten nie davon ausgehen, dass es bei dem Gesagten um das Gesagte selbst geht, sondern müssten dieses immer als beliebiges Mittel verstehen, das zu einem bestimmten, uns zunächst verborgenen Zweck gewählt ist. Dies würde jede Kommunikation auf die Dauer unmöglich machen, vor allem würde so auch nichts erreicht werden können, weil das Gesagte nicht mehr ernst genommen werden kann und es daher unsere Gefühle nicht mehr zu beeinflussen vermag. Das manipulierende Vorgehen setzt ja voraus, dass der andere dieses Vorgehen nicht durchschaut, sondern davon ausgeht, dass es bei dem Gesagten tatsächlich um das Gesagte geht. Manipulation kann daher nicht zur Regel werden, ohne aufzuhören, Manipulation zu sein. Ein weiterer Gesichtspunkt ist wesentlich: Ich kann, selbst wenn ich davon ausgehe, dass es dem anderen um mein Wohl geht und er mich zu meinem Besten manipulieren will, nicht wollen, dass ein anderer mich in einem Ursache-Wirkung-Zusammenhang behandelt, weil dieses voraussetzt, dass der andere mich restlos durchschauen kann, um zu erkennen, wie ich »funktioniere«. Aber weder wir selbst noch andere haben einen »Schaltplan« von uns. Personen sind sich nicht in dieser Weise zugänglich. Von daher müssen wir von dem anderen eine »Offenheit« in Bezug auf uns fordern, auf das, was wir sagen, zu hören, es ernst zu nehmen und damit das Bild von uns offen zu halten und immer neu in Frage stellen zu lassen. Jede Kommunikation ist überflüssig, wenn der andere das Bild von uns »abgeschlossen« hat, es nicht mehr in Frage stellt und daher an dem, was wir sagen, wie wir handeln und was wir als unsere Intentionen angeben, nicht mehr interessiert ist. Wenn wir uns gegenseitig als psychische Objekte behandeln, müssen wir daher nicht nur bei allem, was gesagt wird, davon ausgehen, dass es nicht um das geht, was gesagt wird und daher nach der leitenden Absicht fragen, sondern auch danach, welches Verständnis von uns und unseren Wirkmechanismen in dem Gesagten zutage tritt, und uns fragen, inwiefern wir uns dagegen wehren müssen, in einer bestimmten Weise »festgestellt« zu sein.

Allerdings gibt es Grenzfälle, in denen wir den Raum der Gründe verlassen zu müssen meinen. Ein solcher Fall liegt vor, wenn wir bspw. bei einem befreundeten Menschen festzustellen meinen, dass seine Intentionen und Motive aufhören, lebensdienlich zu sein und ihm schaden und wir ihn nun mit unseren Aktionen zu seinem Besten beeinflussen wollen. Wir nehmen dann sein So-und-nicht-anders-Sein als Ursache seiner Handlungen wahr und agieren dementsprechend mit ihm. In dieser Weise übernehmen wir eine der tiefsten Formen der Verantwortung: Wir antworten für ihn. Damit aber setzen wir die Beziehung einer großen Gefahr aus: Verträgt es eine Freundschaft, dass die Ursachen-Perspektive in ihr (wenn auch für einen vorübergehenden Zeitraum) leitend wird, und wird es möglich, einen Raum der Gründe erneut zu etablieren, nachdem er zerstört wurde? Vor allem: Haben wir das Recht, den Freund unserer Sicht von lebensdienlich zu unterwerfen, oder verweigern wir ihm damit in letzter Konsequenz die Offenheit, die er von uns erwarten kann? Und im Blick auf uns und unsere Motivationen ist zu fragen: Ist es tatsächlich im Interesse des anderen begründet, dass wir den Raum der Gründe verlassen zu müssen meinen? Auf diese Fragen müssen wir im konkreten Fall eine Antwort geben. Deutlich ist aber, dass es sich hier um Grenzfälle handelt, deren Gefährlichkeit nicht unterschätzt werden darf.

2.6 Selbstbestimmte Menschen und selbstbestimmte Handlungen Wir haben festgestellt, dass Autonomie und Urheberschaft wesentliche Bedingungen einer Handlung sind, die wir als selbstbestimmt und frei bezeichnen. Damit ist auch deutlich, wo die Rede von selbstbestimmten Handlungen ihren Ort hat: in der Zurechnung von Handlungen. Wir fragen, inwiefern wir einer Person eine

Handlung zurechnen können, und wir können ihr die Handlung zurechnen, wenn sie sich von ihrer Urheberschaft her verstehen lässt. Von daher bezeichnen wir eine Handlung als *nicht* selbstbestimmt, wenn sie sich nicht auf mich als Urheber zurückführen lässt, weil sie entweder erzwungen oder bloßer Zufall ist; als selbstbestimmt bezeichnen wir eine Handlung, wenn sie sich weder auf Zwang noch auf Zufall zurückführen lässt. Damit wird aber auch deutlich, dass selbstbestimmte Handlungen nicht dadurch definiert sind, dass Selbstbestimmung ihr Ziel (ihr Worumwillen) ist. Selbstbestimmung ist kein Bestimmungsgrund des Handelns, sondern eine Beurteilungsperspektive.[165]

Nun wird der Begriff »selbstbestimmt« aber häufig gerade nicht als Beurteilungsperspektive des Handelns bezeichnet, sondern als Bestimmungsgrund. Menschen – so wird behauptet – sind in der Lage, ein selbstbestimmtes Leben zu führen, sich selbst zu bestimmen.[166] Es stellt sich die Frage, was ein »selbstbestimmtes Leben« sein soll.

Bei der Rede von »selbstbestimmten Handlungen« bzw. »selbstbestimmten Personen« stehen meistens zwei Vorstellungen im Hintergrund, denen wir im Folgenden nachgehen müssen. Zum einen kann man sich unter Handlungen, die die Selbstbestimmung zur Intention haben, solche Handlungen vorstellen, die zum (bewussten) Ziel haben, die *eigenen* Wünsche und Intentionen zu realisieren. In diesem Verständnis wäre ein selbstbestimmter Mensch ein Mensch, der seine eigenen Wünsche und Intentionen verfolgt. Nun stellt sich aber die Frage, was demgegenüber eine nicht selbstbestimmte Handlung bzw. ein nicht selbstbestimmter Mensch ist. Wir haben ja gesehen, dass wir solche Handlungen nicht als selbstbestimmt bezeichnen, die einem Zwang (oder einem Zufall) unterliegen. Ein nicht selbstbestimmter Mensch wäre damit ein Mensch, der sich in

165 Ähnlich auch: Steinvorth 2004, 107.

166 Seel 1999, 118.

einer Situation befindet, die ihn daran hindert, diejenigen Dinge zu tun und zu lassen, die seinen Intentionen und Motiven entsprechen (bspw. wenn er an einen Baum gefesselt ist). Gerade diese mangelnde Selbstbestimmung ist aber nicht auf die Intention zurückzuführen, weil der Zwang ja gerade dadurch definiert ist, dass er auf die Intention der Person keine Rücksicht nimmt, sondern mit Notwendigkeit außer Kraft setzt (ansonsten handelt es sich nicht um Zwang). Die Differenz zwischen selbstbestimmten Handlungen und nicht selbstbestimmten Handlungen bzw. zwischen einem selbstbestimmten Menschen und nicht selbstbestimmten Menschen kann nicht darin liegen, dass erstere im Unterschied zu letzteren ihre eigenen Motive verfolgen *wollen*. Dies wollen auch die letzteren, sie werden nur daran gehindert.

Nun ist zu vermuten, dass diejenigen, die von selbstbestimmten Menschen und ebensolchen Handlungen reden, sich mit der Erklärung nicht zufrieden geben. Die Rede von »selbstbestimmten Menschen« meint offenkundig Menschen, die um ihre Interessen wissen und diese mit Zielstrebigkeit verfolgen, im Unterschied zu solchen Menschen, die eben nicht konsequent ihre Interessen verfolgen, sondern sich von anderen Menschen oder von widrigen Umständen hiervon abbringen lassen. Man mag bei einem vermeintlich nicht selbstbestimmten Menschen bspw. an einen Menschen denken, der sowohl an dem Erkennen seiner eigenen Intentionen und Interessen als auch an der konsequenten Durchsetzung durch die sorgenvolle Frage beeinträchtigt wird, was andere von ihm denken. Entscheidend für dieses Verständnis ist, dass diese angeblich nicht selbstbestimmten Menschen nicht von anderen in dem Sinne gezwungen werden, dass diese mit Notwendigkeit ihre Intentionen außer Kraft setzen, sondern dass sie sich sozusagen zwingen lassen, d. h. sich von anderen Intentionen beherrschen lassen, ohne dass sie es müssten.

Nun überzeugt diese Auffassung nicht. Diejenigen, die sich von anderen Intentionen bestimmen lassen, bestimmen sich ja dazu, *diese* zu verfolgen. Sie bestimmen sich dazu, Anforderungen anderer Genüge zu tun; denn insofern sie nicht (mit Notwendigkeit) dazu gezwungen werden, unterliegen sie immer auch der Alternative, dass sie sich entziehen könnten, was sie aber nicht tun. Insofern sie der jeweiligen Anforderung eine Berechtigung zuerkennen, sind sie es im Grunde auch selbst, die diese Anforderungen setzen. Sie machen damit die Interessen und Intentionen anderer zum eigenen Interesse und zur eigenen Intention. Menschen, die in dieser Weise handeln, »haben etwas davon«, etwa Anerkennung und Wohlwollen der anderen. Nun ist natürlich durchaus vorstellbar, dass sie nicht wissen, welche Bedürfnisse sie durch ihr Handeln stillen und welches Belohnungssystem sie bedienen. Und gerade dann klagen sie ihre »Selbstbestimmung« ein. Damit aber geben sie nur zum Ausdruck, dass sie den Preis für die Befriedigung ihrer Bedürfnisse nicht zu zahlen bereit sind. Denkbar ist aber auch, dass die Larmoyanz über die mangelnde Selbstbestimmung Teil ihres jeweiligen Belohnungssystems ist.

Neben der Vorstellung von »selbstbestimmten Handlungen« bzw. »selbstbestimmten Personen«, die ihre *eigenen* Wünsche und Intentionen realisieren, gibt es ein zweites Verständnis. In diesem wird Selbstbestimmung im Sinne von Selbstkontrolle und Selbstdisziplin verstanden. Offenkundig ist damit eine Lebensweise gemeint, die es vermag, »Versuchungen« nicht zu erliegen, d. h. nicht von den *momentanen* Affekten abhängig zu sein. Ist dies ein sinnvoller Gebrauch des Begriffs »Selbstbestimmung«?

Nähern wir uns dem Problem, indem wir mit einem Beispiel einsetzen. Nehmen wir an, die Brüder Siegfried und Manfred haben sich für den Abend vorgenommen, für eine Prüfung am nächsten Tag zu lernen, während Helmut ins Kino zu gehen beabsichtigt. Weil Helmut nicht alleine gehen will, fragt er Manfred und Siegfried, ob sie ihn begleiten. Während Siegfried das freundliche Angebot abweist, lässt Manfred sich von seinem Vorhaben, für die anstehende Prüfung zu lernen, abbringen und begleitet Helmut ins Kino. Ich vermute, dass diejenigen, die von Selbstbestimmung im Sinne von Selbstkontrolle und Selbstdisziplin sprechen, sagen würden, dass Siegfried sehr diszipliniert ist, während sie Manfred als eher undiszipliniert beurteilen. Nun mag die Entscheidung von Siegfried in bestimmter Perspektive sinnvoller sein als die von Manfred, vor allem dann, wenn Manfred die Prüfung am nächsten Tag nicht besteht, und zwar aus dem Grunde, weil er den Abend am Vortag nicht genutzt hat und er nun den schönen Abend im Kino im schlimmsten Fall mit einem zusätzlichen Semester »bezahlt«. Bedeutet dies aber, dass Siegfried im Unterschied zu Manfred eher in der Lage ist, Versuchungen zu widerstehen und seine Neigungen und Affekte zu beherrschen? Im Blick auf unsere Überlegungen in Kap. 2.5 zeigt sich, dass diese Ansicht in die Irre führt. Wir haben dort festgestellt, dass wir in unseren Handlungen unserem So-und-nicht-anders-Sein Ausdruck verleihen, zu denen auch unsere Neigungen und Bedürfnisse, die uns im Laufe unseres Lebens – größtenteils sogar unbewusst – zugewachsen sind, gehören. Sowohl Siegfried als auch Manfred handeln gemäß ihrem So-und-nicht-anders-Sein. Es ist keineswegs so, dass Siegfried sich im Unterschied zu Manfred seinen Bedürfnissen und Neigungen widersetzen kann (die »Pflicht« den »Neigungen« vorzieht), er hat nur *andere* Bedürfnisse, denen er nachgibt, er ist von *anderen* Grundgefühlen geleitet. Wir könnten auch sagen: Siegfried hat ein anderes Belohnungssystem als Manfred. So wäre vorstellbar, dass Siegfried viel weniger Freude an dem Ansehen von Kinofilmen empfindet als Manfred oder dass er viel stärker von der Angst, im Studium den Anforderungen nicht zu genügen, geleitet ist. Beide sind durch ihre Bedürfnisse motiviert, nur eben auf unterschiedliche Weise. Ich möchte nun hier kein Urteil über die Lebensdienlichkeit der unterschiedlichen Bedürfnislage geben, selbst dann nicht, wenn Manfred ein Semester länger studieren muss. Denn es könnte ja sein, dass Siegfrieds Angst, im Studium die nötigen Leistungen nicht zu erbringen, ihn dazu führt, sich allzu viele Dinge zu versagen – auch solche Dinge, die vielleicht den Erfolg seines Studiums gar nicht tangieren würden. Entscheidend ist, dass sowohl Manfred als auch Siegfried nicht Herr über ihre Gefühlslage sind.

In dieser Weise argumentiert auch Rüdiger Bittner: »Wer trotz seiner Überzeugung, daß es alles in allem besser wäre, nicht zu rauchen, den Faden des herrlichen Geschmacks von Zigaretten aufnimmt und eine raucht, unterliegt einer Versuchung, aber wer den Faden, der durch die schlimmen Folgen des Rauchens für die Gesundheit gebildet wird, aufnimmt und sich des Rauchens enthält, unterliegt nur einer anderen: und aus einem bestimmten Grund tut er das eine wie das andere«. Nun geht es Bittner nicht darum zu sagen, dass man nicht eine Ansicht darüber haben könnte, welcher Versuchung man besser nicht unterliegt. Und er will auch keineswegs abstreiten, dass man sich bemühen kann, diesen Grund einem Gesprächspartner, an dem einem etwas liegt, zum verlockenderen zu machen. »Aber« – so Bittner – »ich werde nicht so dumm sein, mich zu bemühen, ihm beizubringen, daß er überhaupt nicht mehr von Versuchungen hingerissen wird. Hingerissen zu werden ist die Art der praktischen Vernunft.«[167]

Begriffe wie Selbstkontrolle und Selbstdisziplin führen in die Irre, weil sie suggerieren, derjenige, dem diese Eigenschaften zugeschrieben werden, sei eher in der Lage, Bedürfnisse zu unterdrücken als andere. Der Unterschied besteht lediglich darin, dass er anderen Bedürfnissen nachgibt. Dies bedeutet nicht, dass die Unterscheidung zwischen Menschen, von denen wir sagen, dass sie sich kontrollieren, und solchen, über die wir dies nicht sagen würden, hinfällig ist. Sie verschwinden keineswegs, sondern müssen nur anders beschrieben werden, wie Bittner zeigt: »Natürlich ist es ein Unterschied, ob man die boshafte Bemerkung macht oder zurückhält, aber der Unterschied ist nicht der, ob man sich selbst unter Kontrolle hat oder nicht. Der Unterschied, auf den es ankommt, liegt zwischen den Dingen, an denen man in einer solchen Situation anknüpft. Einer nutzt die Gelegenheit dazu, einen Volltreffer zu landen, ein anderer hält klug den Mund, weil er für seinen

167 Bittner 2005, 199.

Volltreffer möglicherweise noch einmal teuer bezahlen muß. Sicher mag Schweigen einen schwer ankommen, wenn eine so schöne giftige Bemerkung sich anbietet, aber wer so etwas wie Selbstkontrolle leugnet, behauptet damit nicht, daß etwas aus einem Grund tun immer leicht fällt. Es kann nicht immer leicht fallen, wenn Gründe miteinander konkurrieren, was sie ja in der Regel tun. Wer es unterlässt, die boshafte Bemerkung zu machen, unterdrückt nicht etwas in ihm selbst, er nimmt nur einen anderen Faden auf, der sich in der Situation anbietet. Was die angeht, bei denen die so genannte Selbstkontrolle zum Charakterzug geworden ist, so mögen das solche sein, die regelmäßig darum besorgt sind, was sie vielleicht am Ende zu zahlen haben, oder solche, die den stoischen Weisen markieren, oder solche, die so eingeschüchtert worden sind, daß außer Fassung zu geraten aus ihrem Handlungs-Repertoire gelöscht wurde. Kurzum, was Selbstkontrolle genannt wird, sei es momentan oder gewohnheitsmäßig, das läßt sich so verstehen, dass ein Handelnder von einer Art von Zügen einer Situation angesprochen wird und von einer anderen nicht. Herrschaft braucht dabei nicht im Spiel zu sein.«[168]

Von hier aus wird man sagen können, dass überhaupt die Vorstellung, »Herrschaft« über sein Handeln zu haben (etwa qua einer unseren Entscheidungen übergeordneten »Selbstbestimmung«, »Selbstkontrolle« oder »Selbstdisziplin«), eine falsche Vorstellung ist. Wir folgen diesem oder jenem Weg, den die Welt anbietet. Insofern ist Bittner auch zuzustimmen, wenn er unter praktischer Vernunft »Ansprechbarkeit« versteht. »Dinge aus Gründen tun ist eine Sache dessen, Fäden von Geschichten, die die Welt bereitet, aufzunehmen und fortzusetzen. Aus Gründen handelnde sind Tiere, die sich ihren Weg durch die Welt schnüffeln. Sie haben die Sache nicht unter Kontrolle. Sie sind hingegeben dem, worauf sie treffen.«[169]

168 Bittner 2005, 201.

169 Bittner 2005, 198.

Ich fasse unsere Überlegungen hinsichtlich der Selbstbestimmung zusammen: Selbstbestimmung ist kein Bestimmungsgrund des Handelns, sondern eine Beurteilungsperspektive hinsichtlich der Zurechnung von Handlungen. Als solche hat Selbstbestimmung – so Dieter Thomä – zu tun mit der »Verantwortlichkeit von Handlungen, also mit der Unterstellung einer *auktorialen Instanz*«[170]. Als Bestimmungsgrund des Handelns ist sie untauglich.

2.7 Zwei Argumente für das Theorem der Willensfreiheit?

Zwei der immer wiederkehrenden Argumente gegen das Theorem der Willensfreiheit habe ich bereits zu entkräften versucht: zum einen die Behauptung der phänomenalen Evidenz der Rede von der Willensfreiheit, die uns jeden Anlass nehmen würde, an ihrer Realität zu zweifeln, zum anderen der Einwand, dass der Wille nicht durch Kausalprozesse, sondern auch ausschlaggebend durch selbst gewählte Gründe bestimmt wird. Ein weiteres, gern genanntes Argument gegen das Theorem der Willensfreiheit ist das so genannte »self-defeating«-Argument, das auf die reductio ad absurdum des strikten Kausaldeterminismus zielt. Der Einspruch gegen die Willensfreiheit – so dieses Argument, das bereits bei Epikur auftaucht –[171] sei »self-defeating« und daher nicht kohärent formulierbar, weil derjenige, der behaupte, alle Vorgänge in der Welt seien kausal determiniert, auch diese Behauptung für determiniert halten müsse und sich damit der Möglichkeit auf Zustimmung beraube. In dieser Weise argumentiert auch Robert Spaemann: »Wäre die Gewinnung einer Überzeugung und ein auf diese Überlegung gegründetes Handeln das notwendige Resultat der Prozesse, die diese Überzeugung hervorgebracht haben – wobei zu den determinierenden Faktoren vor allem das Sosein der Handelnden gehört – dann wäre diese Theorie selbst nur Ausdruck des Soseins dessen, der sie vertritt, und

170 Thomä 2003, 277.

171 Epikur 2000, 89, Sprüche 40; vgl. auch: Ferber 2003, 185.

könnte keinen Anspruch auf Wahrheit erheben. Denn auch dieser Anspruch wäre nicht das, was der Begriff meint, sondern nur ein Faktum, das wir empirisch zur Kenntnis nehmen könnten als Information über den, der ihn erhebt. Und auch diese Information ist nur ein digitaler Prozeß, der sich selbst semantisch mißversteht usw. Die argumentative Auseinandersetzung zwischen konkurrierenden Wahrheitsansprüchen wäre in Wahrheit eine physische Auseinandersetzung zwischen zwei elektronischen Systemen.«[172]

Dass dieses Argument nicht überzeugend ist, lässt sich leicht verdeutlichen: Das Argument überspielt die Unterscheidung zwischen der Frage, ob ein Argument wahr ist, und der Frage, wie ein Argument zustande gekommen ist. Die Wahrheit einer Theorie ist eine Eigenschaft, die das Verhältnis der Theorie zu dem Ausschnitt der Wirklichkeit, auf den sie sich bezieht, betrifft, und nicht die Bedingung ihres individuellen Entstehens oder die Bedingung ihres Für-wahr-gehalten-Werdens.[173] Von daher könnte dieses »self-defeating«-Argument gegen den Determinismus bestenfalls zeigen, dass es keine vernünftigen Gründe gibt, die Determinismusthese zu akzeptieren, nicht hingegen, dass diese These falsch ist.[174] Die Plausibilität einer These wird durch ihr determiniertes Zustandekommen nicht berührt.

Ein weiteres – gern angeführtes – Argument gegen die Bestreitung des Theorems der Willensfreiheit besteht in der Behauptung, dass die Quantenphysik einen universalen Determinismus überwunden habe, weil die Entdeckung der quantenphysikalischen Phänomene (insbesondere der so genannten Heisenbergschen Unschärferelation) für den mikrophysikalischen, subatomaren Bereich auf einen ontologischen Indeterminismus der Welt deute. Der Versuch jedoch, den physikalischen Determinismus mit den Argumenten

172 Spaemann 1998a, 222 f.

173 Merkel 2008, 344 f.

174 Mackie 1981, 279.

eines angeblichen Indeterminismus der Quantenphysik zurückzuweisen, um damit das Theorem der Willensfreiheit zu unterstützen,[175] ist gleich mehrfach verfehlt. *Erstens* ändert ein eventueller mikrophysikalischer Indeterminismus der Quantenebene nichts an der deterministischen Struktur der makrophysikalischen Ebene. Selbst bei Hirnprozessen geht es aber um die makrophysikalische Ebene.[176] *Zweitens* ist mit der Behauptung des Indeterminismus auch nichts für die Willensfreiheit gewonnen, da hiermit nur eine Zufallsabhängigkeit behauptet wird, aber keine intelligible Willensentscheidung.[177]

2.8 Fazit Wir haben in diesem Kapitel Freiheit im Sinne einer Handlungsfreiheit verstanden. Von Freiheit sprechen wir, wenn unsere Handlung sich *unseren* Wünschen und Motiven verdankt und weder Resultat von (äußerem) Zwang noch von Zufall ist. Unsere Handlungen sind folglich als frei zu beurteilen, wenn sie durch unseren Willen determiniert (verursacht) sind. Ein Wollen hingegen, das nicht durch unser So-und-nicht-anders-Sein (unsere Motive, Sehnsüchte und unser Begehren) verursacht ist, weil es – wie es das Theorem der Willensfreiheit fordert – durch keine Bedingungen festgelegt ist, könnte mit uns nicht in Zusammenhang gebracht werden, so dass wir nicht als Urheber solcher Handlungen gelten könnten. Um die menschliche Freiheit angemessen zu erfassen, ist das Theorem der Willensfreiheit nicht notwendig, im Gegenteil: Es zeigte sich, dass dieses Theorem selbstwidersprüchlich ist, insofern es miteinander unvereinbare Implikationen enthält.

Die unterschiedlichen Argumente, die immer wieder für das Theorem der Willensfreiheit angeführt werden, überzeugen sämtlich nicht: Weder beruht das Theorem der Willensfreiheit auf un-

175 So etwa Seebaß 2006, 244 f; ausführlich: Nida-Rümelin 2005.

176 Vgl. Roth 2003a, 507 ff; Honderich 1995, 93 ff.

177 Vgl. Planck 1949, 301 ff.

mittelbarer Wirklichkeitserfahrung, der Rechnung getragen werden muss, noch lässt sich aufweisen, dass der Determinismus das Selbstverständnis rational Stellung nehmender Subjekte zur Selbsttäuschung erklären muss und in der Konsequenz dazu führt, dass wir uns nur wie Maschinen behandeln. Ebenso wenig überzeugen das »self-defeating-Argument« und der Hinweis auf die Entdeckung der quantenphysikalischen Phänomene.

Ich werde mich im nächsten Kapitel der Frage nach der Schuld zuwenden. Ist es tatsächlich so, dass unsere tägliche Praxis der Schuldzuschreibung und Strafzumessung ausschließlich durch das Theorem der Willensfreiheit gerechtfertigt werden kann?

3. Rechtsprechung, Schuld und Strafe

3.1 Vorbemerkung Bereits in Kap. 1.2 habe ich darauf hingewiesen, dass die Behauptung, die Bestreitung des Theorems der Willensfreiheit setze unsere Praxis der Zuschreibung von Verantwortung außer Kraft, alles andere als selbstverständlich ist, so dass die Notwendigkeit der Rede von Schuld und Verantwortung nicht so ohne weiteres zur Unterstützung des Theorems der Willensfreiheit herangezogen werden kann. Vielmehr müssen wir der Frage nachgehen, ob und inwiefern dies der Fall ist. Wird unsere alltägliche Praxis der Zuschreibung von Schuld und Verantwortung tatsächlich durch die Infragestellung des Theorems der Willensfreiheit ebenso in Frage gestellt? Wird die Institution der Strafe tatsächlich durch die Infragestellung des Theorems der Willensfreiheit ebenso in Frage gestellt? Oder verändert sich nur die Art des Redens über Schuld und die Haltung bei der Verhängung von Strafen?

Ich werde im Folgenden dem Problem von Schuld und Strafe nachgehen und mich dabei auch dem Strafrecht und den hier vertretenen Positionen zuwenden. Ausgangspunkt ist unser lebensweltlicher – keineswegs theoriegeleiteter – Umgang mit dem Phänomen Schuld (Kap. 3.2), und unsere lebensweltlich eingeübte Reaktion auf Schuld (Kap. 3.3). Hieran schließen sich Überlegungen zu der Frage an, inwiefern die Willensfreiheit als notwendige Voraussetzung der Rede von Schuld (Kap. 3.4) und als Rechtfertigung von Strafe (Kap. 3.5 und Kap. 3.6) zu verstehen ist. Die Auseinandersetzung mit einem problematischen Verständnis von Schuld und Strafe (Kap. 3.7 und Kap. 3.8) mündet in ein Plädoyer gegen die Überhöhung des Rechts, der Rechtsprechung und seiner Vertreter (Kap. 3.9).

3.2 Umgang mit dem Phänomen Schuld durch Schuldausschließungs- und Entschuldigungsgründe Kaum jemand könnte auf die Frage, was er denn unter »Schuld« verstehe, sofort eine Antwort geben, indem er eine exakte Definition vorträgt oder eine »Theorie« des Phänomens »Schuld« erläutert. Dennoch gebrauchen wir das Wort – und zwar in den unterschiedlichsten Zusammenhängen, in denen wir Menschen in Bezug zu ihren Taten setzen.

Wir sprechen davon, dass wir jemanden für »schuldig halten«, dass jemand mit einer Tat »große Schuld« auf sich geladen hat, wir an etwas »völlig unschuldig« sind und es daher für unangebracht halten, uns für dieses oder jenes zu »entschuldigen«. Wenn wir Menschen zu ihren Taten in Beziehung setzen und dabei von Schuld reden, nehmen wir gekonnt Differenzierungen vor: Wir unterscheiden, ob ein Erwachsener oder ein Kind etwas getan hat, ob derjenige, der etwas getan hat, wusste, was er damit tut oder nicht, ja auch, ob er im Vollbesitz seiner geistigen Kräfte war. Stellen wir uns folgende Situation vor: Ein Bekannter verspricht, mich vom Bahnhof abzuholen. Nachdem ich bereits 40 Minuten in der Kälte am Bahngleis gewartet habe, steigt in mir die Wut hoch und ich übe in Gedanken schon die (selbstverständlich als Bekundung der Enttäuschung getarnte) Anklage, die ich erheben werde, sobald ich im Auto des Bekannten Platz genommen habe. Nun macht es einen Unterschied, ob ich dann als Entschuldigung höre, dass der Bekannte den Termin einfach vergessen hat, oder ob er seine Vergesslichkeit damit begründet, dass er auf Grund beruflicher Sorgen in der Nacht nicht schlafen konnte. Ganz zu schweigen natürlich davon, wenn ich erfahre, dass ich aus Versehen die falsche Uhrzeit der Ankunft des Zuges mitgeteilt habe, so dass der Bekannte über die tatsächliche Ankunft meines Zuges in Unkenntnis war. So wäre es durchaus leichter, Auskunft darüber zu geben, ob und welche Umstände Personen entschuldigen (bspw. eine Notsituation wie ein Wasserrohrbruch, den unser Bekannter ertragen musste und der es verhinderte, dass er rechtzeitig zum Bahnhof kam) oder Zustände, die Schuld ausschließen (Übermüdung, die das Vergessen eines Termins verursacht hat, oder schlicht das Nichtwissen des Termins durch meine falsche Information). Von diesen Schuldausschließungs- und Entschuldigungsgründen her bestimmen wir unseren

Umgang mit dem Phänomen »Schuld«. Schuld ist das, was sich gleichsam herausschält,[178] was übrig bleibt, wenn wir nicht durch besondere Umstände der Tat oder Zustände des Täters »entschuldigen« können. Schuld tritt so gleichsam hervor, drängt sich auf, wird unübersehbar, wenn nicht mehr entschuldigt werden kann.

Unser Alltagsverständnis von Schuld lebt keineswegs von einer in sich geschlossenen »Theorie«, die dann auf unterschiedliche Einzelereignisse angewendet wird; vielmehr gehen wir in unterschiedlichen Rahmenbedingungen mit dem Phänomen »Schuld« um, und dieser Umgang bestimmt unsere Rede von Schuld. Dies ist keineswegs untypisch für die Art unseres Verstehens: Wir befinden uns in ganz unterschiedlichen Verstehens- und Kommunikationszusammenhängen, und diese sind bereits vorhanden, wir konstituieren sie nicht allererst.[179] So bewegen wir uns zusammen mit anderen keineswegs in einem einzigen, sondern in pluriformen, nicht vorschnell reduzierbaren Referenzrahmen. Diese einigen sich keinesfalls in einer stimmigen und widerspruchsfreien Totaldeutung *der* Wirklichkeit. Die Phänomene des Daseins sind uns in unterschiedlichen Verstehensbewegungen gegeben. Wir besitzen keinen einheitlichen transzendental-kategorialen Rahmen, in dem wir die einzelnen uns begegnenden Phänomene der Lebenswirklichkeit einordnen, um sie so innerhalb eines geschlossenen Systems zu verstehen. Innerhalb der unterschiedlichen Verstehenszusammenhänge ergreifen wir die Phänomene, indem wir mit ihnen – wie auch immer – *umgehen*. Unser Verständnis der Phänomene ist bestimmt von unserer alltäglichen *Praxis*, in der die Phänomene innerhalb bestimmter Anforderungen *auftauchen*. Dieser praktische Umgang innerhalb der Lebensbewältigung – dies hat schon Friedrich Nietzsche verdeutlicht – prägt bereits unsere Begriffs- und Sprachbildung.[180]

178 Vgl. Bader 2009.

179 Vgl. Roth 2009b, 522 ff; Roth 2009c, 665 ff.

180 Vgl. Roth 2009c, 671 f.

Blickt man von hier aus auf das Verständnis von Schuld, wie es im deutschen Strafrecht anzutreffen ist, so wird man feststellen, dass es unserer alltäglichen, in der Praxis und ihren Anforderungen begründeten Rede von Schuld sehr nahe kommt, insofern das deutsche Strafrecht – wie die meisten Strafrechtsordnungen der Welt – keine rechtlich bindende, positive Definition des Schuldbegriffs kennt.[181] Nirgendwo steht ein Satz wie »Die Schuld des Täters ist gegeben, wenn …«[182]. Zwar heißt es in § 46 Abs. 1 des StGB, dass Schuld die Grundlage für Strafe ist, doch ist im Wesentlichen geregelt, was zu den so genannten Schuldausschließungs- und Entschuldigungsgründen gehört. Letztere entschuldigen den rechtswidrig handelnden Täter in bestimmten Situationen, die eine Befolgung des Rechts unzumutbar oder eine Rechtsverletzung zumindest verständlich erscheinen lassen (§ 35 StGB: Entschuldigender Notstand; § 33 StGB: Notwehrexzesse) sowie generell die Unzumutbarkeit normengemäßen Verhaltens (bspw. im Falle von Pflichtenkollisionen bei Unterlassungsdelikten). Schuldausschließungsgründe zielen dagegen auf spezielle Defizite des Täters bei der Begehung der Tat. So erklärt § 17 StGB, dass derjenige ohne Schuld ist, der einem unvermeidbaren Irrtum darüber unterliegt, dass sein Handeln rechtlich verboten ist, § 19 StGB schließt die Schuld bei Kindern unter 14 Jahren zwingend aus. Die Schuldfähigkeit kann schließlich bei solchen Tätern ausgeschlossen werden, die während der Tatbegehung bestimmte Defekte aufweisen. Als solche nennt § 20 StGB: »krankhafte seelische Störung, tiefgreifende Bewusstseinsstörung. Schwachsinn oder andere seelische Abartigkeiten«. Zum Schuldausschluss führen sie aber nur, wenn dem Täter wegen eines dieser Defizite bei der Begehung der Tat entweder die Unrechtseinsicht oder die Fähigkeit, nach dieser Einsicht zu handeln, fehlte.[183]

Schuldausschluß

181 Vgl. Roth et al. 2008, 126 ff.

182 Vgl. Günther 2006, 117 f.

183 Vgl. Merkel/Roth 2008, 55.

Die Tatsache, dass das deutsche Strafrecht keine positive Definition von Schuld kennt, sondern im Wesentlichen regelt, was zu Schuldausschließungs- und Entschuldigungsgründen gehört, und die darin dokumentierte Nähe zu unserem alltäglichen Umgang mit dem Phänomen verwundert nicht. Das Strafrecht kann sich nicht von der Lebenswirklichkeit entfernen, es muss auf unsere alltägliche Praxis und der hier verorteten Rede von Schuld bezogen sein, wenn unser Rechtsbewusstsein nicht gefährdet werden soll.[184] Die strafrechtliche Praxis muss verständlich sein durch unsere alltägliche Praxis (und so durch diese legitimiert sein), aus ihr organisch erwachsen. Es kann daher nicht überraschen, dass auch im deutschen Strafrecht »Schuld« gleichsam das ist, was »übrig bleibt«, wenn keine der zuvor rechtlich bestimmten Ausnahmen vorliegen. So formuliert Klaus Günther: »Da bei Abwesenheit eines Schuldausschließungs- und Entschuldigungsgrundes stets ohne weitere Begründung positiv strafrechtliche Schuld angenommen wird, liegt die Vermutung nahe, dass im Strafrecht jeder Delinquent für schuldig gehalten wird, der nicht unter einem der genannten internen oder externen, entschuldigenden oder schuldausschließenden Defizite leidet. Im Strafverfahren gilt der Angeklagte ohne weitere Beweiserhebung als schuldig, es sei denn, besondere Umstände lassen diese Annahme zweifelhaft erscheinen. [...] Strafrechtliche Schuld ist das, was gleichsam ›übrig bleibt‹, wenn keine der zuvor rechtlich bestimmten Ausnahmen vorliegt.«[185]

Nun macht Günther auf einen weiteren Punkt aufmerksam: Die negative Definition schützt den Gesetzgeber davor, eine problematische Antwort auf die Frage nach der Willensfreiheit zu geben.[186] In der Tat: Der Gesetzgeber hält sich an den im zwischenmenschlichen Umgang eingeübten Gebrauch des Schuldbegriffs und

184 Vgl. Schiemann 2008, 140 f.

185 Günther 2006, 118.

186 So auch Günther 2006, 118.

verzichtet darauf, diesen theoretisch zu rechtfertigen. Wir haben gesehen, dass er gut daran tut, den strafrechtlichen Schuldbegriff organisch aus dem lebensweltlichen Schuldbegriff erwachsen und von hier aus bestimmt sein zu lassen; denn diese Übereinstimmung mit dem lebensweltlichen Schuldbegriff garantiert sein Verständnis und seine allgemeine Anerkennung und dient somit dem Rechtsbewusstsein. Einen von allen praktizierten Umgang theoretisch legitimieren zu wollen, birgt zwei erhebliche Gefahren: Zum einen droht dieses Vorgehen die Gesellschaft zu spalten und diejenigen Glieder auszuschließen, die dieser Theorie nicht zustimmen und ihren praktischen Umgang missverstanden fühlen. Zum anderen droht eine solche Legitimierung auch, sich über die Ambivalenzen des alltäglichen Umgangs zu erheben: Der alltägliche Umgang ergibt sich aus den Anforderungen der praktischen Situation, er behauptet keinesfalls von sich, dass er die angemessene Verwirklichung ewig gültiger Prinzipien ist.

3.3 Schuld und Reaktion auf Schuld Offenkundig hat die Rede von Schuld ihren Ort innerhalb unserer Praxis, eine Handlung einer bestimmten Person zuzurechnen. Zurechnung ist die Verbindung zwischen einer Handlung und einem Handelnden. Wir führen bestimmte, durch Handlungen verursachte Ereignisse auf bestimmte Personen zurück, die als Urheber verstanden werden. Wenn Siegfried auf einem Spaziergang mit Ursula in einen Streit gerät und handgreiflich wird, während Helmut zu Hause sitzt und im Internet surft, ist es Siegfried und nicht Helmut, dem diese Tat zugerechnet wird, insofern Siegfried der Verursacher der Tat ist. Selbst jemand, der davon ausgeht, dass Menschen sich nur graduell von Tieren unterscheiden, wird, wenn er solche Vorfälle in Zukunft vermeiden will, Siegfried und nicht Helmut einer Konditionierung unterziehen müssen. Und wenn wir uns der Frage zuwenden, wie es kommt, dass Menschen andere Menschen attackieren, müssen wir uns mit Siegfried und seinen Motiven und Intentionen befassen: Siegfried und nicht Helmut »konnte etwas« für die Tat. Und daher hat auch Siegfried und nicht Helmut die Tat zu *verantworten* und zwar im eigentlichen Sinne des Wortes: Auf die Frage »Warum hast du dies oder jenes getan?« ist es Siegfried, der zu einer Antwort genötigt wird. Man wird daher Peter F. Strawson zustimmen, wenn er darauf verweist, dass es ein unaufgebbares Merkmal unserer sozialen Beziehungen ist zu unterstellen, dass unsere Mitmenschen verantwortlich handeln.[187] Wir unterstellen, dass Menschen verantwortlich handeln, insofern wir sie nötigen, Antwort auf die »Warum«-Frage zu geben. Eine Antwort auf die »Warum«-Frage verlangt die Tat zu begründen und zwar im Blick auf die Intention des Handelnden.

Gerade auf Grund des intentionalen Charakters menschlicher Handlungen differenzieren wir hinsichtlich des Grades der Verbindung zwischen einer Handlung und einem Handlungssubjekt. Wir fragen, inwieweit die Person »etwas kann« für ihre Handlung. *Wir fragen damit nach der Freiheit, die in der Handlung waltet.* Hätte die Person überhaupt »anders handeln« können? Entscheidend für unsere Beurteilung ist dabei, inwieweit eine Handlung durch die Motive, Wünsche und Intentionen einer betreffenden Person bestimmt ist. Wir haben bereits gesehen, dass Autonomie und Urheberschaft wesentliche Bedingungen einer Handlung sind, die wir als selbstbestimmt und frei bezeichnen. Wenn wir hinsichtlich der Verbindung zwischen einer Handlung und einem Handlungssubjekt graduell differenzieren, differenzieren wir hinsichtlich des Grades der Handlungsfreiheit im Blick auf die Autonomie und Urheberschaft. In dieser Differenzierung ist auch der Begriff »Schuld« verortet. Unsere Bewertung der Schuld hängt ab von dem Grad der Handlungsfreiheit, die wir einer Person zuschreiben. Je weniger eine Tat in dem So-und-nicht-anders-Sein der Person begründet ist, desto eher sind wir geneigt, die Person zu entschuldigen; je mehr sie Ausdruck der Motive, Wünsche und Intentionen einer Person ist, desto weniger

187 Vgl. Strawson 1982.

sind wir bereit, sie zu entschuldigen. Nehmen wir an, Peter ist bei Gisela auf einer Party eingeladen und wirft dabei die Vase um. Es macht einen Unterschied, ob Peter über einen Treppenabsatz gestolpert ist und bei dem Versuch, sich mit den Armen in Balance zu bringen, die Vase umgestoßen hat, oder ob er der Vase heimlich einen Stoß versetzen wollte, weil er aus irgendeinem Grunde mit Gisela hadert. Im ersten Fall ist es natürlich auch Peter, der die Vase zerbrochen hat, und wir schreiben Peter die Handlung zu. Es ist Peter, der die zerbrochene Vase zu verantworten hat. Doch es hätte auch jeder andere sein können, der über den Treppenabsatz gestolpert ist. Es ist nicht Peters Charakter, der erklärt, warum die Vase zerbrochen ist, das Zerbrechen der Vase ist nicht in der Natur von Peter begründet. Dies ist aber ganz eindeutig der Fall, wenn Peter die Vase aus Neid und Missgunst zerbrochen hat. Das Zerbrechen der Vase ist in diesem Fall aus Peters Charakter erwachsen, weil es sich von seinen Motiven, Wünschen, Neigungen und Intentionen verständlich machen lässt. Die zerbrochene Vase hat somit Anhalt an Peters So-und-nicht-anders-Sein, weil Peters Charakter die zerbrochene Vase begründet.

Nun ist es aber offenkundig innerhalb sozialer Beziehungen notwendig, dass wir Handlungen nicht nur bestimmten Handlungssubjekten zurechnen, sondern auch, dass wir auf sie reagieren, indem sie Faktoren werden, die wir bei unserem künftigen Handeln berücksichtigen. Wenn wir Handlungen beurteilen und bewerten, müssen wir hinsichtlich des Grades der Handlungsfreiheit differenzieren, um angemessen reagieren zu können. Eine angemessene Reaktion bedeutet, dass sie unserem Leben dient, ihm nützlich ist. Stellen wir uns vor, irgendjemand berichtet Gisela, die zum Zeitpunkt des Zerbrechens der Vase in einem anderen Zimmer gewesen ist, dass Peter die Vase zerbrochen hat und Gisela würde – noch bevor sie irgendetwas von den Umständen der Tat erfährt – erklären, dass Peter schleunigst das Haus zu verlassen habe und sie ihn künftig nicht mehr zu sehen begehre. Giselas Reaktion käme uns willkürlich vor, weil sie ihr Verhalten nicht von Peters Gründen abhängig macht. Diese Reaktion ist äußerst unvorteilhaft – und zwar für Gisela selbst. Wenn Gisela in ihrer Reaktion dem Grund für das Zerbrechen der Vase keine Rechnung trägt, reagiert sie zwar auf die zerbrochene Vase, aber sie reagiert in einer Weise, die ihrem Leben nicht dienlich ist. Hat Peter die Vase aus Neid und Missgunst gegen Gisela zerbrochen, so wäre ein Kontaktabbruch durchaus sinnvoll: Das Zerbrechen zeigt, wie Peter zu Gisela steht, und dies lässt es nicht ratsam erscheinen, sich in irgendeiner Weise auf Peter zu verlassen oder mit ihm Umgang zu haben. Wenn aber Peter die Vase zerbrochen hat, weil er über den Treppenabsatz gestolpert ist, so ist es durchaus möglich, dass er Gisela eigentlich sehr zugetan und daher ein Mensch ist, auf den sich Gisela verlassen kann. Es ist nicht sinnvoll, dass Gisela den Kontakt zu einem solchen Menschen abbricht. Mit diesem willkürlichen Kontaktabbruch gefährdet Gisela darüber hinaus ihre Beziehung zu den anderen Party-Teilnehmern; denn sie gefährdet deren Planungssicherheit hinsichtlich ihrer Freundschaft zu Gisela: Die anderen stellen fest, dass eine Handlung, die jedem hätte passieren können, Gisela dazu bringt, den Kontakt zu beenden. Es ist daher für sie ratsam, Gisela nicht allzu fest in ihr Leben einzubeziehen.

Wir können auf unerwünschte Taten anderer nur angemessen reagieren, wenn wir die Frage nach der Schuld stellen. Und weil dies sinnvoll ist, tun wir dies auch: Wir fragen, ob jemand »etwas dafür konnte«, ob etwas »mit Absicht« oder »aus Versehen« geschehen ist. Natürlich ist nicht jede Sanktion gleich ein Abbruch einer Beziehung, so dass ein weiterer Gesichtspunkt unserer Reaktionen auf Handlungen hervorgehoben werden muss: Wenn wir gesagt haben, dass wir auf Handlungen reagieren müssen, indem sie ein Faktor werden, den wir bei unserem künftigen Handeln berücksichtigen, müssen wir ergänzen: Auch unsere Reaktion muss ein Faktor werden, den der andere bei seinen künftigen Handlungen berücksichtigen kann. Wenn ein Bekannter uns entgegen seiner Zusage am Bahngleis stehen lässt und wir dieses Verhalten durch unsere Reaktion sanktionieren, dann bestimmen wir damit sein künftiges Verhalten: Es macht für ihn einen Unterschied, ob sein Verhalten für uns Anlass ist, in Zukunft ebenfalls großzügig mit Vereinbarungen umzugehen, oder ob wir signalisieren, dass es für uns absolut selbstverständlich ist, dass uns jemand eine Stunde am Bahngleis stehen lässt, weil wir dies für den angemessenen Umgang mit uns halten. Unsere Reaktion wird somit für den anderen ein Motiv seines Handelns.

Die Reaktion des Staates auf eine unerwünschte Handlung ist die Strafe. Wie in unserer alltäglichen Praxis auch, ist die Sanktion des Staates von der persönlichen Schuld des Täters abhängig. Ein alter Grundsatz lautet daher: »Nulla poena sine culpa«. Schon im altrömischen Leges regiae wird festgestellt, »dass nur derjenige, der wissentlich und willentlich einen Freien getötet habe, ein Mörder ... sei«[188]. Ebenso verhält es sich im mittelalterlichen Sachsenspiegel: Ausdrücklich wird hier zwischen einer fahrlässigen und einer absichtlichen Tötung unterschieden.[189] Schuld bietet somit eine Grenze des staatlichen Strafanspruchs und dient »dem notwendigen Schutz des Täters gegen jedes Übermaß der regressiven Einwirkung des Staates«[190]. Dass der Nachweis von Schuld die Voraussetzung des Bestrafens ist, hat auch das Bundesverfassungsgericht hervorgehoben, dem das Schuldprinzip als verfassungsrechtlicher Grundsatz gilt: »Die strafrechtliche oder strafrechtsähnliche Ahndung einer Tat ohne Schuld des Täters ist demnach rechtsstaatswidrig und verletzt den Betroffenen in seinem Grundrecht aus Art. 2 Abs. 1 GG« (BVerfGE 20, 331). »Mit der Strafe [...] wird dem Täter ein Rechtsverstoß vorgehalten und zum Vorwurf gemacht. Ein solcher strafrechtlicher Vorwurf aber setzt Vorwerfbarkeit, also strafrechtliche Schuld voraus. Andernfalls wäre die Strafe eine mit dem Rechtsprinzip unvereinbare Vergeltung für einen Vorgang, den der Betroffene

188 Zit. nach Kunkel/Schermaier 2001, 41.

189 Vgl. Benöhr 1975.

190 Jescheck 1978, 17.

nicht zu verantworten hat« (BVerfGE 20, 323). Auch in Artikel 6. Abs. 2 der Europäischen Menschenrechtskommission (EMRK) heißt es: »Bis zum gesetzlichen Nachweis seiner Schuld wird vermutet, dass der wegen seiner strafbaren Handlung Angeklagte unschuldig ist«. Von daher ist Gisela Merkel und Gerhard Roth zuzustimmen, wenn sie formulieren: »Es besteht Einigkeit darüber, dass das Prinzip der Schuld die Grundlage des Strafrechts bildet. ›Keine Strafe ohne Schuld‹ (*nulla poena sine culpa*), heißt es.«[191] Ebenso wird man Michael Pauen nicht widersprechen können, wenn er darauf abhebt, den Schuldgrundsatz als grundsätzlich angemessen zu bezeichnen: »Es gehört zu den fundamentalen Intuitionen in Bezug auf Gerechtigkeit, dass bei der Bemessung von Strafe nicht nur die Rechtsverletzung selbst eine Rolle spielen muss, sondern auch die persönliche Schuld, die der Täter auf sich geladen hat.«[192] Eine fundamentale Intuition ist die Bemessung der Strafe nach der persönlichen Schuld deshalb, weil sie unserem zwischenmenschlichen Umgang entspricht, von ihm her ihre Plausibilität gewinnt. Und sie gewinnt von hier aus ihre Plausibilität, weil diese Praxis sich als lebensdienlich erweist: Wer seine Reaktion auf eine Handlung nicht an der Schuldfrage ausrichtet, handelt nicht lebensdienlich.

3.4 Willensfreiheit als Voraussetzung der Rede von Schuld?

Wir haben festgestellt, dass sowohl die strafrechtliche Praxis, Schuld durch Schuldausschließungs- und Entschuldigungsgründe zu definieren, als auch die Bemessung der staatlichen Sanktion nach der persönlichen Schuld unserem zwischenmenschlichen Umgang entspricht und von hier ihre Plausibilität gewinnt. Der Bundesgerichtshof geht nun einen Schritt weiter, indem er die im alltäglichem Umgang verortete Rede von der Schuld an das Theorem der Willensfreiheit bindet: »Strafe setzt Schuld voraus. Schuld ist

191 Roth et al. 2008, 126.

192 Pauen 2006, 229.

Vorwerfbarkeit. Mit dem Unwerturteil der Schuld wird dem Täter vorgeworfen, daß er sich nicht rechtmäßig verhalten, daß er sich für das Unrecht entschieden hat, obwohl er sich rechtmäßig verhalten, sich für das Recht hätte entscheiden können. Der innere Grund des Schuldvorwurfs liegt darin, daß der Mensch auf freie, verantwortliche, sittliche Selbstbestimmung angelegt und deshalb befähigt ist, sich für das Recht und gegen das Unrecht zu entscheiden, sein Verhalten nach den Normen des rechtlichen Sollens einzurichten und das rechtlich Verbotene zu meiden« (BGHSt 2, 200 f).

Schuld ist nach dem Votum des Bundesgerichtshofs somit »der freie (selbstbestimmte) Entschluß (Entscheidungsprozess) zur Unrechtsmaxime, d. h. zur Verletzung des Rechts«[193]. Ähnlich interpretiert auch das Lehrbuch von Johannes Wessel und Werner Beulke: »Die innere Berechtigung des *Schuldvorwurfs* liegt darin, dass der Mensch auf freie Selbstbestimmung angelegt und bei Anspannung seines ›Rechtsgewissens‹ im Stande ist, das rechtlich Verbotene zu vermeiden.«[194] Die Rede von Schuld wird mit einem bestimmten Menschenbild verbunden: Der Mensch ist mit einem freien Willen ausgestattet und hat die Fähigkeit, seinen Willen zu bestimmen.[195] Weil der Mensch soll, kann er auch und wer nicht handelt, wie er soll, ist deshalb schuldig, weil er anders gekonnt hätte. Offenkundig wird Freiheit im Sinne einer unbedingten Freiheit verstanden, die dem Menschen die Möglichkeit zuschreibt, etwas bewirken zu können, selbst aber losgelöst von allen Bedingungen zu existieren. Ganz in Richtung des Bundesverfassungsgerichts hat sich bereits der Volksgerichtshof in Gestalt seines Vorsitzenden Roland Freisler geäußert: »Für eine heroische Stellungnahme zum Leben, seine Aufgabe und Erscheinung [...] gibt es eine Frage der Willensfreiheit

193 Köhler 1997, 348.

194 Wessel/Beulke 2003, 127.

195 Vgl. Merkel/Roth 2008, 55 f.

nicht. Er hört nicht den, der da sagt: Ich kann nicht anders. Er ruft in jeder Lage des Lebens: Ich soll, ich will, ich kann!«[196]

In Übereinstimmung mit den Voten des Bundesgerichtshofs und des Volksgerichtshofs sind viele Strafrechtler der Überzeugung, dass ein Mensch nur dann für die Handlung auch verantwortlich ist, wenn er aus eigenem, freien Willen gehandelt hat,[197] mit anderen Worten: dass nur aus (Willens-) Freiheit unrecht handelnde Menschen Strafe auch tatsächlich verdienen und dass es deshalb unrecht ist, auch dann noch Schuld vorzuwerfen und zu strafen, wenn ein Mensch diese Freiheit zum Zeitpunkt der Tat nicht mehr hatte. Ähnlich formuliert Michael Köhler: »Der Schuld als subjektivem Grundsein für das Verbrechen vorausgesetzt ist das Sich-Begreifen als praktisches Subjekt, das sich die Handlungsregeln zu erschließen vermag. Darin besteht Selbstbestimmung und Willensfreiheit.«[198] Eine ähnlich klingende Aussage finden wir in dem Lehrbuch des Strafrechts von Hans-Heinrich Jescheck und Thomas Weigend.[199]

Nun haben wir bereits gesehen, dass die Rede von Schuld ihren Ort innerhalb unserer Praxis hat, eine Handlung einer bestimmten Person zuzurechnen (vgl. Kap. 3.3). Unsere Bewertung der Schuld hängt von dem Grad der Handlungsfreiheit ab, die wir einer Person zuschreiben. Je weniger eine Tat in dem So-und-nicht-anders-Sein der Person begründet ist, desto eher sind wir geneigt, die Person zu entschuldigen; je mehr sie Ausdruck der Motive, Wünsche und Intentionen einer Person ist, desto weniger sind wir bereit, sie zu entschuldigen. An ein weiteres Ergebnis unserer Überlegungen sei erinnert: Autonomie und Urheberschaft sind die wesentlichen Bedingungen einer Handlung, die wir als selbstbestimmt und frei bezeichnen. Demgegenüber zerstört das Theorem der Willensfrei-

196 Zit. nach Bauer 1969, 70.

197 Vgl. Günther 2005.

198 Köhler 1997, 350 f.

199 Vgl. Jescheck/Weigend 1996, 407.

heit, das letzten Endes von motivlosen Entscheidungen ausgeht, die Rede von Freiheit. Es kann nämlich nicht geklärt werden, was wir uns unter einem Willen vorzustellen haben, der nicht durch das So-und-nicht-anders-Sein der Person, ihre Wünsche, Motive und Interesse determiniert ist, sondern diesen frei gegenübersteht (vgl. Kap. 2.2). Wir haben festgestellt, dass es einer dem Wollen vorausgehenden Disposition bedarf, die unser Wollen qualifiziert, selbst aber nicht den Charakter des Wollens besitzt. Zudem kann nicht gezeigt werden, inwiefern dieses »freie Wollen« mit einer Person in Zusammenhang gebracht werden kann; denn wenn der Wille sich gänzlich frei, also unbeeinflusst von der Persönlichkeit mit ihren bewussten und unbewussten Motiven und Zielen, entscheidet, ist der Zusammenhang von Person und Handlung gerade nicht gegeben. Insofern wäre ein Handeln, das nicht einer in der Lebensgeschichte verwurzelten Motivgeschichte unterliegt, dem Handelnden auch nicht zurechenbar. Das Theorem der Willensfreiheit legitimiert daher nicht die Rede von Schuld, sondern steht ihr entgegen. Es kann daher nicht überraschen, dass mittlerweile viele Strafrechtstheoretiker davon ausgehen, dass Willensfreiheit durch das Bestehen deterministischer Kausalbeziehungen ausgeschlossen ist[200] und dass schlechthin indeterminierte Handlungen gerade *keine* Grundlage für Schuldzurechnung bieten.[201] So formuliert Klaus Günther: »Wäre unser Verhalten durch gar nichts determiniert, wäre also Freiheit stets nur als unbedingte möglich, dann wäre es nur ein Spiel des Zufalls. Eine Person für Zufälle verantwortlich zu machen, würde unserer Intuition aber noch viel mehr widersprechen als die Voraussetzung des Determinismus.«[202] Es ist ein Selbstwiderspruch, wenn der Grund dafür, den Straftäter von der Allgemeinheit weg-

200 Vgl. Dreher 1987, ebenso: Roxin 1994, 707; Wessel/Beulke 2003, 125.

201 Vgl. Merkel 2008, 342 ff; Kaufmann 1993, 66; Bockelmann 1963, 385; ähnlich schon: Binding 1914, 18 f.

202 Günther 2006, 122 f.

zusperren, darin liegt, dass er im Sinne der Willensfreiheit fähig ist, ein straffreies Leben zu führen; denn da wir auf die Faktoren der Willensfreiheit keinen Einfluss haben können, könnte man genauso gut eine andere Person statt seiner wegsperren. Diese Überlegungen zeigen, dass unsere tägliche Praxis der Schuldzuschreibung und Strafzumessung eine Bestreitung des Theorems der Willensfreiheit erforderlich macht, da es unserer täglichen Praxis diametral entgegensteht.

Gerade weil der Determinismus unseren lebensweltlichen Gepflogenheiten entspricht und das Kausalitätsprinzip alle empirischen Wissenschaften bestimmt, an deren Ergebnissen auch die Rechtsprechung ganz selbstverständlich partizipiert, ist in Wahrheit auch die Rechtsprechung von der Einsicht in die Unfreiheit des Willens tief geprägt. Vor allem Kriminologen erkennen, dass wir keine Theorie der Prävention entfalten können, solange wir glauben, Handlungen eines Täters seien unmittelbar durch die Freiheit seines Willens zustande gekommen.[203] So formuliert Michael Bock: »Wer Straftaten verhindern möchte, muß die Bedingungszusammenhänge kennen, aus denen sie entstehen, weil sich daraus die für die Prävention geeigneten Mittel ableiten lassen.«[204] Wir könnten keine Theorie der Prävention entfalten, wenn wir davon ausgehen, dass die Handlungen eines Täters nicht in seiner Person begründet und von ihr gesteuert sind. Präventive Maßnahmen folgen daher nach Gunnar Spilgies einem deterministischen Kalkül: »Da davon ausgegangen wird, dass Menschen aufgrund von Ursachen Straftaten begehen müssen, ist es erforderlich und möglich, durch Beseitigung dieser Ursachen Straftaten in Zukunft zu verhindern.«[205] Darüber hinaus gerät die auf Willensfreiheit gestützte Begründung des Handelns in Konflikt mit § 2 StVollzG, worin es heißt: »Im Vollzug der Freiheits-

203 Vgl. Friedman 2008, 151 ff.

204 Bock 2000, Randnr. 9.

205 Spilgies 2004, 60.

strafe soll der Gefangene fähig werden, künftig in sozialer Verantwortung ein Leben ohne Straftaten zu führen (Vollzugsziel).«[206] Wie Spilgies bemerkt, setzt gerade die These von der Freiheit des Willens voraus, dass ein Täter diese Befähigung hatte, als er seine Straftat beging. Der Paragraph hat daher nur Sinn, wenn er diese Befähigung vorher nicht hatte. Dann aber müsste er im Sinne des Determinismus und nicht im Sinne der Willensfreiheit gehandelt haben. Der Schuldvorwurf gegen den Täter besteht nämlich darin, dass er im Besitz dieser Fähigkeit die Straftat hätte unterlassen können, sie aber trotzdem begangen hat. Träfe diese Voraussetzung wirklich zu, wäre ein Straftäter gar nicht resozialisierungs- oder hilfebedürftig im Sinne des § 2 StVollzG. Das Strafurteil hätte dem Täter also bestätigt, er sei fähig gewesen, die Tat zu unterlassen, und schickt ihn daraufhin ins Gefängnis, wo ihm diese Fähigkeit beigebracht werden soll. Der Staat verhielte »sich dem Straftäter gegenüber wie ein Arzt, der seinem Patienten die Diagnose stellt, er sei gesund, der ihm aber dennoch Medikamente verordnet, um gesund zu werden«[207]. Von daher wird man nicht sagen können, kriminalitätstheoretisch müsse die Frage nach der Willensfreiheit nicht entschieden werden,[208] vielmehr ist Michael Bock zuzustimmen, wenn er schreibt: »Unter Voraussetzung eines auf Willensfreiheit gegründeten Schuldstrafrechts ist kriminalätiologische Forschung sinnlos und überflüssig.«[209] In diese Richtung verweist auch Günter Stratenwert: »Dass sich menschliches Verhalten aus dem Zusammenspiel von individuellen und sozialen Faktoren ergibt, dass sich der einzelne also zu einem bestimmten Zeitpunkt niemals beliebig entscheiden kann, daran ist beim heutigen Stande der Sozialwissenschaft ein ernsthafter Zweifel nicht mehr möglich. Nach Ursachen der Kriminalität zu fragen,

206 Vgl. Friedman 2008, 152.

207 Spilgies 2004, 61.

208 Gegen Dölling 2008, 390.

209 Bock 2000, Randnr. 25.

wäre sonst auch sinnlos.«[210] Läge die Ursache des Verbrechens in der freien Entscheidung des Täters, die Straftaten zu begehen oder zu unterlassen, dann erübrigten sich andere kausale Erklärungen der Kriminalität. Hierzu bemerkt Josef Kürzinger: »Wenn entscheidend für eine Tat der freie Wille des Täters ist, können andere Umstände (etwa soziale) auf diesen nur als Motiv wirken, nicht aber die Tat kausal erklären. [...] Für die Kriminologie bedeutet dies, daß dann, wenn man die Handlung eines Straftäters als (allein oder vor allem) dem freien Willen unterworfen ansieht, empirische Untersuchungen zur Entstehung des Verbrechens nicht sinnvoll sind. *Man muß sich daher für ein deterministisches Verursachungsmodell der Kriminalität entscheiden, wenn man Ursachenforschung betreiben will.*«[211]

Dass die Überlegungen hinsichtlich der Kriminologie auch für den Gedanken der Resozialisierung des Verbrechers gelten, ist bereits angeklungen. So formuliert Klaus-Jürgen Grün: »Resozialisierung eines Verbrechers durch den Strafvollzug fordert, dass wir selbst auf denjenigen Teil der handlungsauslösenden Faktoren einwirken können, der den vermeintlichen ›Akt der freien Selbstbestimmung‹ des Verbrechers künftig den von der Rechtsordnung vorgegebenen Weg beschreiten lässt. Dadurch aber behandeln wir immer schon die erwünschten Faktoren einer scheinbar freien Willensentscheidung als determinierende Faktoren.«[212] Von daher wird man Claudius Geisler zustimmen können, wenn er formuliert: »Der Umstand, daß durch immer subtilere und genauere Analysen der konkret-individuellen Determinationsstruktur der mögliche Freiheitsspielraum schwindet, muß ein Strafrecht, das für das Schuldurteil einen Mißbrauch der indeterministischen Willensfreiheit postuliert, in unauflösbare Aporien verstricken.«[213]

210 Stratenwerth 2000, § 1, Randnr. 8.

211 Kürzinger 1996, 46.

212 Grün 2008, 44.

213 Geisler 1998, 91.

Die Lage ist eindeutig: *Erstens* ist der Begriff der Willensfreiheit selbstwidersprüchlich, insofern er miteinander unvereinbare Implikationen besitzt. *Zweitens* ist ein freier Wille nicht denkmöglich, insofern nicht vorstellbar ist, wie ein undeterminierter Wille in die ansonsten herrschende Naturdeterminiertheit eingreifen könnte. *Drittens* steht der Begriff des freien Willens der Erfahrung der Regelhaftigkeit des Daseins auf der makrophysischen Ebene entgegen. *Viertens* aber – und dies ist für unseren Zusammenhang entscheidend – widerspricht der Begriff der Willensfreiheit unseren »lebensweltlichen Gepflogenheiten« und unserer intersubjektiven Praxis der Zuschreibung von Verantwortung und Schuld. Angesichts dieses Sachverhaltes verblüfft, dass dennoch viele Strafrechtler an dem Theorem der Willensfreiheit festhalten,[214] besonders wenn man zusätzlich bedenkt, dass weder Kriminologie noch Prävention von Straftaten unter den Bedingungen von Willensfreiheit möglich wären. So werden kritische Einwände gegen das Theorem der Willensfreiheit dankbar aufgenommen, etwa die Behauptung der phänomenalen Evidenz der Rede von der Willensfreiheit,[215] die uns jeden Anlass nehmen würde, an ihrer Realität zu zweifeln, oder die Willensfreiheit wird mit Hilfe der Unterscheidung von einer Dritte-Person-Perspektive und einer Erste-Person-Perspektive als »stabile Illusion« (nämlich der Ersten-Person-Perspektive) beschrieben.[216] Aufgenommen wird auch der Einwand, dass der Wille nicht vollständig durch Kausalprozesse, sondern auch ausschlaggebend durch selbstgewählte Gründe bestimmt ist,[217] sowie der immer wiederkehrende Einwand, dass die Quantenphysik das Kausalitäts-

214 Vgl. hierzu ausführlich: Detlefsen 2006.

215 Vgl. Guss 2002.

216 Vgl. Burkhardt 1998.

217 Vgl. Mohr 2008, 78.

prinzip überwunden habe.[218] Bei so viel Beliebigkeit der Argumente und Unverständnis für den genauen Zusammenhang[219] ist der Verdacht nicht ganz von der Hand zu weisen, dass es ein leitendes Interesse an dem Theorem der Willensfreiheit gibt, das beliebig Unterstützung sucht. Die Frage ist daher, was das leitende Interesse für das Festhalten an dem Theorem der Willensfreiheit ist. Es kann – wie wir gesehen haben – nicht darin bestehen, unsere Schuldzuschreibung zu rechtfertigen; denn das Theorem der Willensfreiheit würde unsere alltägliche Praxis der Schuldzuschreibung, von der auch die strafrechtliche Praxis lebt, aufheben. Man wird auch nicht sagen können, dass das Festhalten an dem Theorem der Willensfreiheit prinzipiell einer Humanisierung des Strafrechts im Wege steht. So wundert sich Bernhard Rensch darüber, »dass man sich in Deutschland auf eine Humanisierung des Strafrechts beschränkte, aber derzeit von einem auf freier Willensentscheidung basierenden Schuldprinzip nicht abgehen will«[220]. Wir müssen uns daher der Frage noch genauer zuwenden, was der Grund für das Festhalten an dem Theorem der Willensfreiheit ist, ein Grund, der offensichtlich auch eine Humanisierung des Strafrechts nicht ausschließt, sondern die Humanisierung des Strafrechts in Dienst nimmt.

3.5 Strafrechtliche Modelle zur Begründung von Strafe Die Strafrechtler sehen sich vor die Aufgabe gestellt, die Institution der Strafe ohne Rückgriff auf das höchst strittige Theorem der Willensfreiheit zu begründen. Schon vor dem ersten Weltkrieg vertritt Eduard Kohlrausch die Auffassung, dass Willensfreiheit zwar »undenkbar« sei, Staat und Recht aber andererseits ohne die Annahme der Willensfreiheit nicht existieren können. Er erklärt daher die Willensfreiheit zu einer »staatsnotwendigen Fiktion«, an der man

218 So bei Lüderssen 2006.

219 Vgl. hierzu Kap. 2.

220 Rensch 1979, 65.

festhalten müsse, weil sie unverzichtbare Voraussetzung des Strafrechts sei. Dabei gesteht Kohlrausch das Problem, das sich aus der »Undenkbarkeit« des Indeterminismus ergibt, unumwunden ein: »Der Täter wird dem Gemeinwohl geopfert, er hat in dessen Interesse zu leiden. Über den Zwiespalt zwischen staatlichen Aufgaben und individuellen Fähigkeiten werden wir nie hinwegkommen.«[221] Nun ist diese Auffassung von Kohlrausch zwar um radikale Aufrichtigkeit hinsichtlich der »Undenkbarkeit« des Indeterminismus bemüht, doch gibt bereits Fritz Bauer zu bedenken, dass man keinesfalls das »Recht auf die Unwahrheit stützen kann«, weil sonst »Recht und Rechtspflege ihre Glaubwürdigkeit verlieren« würden. Die Willensfreiheit für eine staatspolitische Fiktion zu erklären ist nach Bauer daher ein Irrtum, weil »ein Staat und ein Recht auch ohne Annahme der Willensfreiheit existieren kann, wie mich dünkt sogar ein besserer Staat und ein besseres Recht«[222]. Daher beschreiten neuere Entwürfe andere Wege, die insofern auch hinter den Stand von Kohlrausch zurückgehen, als sie mit einem recht schwammigen Begriff von Willensfreiheit arbeiten. Ein gutes Beispiel hierfür ist Hans-Heinrich Jescheck, der versucht, die Konsequenzen von Kohlrausch zu vermeiden, indem er auf einen schwachen Freiheitsbegriff zurückgreift: Jescheck lässt »das Freiheitsbewusstsein des Menschen als psychologische Tatsache gelten« und betrachtet »die Verantwortlichkeit des Täters für die Straftat als eine der Grundlagen des Zusammenlebens der Menschen«[223]. Das Kriterium für die Verantwortlichkeit des Täters im konkreten Fall liefert dabei die Frage, ob ein »fiktiver Durchschnittsmensch« an der Stelle des Täters anders hätte handeln können.[224] Damit wird mit einer Art Normalitätsunterstellung gearbeitet: Wenn die Mehr-

221 Kohlrausch 1910, 26.

222 Bauer 1969, 63.

223 Jescheck 1978, 35 f.

224 Vgl. Jeschek 1978, 330.

heit der Rechtsadressaten sich unter normalen Umständen in ihrem Handeln am Recht orientieren kann, dann auch der Einzelne. Die Mehrheit erhebt ihre durchschnittlichen Fähigkeiten zu dem allgemeinen Maßstab, an dem sie den einzelnen Delinquenten misst. Nun hat Claus Roxin zu Recht gezeigt, dass diese Lösung wenig überzeugend ist. Wie sollte man den Schuldvorwurf gegenüber einem bestimmten Täter auf Fähigkeiten stützen, die nicht der Täter, sondern nur eine andere Person besitzt, auch wenn es sich dabei um einen fiktiven Durchschnittsmenschen handelt? Offenbar hat der Täter durch seine Tat gezeigt, dass ihm die Fähigkeiten des Durchschnittsmenschen abgehen.[225] Darüber hinaus lässt sich in keinem Fall die für das einzelne Urteil erforderliche Sicherheit bezüglich der Schuld des Täters gewinnen. Die Proportion von Tat, Schuld und Strafe lässt sich nämlich – wie Klaus Günther in Übereinstimmung mit Roxin zeigt – nicht ohne Blick auf die Grade der Freiheit und der inneren Beteiligung des Delinquenten an der Tat bestimmen.[226] Der strafrechtliche Schuldbegriff fungiert also gleichzeitig als normative Grenze für präventives Strafen. Von daher urteilt Roxin: »Ein Schuldstrafrecht wäre damit unmöglich.«[227]

Folglich plädiert Roxin, der sich gegen den in der höchstrichterlichen Rechtsprechung hergestellten Zusammenhang von Schuld und Willensfreiheit wendet,[228] für einen Verzicht auf das Bekenntnis zur Willensfreiheit und verlangt eine Abkopplung der Legitimierung staatlicher Rechtsstrafe von der Frage der Willensfreiheit: Der Streit um die Willensfreiheit ist nach Roxin »für das Strafrecht unerheblich«, da es nicht um die Frage gehe, »ob die Willensentschlüsse des Menschen durch kausale Zwänge vollständig oder nur in eingeschränktem Maße determiniert sind«. Vielmehr gehe es um

225 Roxin 1994, 708.

226 Vgl. hierzu Günther 2003.

227 Roxin 1994, 708.

228 Vgl. Roxin 1994, 708.

die »rechtspolitische Forderung, dass der Staat seine Bürger als freie, der selbständigen Entscheidung und ihrer Verantwortung fähige Bürger zu behandeln habe«[229]. Dabei versteht sich Roxin durchaus nicht als Determinist, sondern als Agnostiker. Er beabsichtigt daher den Schuldbegriff von dem Konstrukt der Willensfreiheit zu lösen und so zu bestimmen, dass der Schuldbegriff für deterministische wie auch für indeterministische Hypothesen offen bleibt. Mit der Lösung des Schuldbegriffs von der Willensfreiheit ist die Legitimierung des staatlichen Strafrechts auch von dem sittlichen Vorwurf und der Vergeltung abzukoppeln. Roxin plädiert daher für eine »Synthese« von Schuldprinzip und Prävention.[230] In seiner »präventive[n] Vereinigungstheorie«[231] hat die Strafe sowohl eine spezial- wie generalpräventive Wirkung[232]. Zielt die spezialpräventive Wirkung darauf, den einzelnen Täter durch Besserung oder durch Sicherung von weiteren Straftaten abzuhalten, so zielt die generalpräventive Wirkung auf die Allgemeinheit: Diese soll durch Androhung und den Vollzug von Strafe von Rechtsverletzungen abgehalten werden und eine Stärkung des Rechtsvertrauens erfahren. Willensfreiheit ist für Roxin eine »normative Setzung, eine soziale Spielregel, die sich nicht zu der Frage äußert, wie es mit der menschlichen Freiheit seinsmäßig beschaffen ist«[233]. Als normative Setzung ist die Willensfreiheit von der Behauptung ihrer tatsächlichen Existenz gelöst: Der Mensch wird vom Staat als frei und verantwortungsfähig behandelt. Der Nachweis eines tatsächlichen Anders-handeln-Könnens ist Roxin zufolge nicht zu führen und entsprechend für das Schuldprinzip irrelevant. Nun kann nicht übersehen werden, dass Roxin

229 Roxin 1994, 46.

230 Vgl. Roxin 1979; Roxin 1987.

231 Vgl. Roxin 1994, § 3.

232 Vgl. Roxin 1994, §§ 19, 20.

233 Roxin 1994, 57.

wieder nahe an Kohlrausch heranrückt und damit vor den gleichen Problemen wie Kohlrausch steht: So gibt Klaus Günther gegen Roxin zu bedenken, dass es für einen konsequenten Deterministen fraglich bleibt, worin der gesellschaftliche Wert einer normativ begründeten Entscheidung für die Freiheit noch bestehen soll, wenn diese als komplette Illusion zu betrachten sei.[234] In diese Richtung weisen auch die Überlegungen von Gerhard Roth, Monika Lück und Daniel Strüber, die eine normative Setzung der Willensfreiheit für problematisch halten, wenn akzeptiert wird, dass ein indeterministischer Begriff von Willensfreiheit in sich selbst widersprüchlich und unbrauchbar ist.[235] Damit kehrt das Argument wieder, das bereits Bauer gegen Kohlrausch vorgetragen hat: Man kann das Recht nicht auf die Unwahrheit stützen, weil sonst Recht und Rechtspflege ihre Glaubwürdigkeit verlören.

Diese Schwäche hat schließlich Günther Jakobs dazu geführt, den Schuldbegriff gänzlich von jeglicher Freiheitsunterstellung abzulösen und nur noch normativ oder funktional zu bestimmen.[236] So tritt Jakobs für das Präventivstrafrecht ein:[237] Die Strafe dient der »Erhaltung einer allgemeinen Normanerkennung«[238], sie hat eine generalpräventive Funktion. Der Schuldbegriff muss an dieser Funktion des Strafrechts ausgerichtet werden; auch das Schuldurteil dient letztlich dazu, einen »sozialen Effekt« zu erreichen, nämlich die Sicherung der sozialen Ordnung.[239] Als schuldig gilt derjenige Delinquent, dessen Bestrafung nötig ist, um damit einen gesellschaftlich gewollten Zweck zu erreichen: sei es die Abschreckung möglicher

234 Vgl. Günther 2006, 124.

235 Vgl. Roth et al. 2008, 135 f.

236 Vgl. Jakobs 1982.

237 Vgl. Jakobs 1993.

238 Jakobs 1991, 484.

239 Vgl. Jakobs 1991, 485.

künftiger Straftäter, sei es die Wiederherstellung oder Bekräftigung des durch die Straftat erschütterten Vertrauens der Allgemeinheit in die Rechtsnormen und die Unverbrüchlichkeit der Rechtsgüter. Wer unter normalen inneren und äußeren Bedingungen eine Straftat begehe, irritiere denjenigen, der sich unter den gleichen Bedingungen rechtstreu verhalte – und müsse deshalb als jemand behandelt werden, der für die Rechtsverletzung individuell zuständig ist und auch die Kosten dafür alleine tragen muss. In diesem Zusammenhang erschöpft sich für Jakobs die Bedeutung von strafrechtlicher Verantwortlichkeit oder Schuld. Doch auch dieses Modell ist nicht unwidersprochen geblieben; denn – so macht Klaus Günther zu Recht deutlich – »[m]it dieser Entkoppelung von der Freiheit ist [...] ein Zustand erreicht, in dem der strafrechtliche Schuldbegriff nur noch seines ›gesellschaftlichen Wertes‹ und seiner gesellschaftlichen Funktionalität wegen aufrechterhalten wird«[240]. Ebenso urteilen Johannes Wessel und Werner Beulke, wenn sie darauf verweisen, dass das Schuldprinzip bei Jakobs nur noch pro forma betrachtet wird und so zu einem bloßen Anhängsel wird, das sich aus dem Strafzweck herleitet.[241] Der Täter wird damit – wie Roxin betont – zum »Werkzeug gesellschaftlicher Stabilisierungsinteressen«[242]. Die Bemessung der Strafe richtet sich nicht mehr nach der Verantwortung des Täters, sondern nach dem Strafzweck.

Von daher lässt sich die Tendenz verstehen, die Rede von Freiheit und Schuld ganz aufzugeben und die Strafe durch therapeutische Eingriffe zu ersetzen.[243] So begründet für Ulrich Pothast die »Unzulänglichkeit der Freiheitsbeweise« die Kritik an der heute üblichen Praxis von Schuld und Strafe, so dass an ihre Stelle therapeutische Eingriffe zu treten hätten. Auch Marc Borner fordert,

240 Günther 2006, 225.

241 Vgl. Wessel/Beulke 2003, 132.

242 Roxin 1994, 714.

243 So Plack 1974; Danner 1977.

dass sich das deutsche Strafrecht »noch stärker in Richtung Individualisierung sowie längerer gesellschaftlicher Konsequenzen in der Strafbeurteilung entwickelt sowie ein erheblich größeres Gewicht auf resozialisierende psychotherapeutische Maßnahmen für Straftäter legt. Straffälligkeit wird so als gesellschaftlich psychisches Leiden gesehen, das therapiert werden kann und sollte«[244]. Eine ähnliche Auffassung vertreten auch Gerhard Roth, Monika Lück und Daniel Strüber: »Die Möglichkeiten und Grenzen der Therapierbarkeit chronischer Gewalttäter sind eine vieldiskutierte Frage; die Möglichkeiten sind hier bei weitem nicht ausgeschöpft. In jedem Fall gilt, dass jede straffällig gewordene Person Anspruch auf eine humane Therapie hat. Allerdings wird eine noch so sorgfältige Therapie ihre Grenzen in hirnorganischen Störungen, insbesondere in Kombination mit schwerer frühkindlicher Psychotraumatisierung und Gewalterfahrung finden. Wo aber diese Grenzen liegen, ist eine empirische Frage, die ausgiebiger Forschung bedarf.«[245] In der Tat ist festzustellen, dass der Gesetzgeber der positiven Spezialprävention, die auf Besserung und Resozialisierung des Täters abzielt, in § 46 Abs. 1 Satz 2 StGB ein besonderes Gewicht bei der Strafzumessung einräumt. Dort heißt es: »Die Wirkungen, die von der Strafe für das künftige Leben des Täters in der Gesellschaft zu erwarten sind, sind zu berücksichtigen«. Auch das Bundesverfassungsgericht hat den Resozialisierungsgedanken im Strafvollzug immer wieder hervorgehoben.[246] Doch stellt sich die Frage, wo die Grenze verläuft, einen Täter für die Gesellschaft wieder tauglich zu machen. Dies macht Dieter Dölling deutlich, wenn er auf das Problem der Interventionsbegrenzung aufmerksam macht: »Besteht die kriminelle Tat lediglich in einem Ablauf von Kausalprozessen, liegt es nahe, zur Rückfallverhinderung alle erfolgversprechenden Maßnah-

244 Borner 2008, 181.

245 Roth et al. 2008, 137.

246 Belege bei Merkel/Roth 2008, 79.

men einzusetzen, geht es doch nach dieser Sichtweise allein um die Umgestaltung von Kausalprozessen«. Damit würde der Täter zum »Objekt der Behandlung werden«[247]. So erinnert Peter Becker in seiner Geschichte der Kriminologie des 19. Jahrhunderts daran, dass mit dem sich gegen Ende des 19. Jahrhunderts in der Kriminologie durchsetzenden Verständnis von Devianz als Resultat sozialer und individueller Pathologien die Belasteten zu »Objekten einer bevormundenden Verwaltung und der experimentellen Forschung«[248] wurden. Auch stellt sich die Frage, wie mit potentiellen Straftätern umgegangen werden soll. So fragen Gerhard Roth und Grischa Merkel: »Wenn man in absehbarer Zeit die latente Neigung zu künftigen Gewalttaten schon bei Kindern wird feststellen können, wie soll damit umgegangen werden?«[249] Ihre Antwort ist im Sinne eines Strafrechts, das Strafe durch therapeutische Eingriffe ersetzt, durchaus konsequent, zeigt aber auch – freilich ungewollt – die damit verbundene Problematik: »Erreicht eine solche Disposition ein Ausmaß, das sie – mit hinreichender Wahrscheinlichkeit – zu einer potentiellen Gefahr für die Allgemeinheit macht, dann müssten bereits zu diesem frühen Zeitpunkt Hilfestellungen angeboten werden. Diese Angebote richten sich an das Kind oder an den Jugendlichen (also nicht – jedenfalls nicht vorrangig – an die Eltern). Sie sind geeignet, die Kinder ihrerseits vor Gewalt zu schützen, denn gewalttätige Kinder provozieren oftmals reaktive Gewalt bei anderen, auch bei den Eltern. Solche Hilfsmaßnahmen dürften von Eltern grundsätzlich nicht boykottiert werden. Eltern haben nämlich nicht nur Rechte, sondern auch Pflichten. Insbesondere haben sie kein Recht, ihrem Kind die Zukunftsperspektiven so zu verstellen, dass das Kind gegenüber anderen stark benachteiligt wird.«[250] Im Blick

247 Dölling 2008, 388.

248 Becker 2002, 371.

249 Merkel/Roth 2008, 87.

250 Merkel/Roth 2008, 87 f.

auf die human gemeinten Ausführungen von Roth und Merkel, die einen bitteren Beigeschmack haben, wird Jan Philipp Reemtsmas Bedenken verständlich (vgl. Kap. 1.3).

In diesem Zusammenhang sei nochmals auf unsere Überlegung verwiesen, wonach eine Person Anspruch darauf hat, von anderen Personen nicht aus der Ursachen-Perspektive behandelt zu werden, sondern aus der Grund-Perspektive, die auf die Gründe hört, die jemand für sein Verhalten angibt. Wir behandeln einen Menschen auf gleicher Augenhöhe, wenn wir mit ihm den Raum der Gründe teilen und seine Äußerungen nicht bloß als Ausdruck seines So-und-nicht-anders-Seins (also aus der Ursachen-Perspektive) heraus verstehen. Zu dem gemeinsamen Raum der Gründe, den zu verlassen gefährlich und auf Dauer gesehen zerstörerisch ist, gehört auch die Zuschreibung von Schuld und Verantwortung. Das Ursache-Wirkung-Modell kennt die Rede von Schuld nur in übertragener Weise. Wir können nur in übertragener Weise davon reden, dass der defekte Reifen »Schuld« an einem Unfall ist. Vielmehr begreifen wir ein solches Ereignis im Ursache-Wirkung-Modell: Der defekte Reifen musste zu dem Unfall führen. Wir erwarten nicht, dass sich der defekte Reifen für den Unfall verantwortet. Demgegenüber unterstellen wir Menschen, verantwortlich zu handeln, insofern wir sie nötigen, Antwort auf die »Warum«-Frage zu geben. Ich habe daher formuliert, dass Menschen als Begründer ihrer Taten zu sehen sind, weil wir von ihnen Gründe einfordern können, durch die wir Auskunft über die Intention der Handlung bekommen. Zu der Zuschreibung von Verantwortung gehört auch die Zuschreibung von Schuld, die die Taten in Beziehung setzt zu den Motiven und Intentionen des Täters. Wir haben gesehen, dass wir nicht dauerhaft miteinander in Beziehung sein können, wenn wir nicht den Raum der Gründe miteinander teilen. Dann wird man aber auch formulieren können: Wir können nicht dauerhaft miteinander in Beziehung sein, wenn wir den anderen nicht als schuldfähig betrachten und er von uns nicht die Möglichkeit eröffnet bekommt, (selbst) Stellung zu beziehen. Ganz offensichtlich ist die Schuldzuschreibung ein wesentliches Element, wenn wir einen Menschen als jemanden und nicht als etwas behandeln. Von hier aus wird man Stephan Grätzel zustimmen können, wenn er es als »menschenverachtend« beurteilt, »die Schuld zu verachten« und als ebenso »menschenverachtend, den Menschen frei von Schuld [...] zu denken«[251]. Auf die Ausnahmefälle, in denen wir den Raum der Gründe verlassen zu müssen meinen, und die daraus entstehenden Schwierigkeiten und Probleme habe ich hingewiesen. Ob die Rechtsprechung und Strafzumessung generell ein solcher Grund ist, bleibt zu fragen.

3.6 Begründung von Recht und Strafe aus den zwingenden Notwendigkeiten des menschlichen Zusammenlebens Die strafrechtlichen Modelle der Begründung von Strafe machen deutlich, dass, wenn die »Undenkbarkeit des Indeterminismus« erkannt ist, die Willensfreiheit weder als »staatsnotwendige Fiktion« (Kohlrausch) noch auch als »normative Setzung« (Roxin) zur Begründung von Strafe herangezogen werden kann. Andererseits scheint auch die Transformation der Strafe in Therapie nicht unproblematisch zu sein, weil sie droht, dem Straftäter die gleiche Augenhöhe zu verweigern, selbst wenn sie dies unter dem Deckmantel der Humanität tut. Ganz offensichtlich führt der Weg in die Irre, Strafe überhaupt »rechtfertigen« zu wollen, statt sie aus den Notwendigkeiten des menschlichen Zusammenlebens zu begründen.

Im Jahr 2008 hat eine Reihe von Autoren unter dem Titel »Entmoralisierung des Rechts« eine Aufsatzsammlung vorgelegt,[252] die sich gegen eine moralische Überhöhung des Rechts und der richterlichen Tätigkeit wendet. So formuliert Michel Friedman, einer der Herausgeber, in seinem Beitrag: »Zunächst einmal muss die Strafe den Rechtsfrieden wahren. Wir sollten diese pragmatische Zielsetzung zugeben, statt sie mit kryptischen Formeln über ›Gerechtig-

251 Grätzel 2009, 31. Ausführlich Grätzel 2004.

252 Vgl. Grün et al. 2008.

keit‹ verschleiern.«[253] Bereits im Jahre 1969 hat sich Fritz Bauer in diese Richtung geäußert: »Die seitherige Beunruhigung über das Recht, andere zu verurteilen, wird geringer oder mag verschwinden, weil in einem Recht der sozialen Verteidigung die richterliche Tätigkeit nicht im Namen der ethischen Idee selber geschieht, vor der keiner bestehen kann, sondern aus den einfachen und zwingenden Notwendigkeiten des menschlichen Zusammenlebens.«[254]

Ein solches Modell des Rechts und der richterlichen Tätigkeit, das diese »aus den einfachen und zwingenden Notwendigkeiten des menschlichen Zusammenlebens« begreift, haben Michael Pauen und Gerhard Roth vorgelegt.[255] Es basiert auf vertragstheoretischen Modellen, wie sie in der Politischen Philosophie der Neuzeit seit Hobbes, Locke und Rousseau bekannt sind. Anders jedoch als bei diesen traditionellen Vertragstheoretikern geht es Pauen und Roth nicht um die Rechtfertigung staatlicher Herrschaft insgesamt, vielmehr steht die Begründung der staatlichen Rechtspraxis im Vordergrund. Sie setzen daher die Existenz des Staates voraus und leiten die Strafpraxis aus einem Vertrag zwischen dem Staat und seinen Bürgern ab. »Der Vorschlag basiert auf der Annahme, daß Menschen ein legitimes und substantielles Interesse haben, daß ihre körperliche Unversehrtheit und ihre materiellen Güter dauerhaft geschützt werden. Hieraus folgt ein Interesse an Normen, die diesen Schutz gewähren, also z. B. an dem Verbot von Mord, Körperverletzung, Raub etc. Da diese Normen den Schutz nur innerhalb einer Rechtsordnung bieten, die diese Normen dauerhaft durchsetzt, erstreckt sich das Interesse auch auf eine solche Rechtsordnung. Zieht man schließlich in Betracht, daß eine Rechtsordnung die entsprechenden Normen nur mit Hilfe von Strafen durchzusetzen vermag, dann zeigt sich, daß auch die Existenz von Strafen aus dem subs-

253 Friedman 2008, 158.

254 Bauer 1969, 73.

255 Vgl. Pauen/Roth 2008, 150.

tantiellen und legitimen Interesse an der Unversehrtheit von Körper und materiellem Besitz abzuleiten ist. Zweifel daran, daß es sich hier in der Tat um ein substantielles Interesse handelt, lassen sich leicht durch den Verweis auf die Situationen in Ländern ausräumen, in denen die staatliche Rechtsordnung zusammengebrochen ist. In solchen Situationen sind nicht nur Leib und Leben jedes einzelnen gefährdet, vielmehr kommt in der Abwesenheit einer funktionierenden Rechtsordnung auch jede ökonomische Tätigkeit zum Erliegen, weil niemand mehr damit rechnen kann, die Früchte seiner Arbeit genießen zu dürfen. Entscheidend ist nun, dass die Verwirklichung dieser Interessen innerhalb einer Gesellschaft nur dann möglich ist, wenn jeder einzelne sich verpflichtet, die relevanten Normen einzuhalten und gegebenenfalls die für den Fall der Normverletzung angedrohten Strafen auf sich zu nehmen.«[256] Damit sind nicht nur die Existenz von rechtlichen Normen, sondern auch die Strafandrohung, die diesen Normen Wirksamkeit verschaffen, im Interesse jedes einzelnen Bürgers am Schutz seines Lebens und seines materiellen Besitzes gerechtfertigt. Berücksichtigt ist in diesem Interesse zudem auch das Bedürfnis nach Schutz vor ungerechtfertigten staatlichen Strafmaßnahmen. Die von Pauen und Roth skizzierte Rechtfertigungsstrategie deckt daher nur »diejenigen Maßnahmen ab, die der Staat tatsächlich für die Aufrechterhaltung der Sicherheit seiner Bürger ergreifen muss«[257]. Dies bedeutet dreierlei. *Erstens*: Der Einzelne wird nur für solche Normverletzungen zur Rechenschaft gezogen, die er tatsächlich verschuldet hat. *Zweitens*: Das Strafmaß darf nicht weiter gehen, als es tatsächlich zur Aufrechterhaltung der Rechtsordnung und zur Wahrung des Schutzbedürfnisses erforderlich ist. *Drittens*: Auch der Rechtsbrecher steht unter dem Schutz der Rechtsordnung.

Die Theorie von Pauen und Roth leitet die Institution des Rechts aus dem allgemein-menschlichen Interesse, dass körperliche Un-

256 Pauen/Roth 2008, 150 f.

257 Pauen/Roth 2008, 153.

versehrtheit und materielle Güter geschützt werden, ab. Allerdings müssen wir noch einmal genauer als Pauen und Roth die Verbindung zwischen dem Interesse an der körperlichen Unversehrtheit und den materiellen Gütern einerseits und dem Interesse an Recht und Strafe andererseits in den Blick nehmen.

Menschen – dies ist auch bei Pauen und Roth vorausgesetzt – sind auf Gemeinschaft angelegt: Sie können nur in Gemeinschaft existieren und daher wollen sie nur in Gemeinschaft existieren (d. h. sie können nur in Gemeinschaft existieren wollen). Von daher stellen Menschen Regeln auf, deren Befolgung den Schutz der körperlichen Unversehrtheit und der materiellen Güter ermöglicht. Ein gemeinschaftliches Leben funktioniert, wenn jeder seiner sozialen Identität entspricht. Gerade hierin besteht aber das Problem, das vor allem Immanuel Kant in aller Schärfe gesehen hat. Kant bestreitet keineswegs, dass das Subjekt seiner sozialen Identität zu entsprechen hat, aber er sieht eine selbstverständliche Entsprechung der sozialen Identität verwehrt durch den tief verwurzelten Hang zur »ungeselligen Geselligkeit«, den jeder Einzelne besitzt: »Das Mittel, dessen sich die Natur bedient, die Entwickelung aller ihrer Anlagen zu Stande zu bringen, ist der Antagonism derselben in der Gesellschaft, so fern dieser doch am Ende die Ursache einer gesetzlichen Ordnung derselben wird. Ich verstehe hier unter dem Antagonism die ungesellige Geselligkeit der Menschen, d. i. den Hang derselben, in Gesellschaft zu treten, der doch mit einem durchgängigen Widerstande, welcher diese Gesellschaft beständig zu trennen droht, verbunden ist. Hierzu liegt die Anlage offensichtlich in der menschlichen Natur. Der Mensch hat eine Neigung, sich zu vergesellschaften; weil er in einem solchen Zustand sich mehr als Mensch, d. i. die Entwickelung seiner Naturanlagen fühlt. Er hat aber auch einen großen Hang, sich zu vereinzelen (isolieren); weil er in sich zugleich die ungesellige Eigenschaft antrifft, alles bloß nach seinem Sinne richten zu wollen, und daher allerwärts Widerstand erwartet, so wie er von sich selbst weiß, daß er seiner Seits zum Widerstande gegen andere geneigt ist. Dieser Widerstand ist nun, welcher alle Kräfte des Menschen erweckt, ihn dahin bringt, seinen Hang zur Faulheit zu überwinden, und, sich einen Rang unter seinen Mitgenossen zu verschaffen, die er nicht wohl leiden, von denen er aber auch nicht lassen kann.«[258] Zwar ist der Mensch auf Gemeinschaft angelegt, er hat das Bedürfnis, in die Gemeinschaft zu treten, doch ist tief in ihm auch ein Widerstand, der die menschliche Gemeinschaft zu trennen sucht. Dies ist der Hang zur Vereinzelung, »alles bloß nach seinem Sinne [zu] richten«[259]. Weil »ein jeder [...] das seinige« im Sinne hat, kommt es unweigerlich zu Konfliktsituationen: »Denn der Wille aller hat alsdenn nicht ein und dasselbe Objekt, sondern ein jeder hat das seinige (sein eigenes Wohlbefinden) [...]. Es kommt auf diese Art eine Harmonie heraus, die derjenigen ähnlich ist, welche ein gewisses Spottgedicht auf die Seeleneintracht zweier sich zu Grunde richtenden Eheleute schildert: *O wundervolle Harmonie, was er will, will auch sie* etc., oder was von der Anheischigmachung König Franz des Ersten gegen Kaiser Karl den Fünften erzählt wird: was mein Bruder Karl will (Mailand), das will ich auch haben.«[260] Weil der Mensch in allem das Seine sucht, läuft der Aufruf, seiner sozialen Identität zu entsprechen, ins Leere, sie nimmt nicht die Grundstörung des Menschen in den Blick.

Kant macht darauf aufmerksam, dass es auf Grund des Hanges, »alles bloß nach seinem Sinne [zu] richten«, zu Konfliktsituationen im menschlichen Zusammenleben kommt. Mein Interesse am Schutz meiner körperlichen Unversehrtheit und meiner materiellen Güter ist nicht identisch mit dem Streben, die körperliche Unversehrtheit und die materiellen Güter anderer zu respektieren. Auch ist die Bewahrung der körperlichen Unversehrtheit und der materiellen Güter anderer nicht in dem Streben nach meiner körperlichen Unversehrtheit und der Bewahrung meiner materiellen Güter

258 Idee, A 392 f.

259 Idee, A 392.

260 KpV, A 50.

eingeschlossen; denn mein Handeln führt nicht dazu, dass andere ebenso handeln wie ich und ich so in den Vorteil ihres Handelns komme.

Dies verdeutlichen spieltheoretische Überlegungen, von denen das sog. Schwarzfahrerbeispiel sicherlich das prominenteste ist:[261] Mein Interesse daran, dass der Straßenverkehrsbetrieb in der Lage ist, den Betrieb der Straßenbahn zu ermöglichen, begründet mein Interesse daran, dass Menschen eine Fahrkarte kaufen und nicht schwarzfahren; denn das Schwarzfahren führt zu einem finanziellen Zusammenbruch des Straßenverkehrsbetriebes. Dies bedeutet aber nicht, dass der Einzelne nicht schwarzfährt; denn *erstens* ist die Tatsache, dass ich schwarzfahre, nur marginal hinsichtlich der Betriebskosten der Straßenbahn. Die von mir vorenthaltenen 1,60 Euro führen nicht zum Zusammenbruch des Verkehrsbetriebs. *Zweitens* hat mein Bezahlen der Fahrkarte nicht zur Konsequenz, dass die anderen ebenfalls nicht schwarzfahren (so dass der Verkehrsbetrieb aufrechterhalten wird). Natürlich ist die Situation, in der alle den Nachteil auf sich nehmen, eine Fahrkarte zu lösen (und den Straßenbahnbetrieb so aufrecht zu erhalten), der Situation vorzuziehen, in der keiner eine Fahrkarte löst (und der Straßenbahnbetrieb zum Erliegen kommt). Es gibt aber nicht nur die Alternative »Alle lösen eine Fahrkarte« oder »Keiner löst eine Fahrkarte«. Schlechter als beide genannten Möglichkeiten ist für mich die Situation, dass außer mir keiner eine Fahrkarte erwirbt; denn so trage ich den Nachteil, eine Fahrkarte zu lösen, ohne an dem Vorteil, dem Betrieb der Straßenbahn, partizipieren zu können. Am allerbesten für mich hingegen ist die Situation, dass alle außer mir eine Fahrkarte lösen. Denn dann kann ich die Vorteile genießen (Fahrt der Straßenbahn), ohne den Nachteil (den Erwerb einer Fahrkarte) in Kauf nehmen zu müssen. Diese Schwarzfahr-Situation ist ganz offenbar – so Rainer Hegselmann – »von jener Struktur, für die der aus dem Alltag

Schwarz-fahren

Vorteil vs. Nachteil

Straßenbahn

261 Vgl. Bayertz 2004, 137 ff.

bekannte Hinweis ›Und wenn das jeder täte?!‹ einschlägig ist«[262]. Über das Beispiel mit dem Schwarzfahren hinaus ergeben sich im Zusammenhang der Bereitstellung und Nutzung von kollektiven Gütern zahlreiche weitere Beispiele.[263] Sie machen deutlich, dass eine »[i]ndividuelle Rationalität [...] offenbar eine ›kollektive Irrationalität‹ zur Folge haben [kann]. Es gibt rationalitätsbedingte Suboptimalitätsphänomene«[264].

Wir können festhalten: Wenn alle wollen, dass zu ihrem Schutz und zur Wahrung ihrer Interessen alle sich in einer bestimmten Weise verhalten, bedeutet dies nicht, dass der Einzelne sich so verhält, wie er wünscht, dass sich alle anderen verhalten. Und weil jeder Einzelne danach strebt, sich von dem Handeln auszunehmen, das er von allen anderen fordert, bricht das gemeinschaftliche Leben zusammen. Obwohl alle wollen, dass alle sich in einer bestimmten Weise verhalten, wird sich letztlich kein Einzelner so verhalten, wie er es von den anderen wünscht. Genau an dieser Stelle setzt die Institution von Recht und Strafe ein, weil sie den *Einzelnen direkt* zu erreichen in der Lage ist. Strafe wird allgemein verstanden als (a) ein Übel, das (b) absichtlich (c) von einer dafür zuständigen Stelle (d) wegen einer Normverletzung (e) gegen den Normverletzer verhängt wird.[265] Recht und Strafe ermöglichen, dass der Einzelne das auch tut, was alle von allen getan sehen wollen. Und sie ermöglichen es deshalb, weil die Strafe dafür sorgt, dass das Handeln des Einzelnen für den Einzelnen direkt eine Konsequenz zeitigt. Die Strafe, die den Einzelnen trifft, wenn er eine Norm bricht, wird daher für den Einzelnen zu einem Grund, die Norm nicht zu brechen. Wir können auch sagen: Die zu erwartende Strafe soll Element der Motivgeschichte des Einzelnen werden. Und weil dies allgemein einsichtig

262 Hegselmann 2002, 170.

263 Vgl. Barry/Hardin 1982; Campbell/Sowden 1985; Diekmann/Mitter 1986.

264 Hegselmann 2002, 170.

265 Vgl. Kaiser 1999, 140; Loftsgordon 1966, 343, Rawls 1955, 10.

ist, erstreckt sich unser Interesse nicht nur auf Normen, sondern auch auf die Existenz von Strafen, die einer Norm Geltung zu verschaffen in der Lage sind.

Die Frage ist, ob die Erwartung einer Strafe tatsächlich zu einem Motiv für ein bestimmtes Handeln zu werden vermag. Dies setzt die Motivgeschichte der Person voraus: Eine Strafe kann zu gering sein, so dass sie keine motivierende Kraft besitzt. Wer ein Jahresgehalt von über einer Million Euro erhält, für den wird das Bußgeld für falsches Parken keineswegs zu einem Motiv werden, nicht falsch zu parken, wohl aber für den, der den Verlust von 20 Euro erheblich spürt. Denkbar ist aber auch, dass die Einhaltung einer Rechtsnorm nicht ausreichend kontrolliert wird, so dass die Chance, unentdeckt zu bleiben, so groß ist, dass die angedrohte Strafe nicht zu motivieren in der Lage ist. Wenn die Zahl derer, die die Rechtsnorm brechen, so groß wird, dass das gesellschaftliche Zusammenleben empfindlich gestört wird, muss entweder die Strafe erhöht oder bessere Kontrolle ausgeübt werden.

Wir können festhalten: Ebenso wenig wie unsere Gepflogenheit der Zuschreibung von Verantwortung und Schuld bedarf die Institution der Strafe des Theorems der Willensfreiheit. Strafe ist in den zwingenden Notwendigkeiten des Zusammenlebens begründet. Die angedrohte Strafe soll zu einem Motiv werden, die Rechtsnorm einzuhalten. Gerade auf Grund dieser Intention der Rechtsbefolgung hat Kant Recht und Moral streng unterschieden: Die Forderungen des Rechts werden nicht um ihrer selbst willen befolgt, sondern auf Grund der angedrohten Strafe. So formuliert Kant: »Man nennt die bloße Übereinstimmung oder Nichtübereinstimmung einer Handlung mit dem Gesetz, ohne Rücksicht auf die Triebfeder desselben, die *Legalität* (Gesetzmäßigkeit); diejenige aber, in welcher die Idee der Pflicht aus dem Gesetze zugleich die Triebfeder der Handlung ist, die *Moralität* (Pflicht) derselben.«[266] Das Recht verurteilt nicht

266 Kant, MdS, AB 21.

den, der die Rechtsnormen aus fragwürdigen Motiven nicht befolgt, sondern schlicht den, der die Rechtsnorm nicht erfüllt. Wie immer man ein moralisches Handeln bestimmt, es ist – im Unterschied zum Recht – von der in ihr waltenden Intention abhängig. Ein weiterer Punkt zur Abgrenzung von Recht und Moralität ist wesentlich: Zur Rechtsnorm kann nur etwas werden, dessen Verletzung nachprüfbar ist. Umgekehrt gibt es Rechtsnormen, die nur schwer ethisch zu rechtfertigen sind. So ist es keineswegs ethisch nachvollziehbar, dass der Besitz und Konsum von Alkohol erlaubt ist, während der Besitz und Konsum von Marihuana verboten ist, obwohl das Abhängigkeitsrisiko bei Alkohol erheblich größer ist. Die Erlaubnis des Konsums und Besitzes von Alkohol im Gegensatz zu Marihuana ist ausschließlich in der gesellschaftlichen Etablierung des Alkoholgebrauchs begründet.

Verfehlt wäre es auch, Strafe aus der Tatsache der Schuld abzuleiten. Zum einen könnte Strafe – wenn überhaupt – ausschließlich aus der Tatsache der Schuld *im strafrechtlichen Sinne* abgeleitet werden; denn es gibt ja auch Schuld, die nicht strafrechtlich sanktioniert werden kann (s. o.). Ein weiterer Gesichtpunkt ist zu bedenken: Auch Schuld im strafrechtlichen Sinne führt nicht notwendig zu Strafe, da viele Rechtsbrüche unentdeckt bleiben. Strafe setzt also auch die *Entdeckung* des Rechtsbruches voraus. In aller Offenheit formuliert daher Fritz Bauer: »[A]uch die Rechtsverfolgung ist wie alles Menschliche problematisch. Gerechtigkeit verlangt Gleichheit, aber die Nürnberger hängen keinen, sie hätten ihn denn. Die Zahl der unaufgeklärten Delikte ist groß. [...] Viel spricht dafür, dass nur eine negative Auswahl – die Dummen – vor Gericht kommen; hierunter leidet jeder Schuldvorwurf. Hat eine Öffentlichkeit, in der sich eine erhebliche Zahl unentdeckt gebliebener Krimineller finden muß, zudem ein allgemeines Recht zu Schuldvorwürfen?«[267]

267 Bauer 1969, 54.

Ebenso wenig wie aus der Moralität lässt sich Strafe folglich aus der Tatsache der Schuld ableiten. Strafe ist daher keinesfalls zu begründen im Sinne des suum cuique! Das heißt freilich nicht, dass die Schuld bei der Strafe keine Bedeutung besitzt. Strafe bedarf der Schuld und bei der Strafzumessung ist die Höhe der Schuld zu klären, indem erörtert wird, inwieweit ein bestimmter Verstoß gegen eine Rechtsnorm in den Intentionen und Motiven des Täters begründet ist. Diese Frage nach der jeweiligen Schuld im Zusammenhang der Strafzumessung einer Tat ist aber etwas anderes, als die Institution der Strafe mit der Tatsache der Schuld zu rechtfertigen.

3.7 Selbstgerechtes Reden von Schuld Nochmal muss nach dem leitenden Interesse für das Festhalten an dem Theorem der Willensfreiheit gefragt werden, so wie es bereits Klaus-Jürgen Grün formuliert hat: »Die Annahme eines freien Willens macht unsere Denksysteme nicht einfacher, sondern komplizierter. Freilich müssen wir verstehen, warum Menschen sich die Illusion vom freien Willen erhalten wollen. Logik, wissenschaftliche Einfachheit und Notwendigkeit, aber auch empirische Beobachtbarkeit können […] nicht verantwortlich sein für das beharrliche Festhalten an der vermeintlichen Existenz des freien Willens. Es müssen Gründe sein, die mit Wissenschaft wenig zu tun haben, aber dem Wohlbefinden des Individuums und der Stabilität seines gewohnten Denksystems dienen. Wodurch gewinnt die Vorstellung eines freien Willens die magische Aufladung, um selbst trockene Gemüter, die nicht zu übermütigen Leidenschaften für Spekulatives neigen, sich ihr zu unterwerfen?«[268]

Die Frage, welche Absichten und Bedürfnisse das Theorem der Willensfreiheit generiert, hat auch Friedrich Nietzsche beschäftigt. Der »Irrtum vom freien Willen« ist nach Nietzsche nichts anderem zu verdanken als dem Bedürfnis, unser Verlangen nach Strafe zu

268 Grün 2008, 29 f.

rechtfertigen: »Wir haben heute kein Mitleid mehr mit dem Begriff ›freier Wille‹: wir wissen nur zu gut, was er ist – das anrüchigste Theologen-Kunststück, das es giebt, zum Zweck, die Menschheit in ihrem Sinne ›verantwortlich‹ zu machen, das heißt *sie von sich abhängig zu machen* … Ich gebe hier nur die Psychologie alles Verantwortlichmachens. – Überall, wo Verantwortlichkeiten gesucht werden, pflegt es der Instinkt des *Strafen- und Richten-Wollens* zu sein, der da sucht. […] die Lehre vom Willen ist wesentlich erfunden zum Zweck der Strafe, das heißt des *Schuldig-finden-Wollens*. Die ganze alte Psychologie, die Willens-Psychologie hat ihre Voraussetzung darin, dass deren Urheber, die Priester an der Spitze alter Gemeinwesen, sich ein Recht schaffen wollten, Strafen zu verhängen – oder Gott dazu ein *Recht* schaffen wollten …«[269] Bei dem Bedürfnis zu strafen ist nach Nietzsche vor allem der Instinkt der Rache leitend: »Überall, wo Verantwortlichkeiten gesucht worden sind, ist es der Instinkt der Rache gewesen, der da suchte. Dieser *Instinkt der Rache* wurde in Jahrtausenden dermaßen über die Menschheit Herr, daß die ganze Metaphysik, Psychologie, Geschichtsvorstellung, vor Allem aber die Moral mit ihm abgezeichnet ist. Soweit auch nur der Mensch gedacht hat, so weit hat er den Bacillus der Rache in die Dinge geschleppt. Er hat Gott selbst damit krank gemacht, er hat das Dasein überhaupt um seine Unschuld gebracht: nämlich dadurch, daß er jedes So-und-So-sein auf Willen, auf Absichten, auf Akte der Verantwortlichkeit zurückführte. Die ganze Lehre vom Willen, diese verhängnisvollste *Fälschung* in der bisherigen Psychologie, wurde wesentlich erfunden zum Zweck der Strafe. Es war die gesellschaftliche *Nützlichkeit* der Strafe, die diesem Begriff seine Würde, seine Macht, seine Wahrheit verbürgte. Die Urheber jener Psychologie – der Willens-Psychologie – hat man in den Ständen zu suchen, welche das Strafrecht in den Händen hatten, voran in dem der Priester an der Spitze der ältesten Gemeinwesen: diese wollten

269 Nietzsche 1988b, 95.

sich ein Recht schaffen, Rache zu nehmen – sie wollten *Gott* ein Recht zur Rache schaffen. Zu diesem Zwecke wurde der Mensch ›frei‹ gedacht; zu diesem Zwecke mußte jede Handlung als gewollt, mußte der Ursprung jeder Handlung als im Bewußtsein liegend gedacht werden. Aber mit diesen Sätzen ist die alte Psychologie widerlegt.«[270] Gerade dieses Ressentiment der Rache und der Strafe gilt es nach Nietzsche zu überwinden. »*Zürnen und strafen hat seine Zeit.* – Zürnen und strafen ist unser Angebinde von der Thierheit her. Der Mensch wird erst mündig, wenn er diess Wiegengeschenk den Thieren zurückgibt. – Hier liegt einer der grössten Gedanken vergraben, welche Menschen haben können, der Gedanke an einen Fortschritt aller Fortschritte.«[271] Ein weiterer wesentlicher Gesichtspunkt wird von Nietzsche hervorgehoben: Das Bedürfnis zu strafen verdankt sich unserer mangelnden Empathie gegenüber Menschen und damit unserem mangelnden Verständnis für menschliche Taten: »Der Verbrecher, der den ganzen Fluss der Umstände kennt, findet seine That nicht so ausser der Ordnung und Begreiflichkeit, wie seine Richter und Tadler; seine Strafe aber wird ihm gerade nach dem Grad von *Erstaunen* zugemessen, welches jene beim Anblick der That als einer Unbegreiflichkeit befällt. – Wenn die Kenntniss, welche der Vertheidiger eines Verbrechers von dem Fall und seiner Vorgeschichte hat, weit genug reicht, so *müssen* die sogenannten Milderungsgründe, welche er der Reihe nach vorbringt, endlich die ganze Schuld hinwegmildern. Oder, noch deutlicher: der Vertheidiger wird schrittweise jenes verurtheilende und Strafe zumessende *Erstaunen mildern* und zuletzt ganz aufheben, indem er jeden ehrlichen Zuhörer zu dem inneren Geständniss nöthigt: ›er musste so handeln, wie er gehandelt hat; wir würden, wenn wir straften, die ewige Notwendigkeit bestrafen.‹«[272]

270 Nietzsche 1988d, 425.

271 Nietzsche 1988a, 631.

272 Nietzsche 1988a, 559.

Im Unterschied zu Nietzsches Kritik haben unsere Überlegungen deutlich gemacht, dass die Institution der Strafe ebenso wenig wie die Rede von der Schuld das Theorem der Willensfreiheit erforderlich macht. Das Theorem der Willensfreiheit würde unsere Rede von Schuld und Verantwortlichkeit außer Kraft setzen. Ebenso wenig ist das Theorem der Willensfreiheit durch die Institution der Strafe gefordert: Strafe ist begründet in den Erfordernissen des menschlichen Zusammenlebens. Andererseits kann man sich Nietzsches Aussagen über die Verbindung von der Rede von Schuld und Strafe mit dem Theorem der Willensfreiheit nur schwer entziehen: Nietzsche scheint in seinen Sätzen den »Grundton« des Plädoyers für die Willensfreiheit gut getroffen zu haben. Worin liegt er?

Blicken wir zur Klärung noch einmal auf Nietzsches Überlegungen, dass der »Verbrecher, der den ganzen Fluss der Umstände kennt, [...] seine Tat nicht so außer der Ordnung und Begreiflichkeit wie seine Richter und Täter [findet]« (s. o.) und seine Behauptung, »[w]enn die Kenntnis, welche der Verteidiger eines Verbrechens von dem Fall und seiner Vorgeschichte hat, weit genug reicht, [...] die sogenannten Milderungsgründe, welche er der Reihe nach vorbringt, endlich die ganze Schuld hinwegmildern [müssen]« (s. o.). In der Tat: Je genauer wir die Motivgeschichte einer Person kennen, desto besser können wir erklären, inwiefern etwas geschehen konnte. Das unbegreifliche Geschehen wird nachvollziehbar. Natürlich werden wir nicht sagen können, dass es mit »Notwendigkeit« geschehen musste. Dass wir nicht von Notwendigkeiten sprechen, liegt aber nicht in der Annahme begründet, dass der Täter seiner Motivgeschichte als freier Herr gegenübersteht, der frei auswählen und verwerfen kann, sondern in dem Sachverhalt, dass wir nie alle Umstände kennen und die Genese einer Motivgeschichte nicht restlos beschreiben können. Je genauer wir sie allerdings kennen, desto zwangsläufiger erscheint uns die Tat. Sie verliert ihren Charakter als das »ganz und gar Unbegreifliche«, als das, was »man« nicht tut (und damit auch »wir« nicht tun). Wir sehen mit einer solchen Tat das Ende einer Geschichte, die durch Gefühle wie Angst,

Misstrauen, Verzweiflung, Selbstgerechtigkeit und Empfindungsarmut bestimmt ist. Je mehr wir Kenntnis über eine Person erhalten, desto genauer werden wir sehen, inwiefern die Tat Resultat eines bestimmten Charakters innerhalb bestimmter Umstände ist. Und je intensiver wir uns mit der Vita einer Person auseinandersetzen, desto genauer werden wir entdecken, dass sie Erfahrungen machen musste oder eventuell nicht machen durfte (wie die Erfahrung, um ihrer selbst willen angenommen zu werden, von anderen anerkannt zu sein), die sie auf eine unheilvolle Weise prägen und ihr Wollen gefangen halten. So legt Marguerite Duras in ihrem Roman »Die englische Geliebte« einem der Protagonisten die Worte in den Mund: »Wissen Sie, diese Verbrechen, die so außergewöhnlich erschienen, von weitem, werden fast [...] natürlich, wenn man auf die Wahrheit kommt. So sehr, daß man oft nicht sieht, wie der Verbrecher hätte verhindern können, sie zu begehen.«[273]

Es ist zu vermuten, dass wir entdecken, dass es keinesfalls uns selbst zu verdanken ist, dass wir eine bestimmte Tat nicht begangen haben, sondern dass wir von bestimmten äußeren Umständen bewahrt worden sind oder dass wir Dinge erleben und erfahren durften, die uns befähigen, auf eine Weise mit bestimmten Situationen umzugehen, Kränkungen zu verarbeiten und Zurückweisungen anderer einzuordnen, die uns mit dem Gesetz nicht in Konflikt bringen und uns die Anerkennung von anderen nicht rauben. Wer das Glück hat, von eher schwächlicher Gestalt zu sein und dazu über die Fähigkeit zu verletzendem Zynismus verfügt, braucht seine Faust nicht gegen einen anderen zu ballen. Und wer das Glück hat, im richtigen sozialen Umfeld aufgewachsen zu sein und gleichzeitig nicht durch einen allzu schonungslosen Blick auf sich selbst beeinträchtigt ist, muss seinen Hunger nach Anerkennung nicht stillen, indem er sich unrechtmäßig Güter erwirbt, die er für seine Selbstanerkennung braucht, sondern er kann sich die nötige Selbstan-

273 Duras 1984, 26.

erkennung verschaffen, indem er als Richter über den zu Gericht sitzt, der auf gesetzeswidrige Weise sein Bedürfnis nach Selbstanerkennung zu stillen gesucht hat. Dass die Bestrafung eines anderen für unangemessenes Verhalten bei manchen Menschen Glücksgefühle auslöst, hat ein Schweizer Forschungsteam um Dominique de Quervain herausgefunden.[274]

Wenn ich von dem Bestimmtsein unserer Taten durch Angst, Misstrauen, Verzweiflung, Selbsterhöhung und Empfindungsarmut gesprochen habe, können wir dann noch einen Schritt weiter gehen und sagen, dass ein schonungsloser Blick auf die Geschichte eines Verbrechens uns zeigen wird, wie dieses in der Tat exklusive Verbrechen Konsequenz derselben Mechanismen ist, die wir bei uns selbst beobachten können (vgl. hierzu auch Kap. 4)? Wenn .ir diese Mechanismen in uns erahnen, dann erahnen wir auch, dass die Frage, worin sich diese Mechanismen artikulieren und worin sie sich auswirken, sicherlich (besonders für die Gesellschaft) alles andere als unwichtig ist, wir erkennen dann aber auch, dass wir uns nicht qualitativ von anderen Menschen und ihren Taten unterscheiden oder uns gar über sie zu erheben veranlasst sind. Vielmehr scheinen wir durch die Tat eines anderen damit konfrontiert zu werden, wer wir selbst sind. Das Vergehen anderer kann so zu einem Anlass werden, über *sich selbst* nachzudenken und sich über sich selbst klar zu werden und so zu erspüren, dass die Vergehen der anderen auf denselben Ängsten, derselben Blindheit und derselben Verschlossenheit gegenüber den Bedürfnissen der Mitmenschen beruhen, von denen unser tagtägliches Handeln geleitet ist.[275] Und es könnte sein, dass wir auf dieser Entdeckungsreise nicht davon verschont bleiben zu entdecken, dass wir sogar das, was andere und vor allem wir uns selbst zu unserer Gloria anrechnen, im Grunde durch genau das bestimmt und motiviert ist, was einen anderen zu denjenigen Ver-

274 Vgl. Urban 2005, 246 f.

275 Vgl. Roth 2008b.

gehen geführt hat, die uns auf den ersten Blick als so völlig fremd erscheinen.

Eine schonungslose Auseinandersetzung mit den Taten anderer könnte zu einer schmerzhaften Einsicht unserer selbst führen. Es dürfte deutlich sein, dass vor dieser schmerzhaften Einsicht das Theorem der Willensfreiheit bewahrt, denn es suggeriert, der andere hätte sich über seine Geschichte erheben können, wie auch wir uns über unsere eigene Geschichte erheben, und dass dies der Grund dafür ist, dass wir bestimmte Dinge nicht tun, die andere tun. Das Theorem der Willensfreiheit erlaubt es darüber hinaus, uns auch von unserer eigenen Schuld zu distanzieren. Das Theorem der Willensfreiheit sieht unsere Taten gerade nicht als ausschließlichen Ausdruck unseres So-und-nicht-anders-Seins, sondern eines Willensentschlusses, der mit unserem So-und-nicht-anders-Sein gar nichts zu tun hat, der eher kontingent ist. Damit ist das eigentliche Problem unseres Handelns aber bereits im Ansatz entschärft: Wir haben die verwerfliche Tat nicht unterlassen können, weil wir eben so und nicht anders sind! Die verabscheuungswürdige Tat lässt sich nicht wegschieben, sondern sie ist zutiefst unauflöslich mit mir verwoben. Die Tat trägt unverkennbar und unaufhebbar mein Ich-Vorzeichen, in ihr spiegelt sich wider, wer ich bin, entgegen allen meinen Illusionen, wie ich »eigentlich« bin. Der Wille, der eine bestimmte Tat verursacht hat, ist zutiefst *mein* Wille, nicht etwas, das genauso gut anders hätte sein können. Mein Wille ist aus meinem So-und-nicht-anders-Sein erwachsen und daher von ihm nicht zu lösen. In der Tat zeigt sich, wer ich wahrhaft und eigentlich bin, sie ist keineswegs etwas Zufälliges, das auch anders hätte sein können und das ich von mir als mir nicht zugehörig wegschieben könnte. Von daher ist die Behauptung absurd, die Einsicht in den Sachverhalt, dass der Wille selbst nicht losgelöst von allen Bedingtheiten ist, sei ein willkommenes Argument, die eigene Schuld zu »entschuldigen« oder Schuldgefühle zu nivellieren. Es ist *mein* Wille, der etwas verursacht, und *ich* will etwas, weil ich es *will.* Natürlich kann ich die Entstehungsbedingungen meines Willens erkennen und mir auch über Umstände klar werden, denen ich in meinem Leben ausgeliefert war. Aber ich kann mich davon nicht trennen, eben weil ich ja *will*. In jedem Akt des Wollens bleibe ich dem Willensraum, in den ich gestellt bin, verpflichtet und bejahe ihn erneut.

Damit sind wir dem eigentlichen Interesse an dem Theorem der Willensfreiheit auf die Spur gekommen: Es ist nicht die Rede von Schuld und das Verlangen nach Strafe, wodurch das Theorem der Willensfreiheit generiert wird, sondern das Interesse an einem *selbstgerechten* Reden von Schuld (und eine hierauf aufbauende Begründung der Notwendigkeit von Strafe). Diese Selbstgerechtigkeit zeigt sich in zwei Tendenzen: in der Erhebung über die Taten anderer und in der Nivellierung der eigenen Schuld zum bloßen Zufall.

3.8 Selbstgerechtes Strafen Setzen wir bei dem Vorschlag ein, das Instrument der Strafe aufzugeben und an seine Stelle therapeutische Maßnahmen treten zu lassen, seien es resozialisierende oder psychotherapeutische Maßnahmen. Auf der einen Seite klingt dieses Votum human: In einer therapeutischen Maßnahme wird der Täter nicht als Täter gesehen, der bestraft werden muss, sondern offenkundig als jemand, dem »geholfen« werden muss. Für sein Wollen, das er nicht selbst bestimmt hat, wird er nicht verantwortlich gemacht, vielmehr soll an seinem Wollen »gearbeitet« werden, so dass es sozialverträglich wird. Andererseits stellt sich aber bei diesem Vorgehen auch ein Unbehagen ein. Werden die Personen hier für »voll genommen« oder – wie ein Blick in die Geschichte der Kriminologie des 19. Jahrhunderts warnt – zu »Objekten einer bevormundenden Verwaltung und der experimentellen Forschung«[276]? Selbst die Intention, den anderen als »hilfebedürftig« zu betrachten, scheint dies ungute Gefühl nicht recht besänftigen zu können, fragt sich doch, ob hier die »Grenzen der Staatsgewalt«[277] überschritten

276 Becker 2002, 371.

277 Bauer 1966, 205

werden. Nach unseren Überlegungen ist die Schuldzuschreibung ein wesentliches Element des Umgangs miteinander, der im Raum der Gründe stattfindet. Ist es berechtigt, dieses dem Delinquenten vorzuenthalten, indem wir auf Schuldzuschreibung und Strafzumessung verzichten?

Um diese Frage zu beantworten, ist daran zu erinnern, dass die Einsicht in dasjenige Handeln, das für die Gemeinschaft am zuträglichsten ist, keineswegs die motivierende Kraft hat, die Befolgung der Rechtsnormen zu ermöglichen. Ebenso wenig werden die Rechtsnormen auf Grund unserer Liebe zu oder eines Interesses für die Wohlordnung der Gemeinschaft befolgt. Motiviert wird die Einhaltung der Rechtsnormen durch die Furcht vor Strafe. Von daher können wir sagen: Menschen, die das Recht brechen, werden offenkundig durch die angedrohte Strafe nicht oder nicht ausreichend motiviert. Dass Menschen durch bestimmte Motive stärker bestimmt werden als andere, ist zunächst kein ungewohntes Phänomen. So gibt es Menschen, die für ihr Auto erhebliche Summen zu zahlen bereit sind, während andere eher ihr Geld in den Urlaub investieren und wieder andere ein größeres Vergnügen daran empfinden, wenn sie sich notwendige Sicherheiten schaffen, indem sie das Geld anlegen. Menschen differieren hinsichtlich ihrer Gründe und auch hinsichtlich ihrer Motive, weil sie hinsichtlich ihres »Aussein-auf« differieren. Es wäre völlig verfehlt, wenn der Autoliebhaber von dem Urlaubsfreund als therapiebedürftig angesehen würde oder beide von dem Sicherheitsbedürftigen, der sein Geld anlegt. Weil Menschen sich hinsichtlich der Gründe, die sie haben, auf Grund ihrer Gewichtung der Motive unterscheiden, kann es auch nicht überraschen, dass die angedrohte Strafe nicht für jeden in gleicher Weise ein Motiv wird. Damit rechnet die Rechtsordnung. Wer einen Rechtsbruch begeht, fällt nicht aus der Rechtsgemeinschaft heraus, sondern er wählt das Risiko der Strafe, so wie jemand eine risikoreiche, aber hohen Gewinn versprechende Anlage einer risikoarmen, aber nur niedrigen Gewinn ausschüttenden Anlage vorzieht. Eine »Entmoralisierung des Rechts«, die das Strafrecht – wie unter anderem Claus Roxin und Fritz Bauer fordern (s. o.) – von jedem sittlichen Vorwurf löst, verlangt die Wahl des Risikos der Strafe zunächst in dieser Weise nüchtern zu sehen: als eine mögliche Option.

Völlig verfehlt wäre es zu behaupten, die Rechtsbrecher seien im Unterschied zu dem Rechtstreuen weniger von dem Interesse an der gesellschaftlichen Wohlordnung bestimmt. Dieser Gedanke legt sich aber nahe, wenn man Straffälligkeit als ein »gesellschaftlich psychisches Leiden [...], das therapiert werden kann und sollte«[278], betrachtet. Vor allem suggeriert dies ein falsches Verständnis für den Grund der Rechtsbefolgung, als sei dieses in irgendeiner Weise in einem Interesse an dem Wohl der Gemeinschaft begründet, das erneut therapeutisch geweckt werden muss. Das Recht verlangt nicht, dass unser Handeln geleitet ist von einem Interesse an dem Wohl der Gemeinschaft (oder dem Wohl des Einzelnen), es verlangt die Befolgung des Rechts, indem es mit Strafe für den Rechtsbruch droht. Wir sollten es daher vermeiden, den Rechtsbrecher als jemanden zu sehen, der im Unterschied zu anderen (und im Speziellen im Unterschied zu uns) weniger am Wohl der Gemeinschaft interessiert ist.

Von daher ist auch vor dem Vorschlag, Straffälligkeit als ein gesellschaftlich psychisches Leiden zu sehen, das therapiert werden muss, zu warnen; es könnte nämlich Missverständnissen Vorschub leisten. Um es in der gebotenen Vorsicht zu formulieren: Es könnte sich eine ganz subtile Form der Fehleinschätzung des Grundes unserer eigenen Rechtsbefolgung hinter ihm verbergen. Um es an einem Beispiel zu verdeutlichen: Die physische Gewaltanwendung gegen andere ist in unterschiedlichen Gesetzen (Körperverletzung etc.) verboten, nicht hingegen die Anwendung psychischer Gewalt (bspw. die Unterdrückung anderer durch das Hervorrufen von Schuldgefühlen, die Herabsetzung durch die Verweigerung von An-

278 Borner 2008, 181.

erkennung etc.). Wozu soll der Rechtsbrecher »therapiert« werden? Soll er dazu therapiert werden, seine (gesetzeswidrige) physische Gewalt in (gesetzeskonforme) psychische Gewalt zu transformieren, oder soll er dazu therapiert werden, Gewalt überhaupt zu meiden? Letzteres ist sicherlich ein Ziel, das auf den ersten Blick Zustimmung erfahren wird. Allerdings ergibt sich neben vielen Problemen in unserem Zusammenhang vor allem eines: Der Rechtsbrecher würde damit über das Niveau vieler Rechtstreuer hinaus therapiert, vielleicht auch über das des ihn verurteilenden Richters, der im ungünstigen Fall seinen Hang zur Gewalttätigkeit in der Strafzumessung auf *legale* Weise auslebt.

Unsere Überlegungen lassen sich auf die Strafzumessung generell übertragen: Selbstgerechtes Strafen wäre ein solches Strafen, dass die Strafe statt aus den Notwendigkeiten des menschlichen Zusammenlebens in irgendeiner Weise aus der Moralität oder aus der Tatsache der Schuld ableitet, damit aber einen falschen Blick auf die eigenen Motivationen besitzt und übersieht, dass der Rechtsbrecher sich von dem Rechtstreuen vor allem dadurch unterscheidet, dass den ersten sein Bedürfnis, »alles nach seinem zu richten« bzw. sein »Hang zur ungeselligen Geselligkeit« zum Bruch der Gesetze führt, der zweite dabei aber innerhalb der Legalität bleibt. Damit taucht allerdings am Rande schon die Frage nach der Ursache für das unterschiedliche Ausleben des egoistischen Triebs auf. Ein Blick in die Strafvollzugsanstalten macht unübersehbar deutlich, dass sich hier vor allem die unteren Schichten der Gesellschaft finden. Ganz offenkundig haben sie nicht in gleicher Weise einen Grund, sich an die Rechtsordnung zu halten, weil sie durch die Strafandrohung nicht in gleicher Weise motiviert werden. Es lässt sich daher kaum bestreiten, dass die mangelnde Motivation durch Strafandrohung eine wesentliche Ursache in den wirtschaftlichen Verhältnissen (und den damit verbundenen Anerkennungsverhältnissen) hat. Nun geht es an dieser Stelle nicht darum, die Bedeutung dieses Sachverhaltes für die Ordnung der Gesellschaft genauer zu diskutieren. Deutlich aber dürfte sein, dass der Vorschlag »Therapie statt Strafe« in die falsche Richtung weist, weil er an den Symptomen statt an den Ursachen arbeitet.

Ich halte fest: Die Aufgabe des Strafrechts besteht ausschließlich darin, den Menschen zu veranlassen, im Bereich der Legalität zu bleiben – mehr nicht. Das Strafrecht kann aus dem Menschen keinen moralischen Menschen machen und auch keinen, der weniger schuldig ist.

3.9 Ein abschließendes Plädoyer gegen die Überhöhung des Rechts, der Rechtsprechung und seiner Vertreter Das Ansehen der Rechtsprechung in unserer Gesellschaft ist ambivalent. Auf der einen Seite genießt sie höchstes Ansehen, was sich in pejorativen Begriffen wie bspw. dem der »Urteilsschelte« ausdrückt. »Urteilsschelte« scheint etwas zu sein wie »Gotteslästerung«. Das Bundesverfassungsgericht als mächtigstes Gericht der Welt wird geradezu als religiöse Institution wahrgenommen. Nicht zu Unrecht bezeichnet die »Frankfurter Allgemeine Zeitung« die Bundesverfassungsrichter schon mal als »Kardinäle der Zivilreligion«. Andererseits werden auch wütende und enttäuschte Generalangriffe auf das System der Rechtsprechung laut. So beklagt der Unternehmensberater und Wirtschaftsjournalist Hans Georg Möntmann in seinem Buch »Roben, Richter, Rechtsverdreher«, dass das Vertrauen in den Justizapparat gestört ist, Strafverfahren verjährt und verschleppt werden und in der Rechtsprechung eine Ungleichbehandlung zu beobachten ist;[279] der Staranwalt Rolf Bossi kämpft in seinem Buch »Halbgötter in Schwarz« gegen die vom Justizsystem begünstigte Selbstherrlichkeit und Willkür deutscher Richter, Rechtsbeugung, Justizkumpanei sowie Strafvereitlung im Amt.[280] Nun werden hier sicherlich Probleme benannt, es überrascht aber die Vehemenz, mit der die Kritik häufig vorgetragen wird, die hier zutage tretende Ent-

279 Vgl. Möntmann 1997.

280 Vgl. Bossi 2005.

rüstung und der heilige Zorn. Sie offenbart eine Enttäuschung, die von einer großen Erwartung geleitet ist. Damit hat selbst die Kritik an der Rechtsprechung noch Teil an ihrer religiösen Überhöhung. Die Autoren empfinden sehr stark, dass die Benennung von Problemen in der Rechtsprechung dem Selbstverständnis vieler Richter diametral entgegenläuft. Was ist dies für ein Selbstverständnis?

Meine bisherigen Ausführungen haben gezeigt, dass es nicht unsere Zuschreibung von Schuld ist, die das Theorem der Willensfreiheit generiert, sondern das Interesse an einem *selbstgerechten* Reden von Schuld. Gerade Strafrechtswissenschaftler wollen aber von dem Theorem der Willensfreiheit nicht lassen. Nach unseren Überlegungen müssen wir folgern, dass es nicht das Interesse an Schuldzuschreibung und Strafe ist, das dieses Interesse motiviert, sondern das Interesse an selbstgerechter Rede von Schuld und einer selbstgerechten Strafzumessung, und dass dieses Interesse gerade im Strafrecht und der Rechtswissenschaft besonders ausgeprägt ist. Worin liegt der Grund dafür?

Ich erlaube mir eine abschließende Bemerkung in diesem Zusammenhang, die noch genauerer Analysen bedarf. Der Strafrechtler und Rechtsphilosoph Gustav Radbruch hat vor über 70 Jahren einen profunden Satz formuliert: Ein guter Strafjurist könne nur sein, wer es »mit einem schlechten Gewissen ist«[281]. Auch unsere Überlegungen verweisen in diese Richtung: Eine schonungslose Auseinandersetzung mit den Taten anderer könnte zu einer schmerzhaften Einsicht unserer selbst führen. Und wer nicht davon verschont bleibt zu entdecken, dass wir sogar das, was andere und vor allem wir uns selbst zu unserer gloria anrechnen, im Grunde durch genau das »Aussein-auf« bestimmt und motiviert ist, das einen anderen zum Rechtsbruch geführt hat, der wird in der Tat alles lieber tun, als Strafen zu verhängen. Eine solche Tätigkeit kann man nicht tun *wollen*. Doch das menschliche Zusammenleben macht es

281 Zit nach Kaufmann 1987, 193. Vgl. auch Merkel 2008, 367 f.

erforderlich, dass wir Strafen verhängen und dazu auch Menschen brauchen, die Strafen verhängen. Damit ist auch erforderlich, dass wir Menschen zumuten, eine Tätigkeit auszuüben, die sie zutiefst bedrängt. Wer aber ist am wenigsten dazu geeignet? Um mit Radbruch zu formulieren: derjenige, der dabei kein schlechtes Gewissen empfindet. Ich vermute, dass dies derjenige ist, der eine solche Tätigkeit tun *will*, für den eine solche Tätigkeit nicht Zumutung und Zwang, sondern Leidenschaft ist. Am wenigsten geeignet für das Amt des Richters scheint mir daher derjenige zu sein, der danach begehrt, über andere zu Gericht zu sitzen, weil er sich dafür für geeignet hält.

3.10 Fazit Wir haben zeigen können, was die Infragestellung des Theorems der Willensfreiheit für unsere alltägliche Praxis, der Zurechnung von Handlungen, der Schuldzuschreibung und Strafbemessung bedeutet. Das Theorem der Willensfreiheit legitimiert keineswegs unsere lebensweltliche Praxis der Zuschreibung von Schuld und Verantwortung, vielmehr hebt dieses Theorem unsere alltägliche Praxis der Schuldzuschreibung, von der auch die strafrechtliche Praxis lebt, auf. Damit sind wir dem eigentlichen Interesse an dem Theorem der Willensfreiheit auf die Spur gekommen. Es ist nicht die Rede von Schuld und die Begründung von Strafe, die das Theorem der Willensfreiheit generieren, sondern das Interesse an einem *selbstgerechten* Reden von Schuld (und eine hierauf aufbauende Begründung der Notwendigkeit von Strafe). Diese Selbstgerechtigkeit zeigte sich in der Erhebung über die Taten anderer und in der Nivellierung der eigenen Schuld zum bloßen Zufall.

4. Sünde und Willensfreiheit

4.1 Vorbemerkung Auf die Vermutung, dass sich neben Philosophen und Juristen vor allem Theologen gegen die Bestreitung des Theorems der Willensfreiheit wehren würden, bin ich bereits zu Beginn dieses Essays zu sprechen gekommen (vgl. Kap. 1.2 und Kap. 1.5). Die Vermutung besteht darin, dass die Bestreitung der Willensfreiheit die Vorstellung des autonomen Menschen untergräbt, der sich selbst zum Guten bestimmen kann. Hintergrund dieser Vermutung ist die Identifikation des protestantischen Bildes vom Menschen mit dem aufgeklärt-humanistischen Menschenbild. Ich habe bereits darauf hingewiesen, dass gerade die protestantische Tradition mit ihrer Negation des Theorems der Willensfreiheit ein »Attentat auf das humanistische Bild des Menschen«[282] verübt hat. Der Vorstellung von dem sich selbst zum Guten bestimmenden und daher zum Guten entwickelnden Menschen wird der sündige Mensch entgegengehalten. Die reformatorische Behauptung der Unfreiheit des Willens hat ihren Ort in der Sünden- und Gnadenlehre, die nur ineinander verstanden werden können: Die Einsicht in die Ohnmacht des Menschen lässt die Notwendigkeit der Alleinwirksamkeit Gottes verstehen, wie umgekehrt die Alleinwirksamkeit Gottes die Situation des Menschen zeigt: seine völlige Ohnmacht (vgl. Kap. 1.5).

Im Blick auf diesen Sachverhalt sind die Stellungnahmen verwunderlich, nach denen die Bestreitung des Theorems der Willensfreiheit zu einer »Abschaffung der Sünde« führt. So stellt Marcus Mockler in dem evangelikalen Nachrichtenmagazin *IdeaSpectrum* (36/2008, S. 15) fest: »Wenn das stimmt [d.h. das Fehlen der Willensfreiheit], hätte das weitreichende Folgen – bis in die Theologie hinein. Gebote wären ebenso sinnlos wie das Reden von der

282 Bayer 2007, 169.

Sünde – und der programmierte Mensch brauchte keine Erlösung mehr«. Nun sahen wir bereits, dass Luther genau entgegengesetzt urteilt und schon in der Heidelberger Disputation aus dem Jahr 1518 seine radikale Sündenlehre konstitutiv mit der Behauptung der Unfreiheit des Willens verbunden hat: »Das freie Willensvermögen nach dem Sündenfall ist ein blosser Name [*solo titulo*]«[283] – »nur ein Wort, dem keine Realität entspricht«[284]. Pointiert formuliert: Für Luther führt die Bestreitung des freien Willens nicht zur »Abschaffung der Sünde«, sondern die Einsicht in die Sünde führt zur Verneinung des Theorems der Willensfreiheit. Ganz offensichtlich liegt bei Luther ein weitaus radikaleres Sündenverständnis vor als es hinter den Aussagen zu finden ist, die wir in IdeaSpectrum lesen können. Für Luther ist die Sünde offensichtlich nicht etwas, deren wir uns durch eine freie Entscheidung entledigen könnten, sondern eine Macht, die unsere Entscheidungen bestimmt und gefangen hält. Luther weiß von keinem integren Teil des Menschen, der sich gegen die Sünde behaupten könnte. Gerade weil der Mensch ganz und gar von der Macht der Sünde bestimmt ist, kann auch jeder Versuch, sich von der Sünde zu befreien, nur Teil der Sünde selbst sein. Daher urteilt Luther auch hinsichtlich der Erlösung genau entgegengesetzt: Gerade weil der Wille des Menschen versklavt ist, bedarf er der Erlösung. So hält Luther gegen Erasmus gerade deshalb an der Alleinwirksamkeit Gottes fest, weil er den Menschen in einer Macht gefangen sieht, die seinen Willen unentrinnbar bestimmt und die nur von außen zerbrochen werden kann (vgl. Kap. 1.5).

Bereits die ersten Überlegungen lassen erahnen, dass es sich bei der Sünde (zumindest nach protestantischem Verständnis) um etwas anderes handelt als um ein moralisches Fehlverhalten. Mit dem Begriff »Sünde« ist die existentielle Not des Menschen bezeichnet. Dies will ich im Folgenden zeigen. Zunächst werde ich

283 Luther 2006a, 47, Z 15 f.

284 Bayer 2007, 168.

einige Missverständnisse hinsichtlich der Rede von der Sünde in den Blick nehmen (Kap. 4.2), um dann das Verständnis der Sünde als Beschreibung der existentiellen Not des Menschen darzustellen (Kap. 4.3). Abschließend werde ich zeigen, inwiefern Selbstinteresse, Unfreiheit des Willens und Selbsterfahrung einzelne Aspekte der Sünde sind (Kap. 4.4.).

4.2 Sünde – ein unbrauchbar gewordener Begriff? Für einen Theologen gibt es dankbarere Aufgaben als die, über die Sünde zu reden,[285] er sieht sich nämlich bei seinem Versuch mit einem merkwürdigen Sachverhalt konfrontiert. Einerseits gehört die Lehre von der Sünde zum festen Bestandteil der Lehre vom christlichen Glauben. Daher lässt sich die Geschichte der Theologie auch als Auseinandersetzung um diesen Aspekt begreifen.[286] Andererseits taucht sie in der kirchlichen Verkündigung kaum auf, sie ist kein zentrales Thema der Predigt oder des Religionsunterrichts.[287] So ist der Diagnose von Notger Slenczka zuzustimmen: »Sie ist in unseren Gottesdiensten gegenwärtig im liturgischen Sündenbekenntnis, in den Gebeten, in den Lesungen biblischer Texte; sie ist zentrales Lehrstück der Bekenntnisschriften, an denen sich nach Überzeugung der in Geltung stehenden Grundordnungen alle Lehre und das Leben in der Kirche auszurichten haben. Die Rede und die Lehre von der Sünde ist in Gestalt dieser überlieferten Elemente gegenwärtig – aber es handelt sich dabei mit Sicherheit um den am wenigsten bewohnten und den am wenigsten bewohnbaren Teil der Lehraussagen des christlichen Glaubens. Es kommt selten vor, dass wir oder dass jemand diesen Teil der christlichen Tradition sich wirklich zu eigen macht. Es ist eine Lehre, die wir möglicherweise noch mitführen, die aber ein uns fremder Bestandteil des Traditi-

285 Vgl. Roth 2010b.

286 Vgl. Axt-Piscalar 2009, 142 f.

287 Vgl. Brandt et al. 1997; Block/Eschmann 2010.

onsgutes ist, mit dem wir aber nicht umgehen und den wir nicht erwerben, um ihn zu besitzen.«[288]

Anders als der Begriff »Schöpfung«, von dem auch in säkularen Zusammenhängen positiv Gebrauch gemacht werden kann, wenn bspw. (in teilweise kosmosfrommer Naivität) von der »Bewahrung der Schöpfung« gesprochen wird, wird dem Begriff »Sünde« mit Misstrauen begegnet, Wolfgang Drechsel spricht gar davon, dass der Begriff zu den »dirty words« gehöre[289]. Drei eng miteinander zusammenhängende Gründe lassen sich für dieses Misstrauen anführen.[290]

Erstens wird der Begriff »Sünde« in einem engen Zusammenhang mit einer verstaubten »kirchlichen Moralvorstellung« gesehen und als Teil einer solchen ist er dem Verdacht ausgesetzt, dass es demjenigen, der ihn gebraucht, darum geht, Menschen ein schlechtes Gewissen zu machen, sie klein zu halten, sie zu überwachen, um sie zu beherrschen.[291] In diesem Zusammenhang wird dann meistens an »Sünden« im Plural gedacht und unter »Sünden« werden die einzelnen moralischen Verfehlungen verstanden. Das Misstrauen gegen den Begriff Sünde besteht vor allem darin, dass man bei »Sünden« (Plural) häufig an solche moralischen Verfehlungen denkt, die dem modernen Menschen gar nicht mehr als solche erscheinen – wie bspw. die Homosexualität oder voreehelicher Sexualverkehr. Der Begriff Sünde scheint somit an eine verstaubte Moralvorstellung gebunden zu sein, an eine Moralvorstellung also, die sich mit den modernen Vorstellungen von Moral nicht deckt. Die Rede von der Sünde wird gesehen als Druckmittel der Kirche, Moralvorstellungen durchzusetzen, die nicht die Moralvorstellungen des modernen Menschen sind. Wer daher die Sünde predigt, scheint sich einer

288 Slenczka 2008, 31.

289 Drechsel 2004, 21.

290 Vgl. hierzu auch Gestrich 2003.

291 Vgl. Härle 1995, 456 f.

heteronomen und verstaubten Moralvorstellung zu ereifern. Dies wird nicht zuletzt deutlich bei der ironischen Verwendungsweise des Begriffs »Sünde«, etwa wenn vom »Sündigen« in Bezug auf den Genuss von kalorienreichen Lebensmitteln gesprochen wird (»Ich hab heute beim Essen wieder gesündigt«), in der Rede von »Modesünden« oder wenn die 19-jährige Abiturientin Jennifer auf der bekannten Seite 1 der *BILD*-Zeitung gesteht, dass sie »zu jeder Sünde« bereit sei, um damit zum Ausdruck zu bringen, dass sie sexuell aufgeschlossen genannt zu werden verdient. Diese ironische Verwendung wendet sich nicht gegen die Moral, sondern will ausdrücken, dass sie sich nicht einer heteronomen Moralvorstellung unterwirft, sich vielmehr über sie lustig macht und darin ihre Freiheit dokumentiert. Dabei ist der Gedanke an »Sünden« meistens mit einer weiteren Vorstellung verbunden: Als »Sünden« scheinen alle die Taten zu gelten, die das Leben schön und angenehm machen (»süße Sünde« bzw. »XY ist eine Sünde wert«). Von dieser Vorstellung macht bspw. der Name des Getränks »Red Sin« Gebrauch, eine Mischung aus Erdbeeren, Wodka und kühler Milchsahne. Geworben wird mit dem Slogan: »Red Sin – lebe deine Sünde«. So scheint im Interesse des Glücks eine Reserve gegen die Rede von der Sünde angebracht zu sein. In dieser Weise hat bereits Friedrich Nietzsche von der Sünde gesprochen. Für ihn war die Sünde eine »Selbstschändungsform des Menschen par excellence, [...] erfunden, um Wissenschaft, um Cultur, um jede Erhöhung und Vornehmheit des Menschen unmöglich zu machen«[292], eine Erfindung der Priester zur Herrschaft über die Menschheit. In diese Richtung argumentiert auch Gerhard Schulze, der im Jahr 2006 eine Studie mit dem bezeichnenden Titel »Die Sünde. Das schöne Leben und seine Feinde« vorgelegt hat.[293] Nach Schulze verbindet sich mit dem modernen Lebensgefühl ein erheblicher Normenwechsel, insofern

292 Nietzsche 1988c, 229.

293 Vgl. Schulze 2006.

kein Bemühen um ein gottesfürchtiges (sündenfreies) Leben mehr gefordert ist, sondern ein Streben nach dem Glück auf der Erde. Damit wird eine Alternative zwischen Glück und Sünde auf der einen Seite und einem gottesfürchtigen Leben und Tristesse auf der anderen suggeriert.

Zweitens: Ein weiterer Einwand liegt in der Rede von dem »Menschen als Sünder«. Haben wir hier nicht ein zu pessimistisches Menschenbild transportiert, das der aufgeklärten humanistischen Vorstellung von der Würde des Menschen widerspricht? Herbert Schnädelbach bezeichnet in seinem viel diskutierten Artikel »Der Fluch des Christentums. Die sieben Grundfehler einer alt gewordenen Weltreligion. Eine kulturelle Bilanz nach zweitausend Jahren« in der *ZEIT* vom 11. Mai 2000 die Lehre von der Sünde als »menschenverachtend«[294]. Besonders wenn von der Sünde als einer Macht gesprochen wird, die den Menschen gefangen nimmt, scheint dies das Bild von der Größe des Menschen empfindlich zu stören, vor allem seiner Autonomie, die sich nicht zuletzt in seiner Fähigkeit zu moralischem Handeln zeigt. So finden sich sogar Theologen, die dazu aufrufen, dieses humanistische Bild zur Geltung zu bringen und nicht durch die unfreundliche Sündenlehre zu verdunkeln. Als Beispiel mag Wilhelm Gräb dienen, der dafür plädiert, das unvollendete Projekt der Aufklärung zu vollenden: Das neue Menschenbild der Aufklärung bringe zur Geltung, dass die menschliche Würde gerade »in der Kraft zu moralischem Handeln« und »zu vernünftiger Selbstbestimmung«[295] bestehe. Diesem positiven Bild des Menschen entspricht nach Gräb die Forderung, die Sündenlehre aufzugeben und durch die Lehre von der »Güte der menschlichen Natur«[296] zu ersetzen. Aufschlussreich ist, dass die Sündenlehre bei Gräb kritisch gesehen wird, weil sie sich *gegen* die Moral wendet!

294 Schnädelbach 2009a, 155; vgl. hierzu auch Schnädelbach 2009b.

295 Gräb 2001, 215.

296 Gräb 2001, 218.

Drittens: Wird der Begriff »Sünde« mit einer verstaubten Moralvorstellung verbunden und scheint mit ihm ein allzu pessimistisches Menschenbild verknüpft, das die Würde des Menschen zu verdunkeln droht, dann verwundert es nicht, dass die grundsätzliche Frage gestellt wird, ob dieser Begriff überhaupt eine erhellende und erschließende Kraft hat.[297] Wird mit der Sündenlehre ein Traditionsstück traktiert, das – wie Wilhelm Gräb vermutet –[298] im heutigen theologischen Diskurs keine Bedeutung mehr hat und das überhaupt für die Gegenwart keine Virulenz mehr besitzt, nur noch von ewig Gestrigen als Parole vor sich her getragen, ja besser geschubst wird, ohne dass anderen oder sogar den ewig Gestrigen selbst deutlich ist, was mit diesem Begriff ausgesagt wird? Selbst wenn man diese Vermutung von Gräb nicht teilt, ist ihr doch eine berechtigte Warnung zu entnehmen: Wer von der Sünde spricht und dabei die Sünde zu einem bloßen Schlagwort ohne theologischen Gehalt verkommen lässt, braucht sich über den Bedeutungsverlust der Rede von der Sünde nicht zu wundern. Von der Sünde zu reden verlangt, die erschließende Kraft der Sündenlehre zu verdeutlichen.[299] Und dies geschieht, indem verdeutlicht wird, dass mit der Sündenlehre wir selbst beschrieben werden. Die Lehre von der Sünde ist – wie Notger Slenczka zu Recht betont – »Anleitung zur Selbstreflexion und Selbsterkenntnis«, »Anleitung zum Umgang mit sich selbst«[300]. Sich diese Tradition zu eigen zu machen, bedeutet, sich hier selbst zu entdecken. Wohlgemerkt: *sich selbst* hier zu entdecken, nicht andere.

Bei dem Glaubensinhalt »Sünde« zeigt sich exemplarisch, was über alle Glaubensinhalte zu sagen ist: Sie bringen kein theoretisches Wissen über die Welt zum Ausdruck, das man von der Rede

297 Vgl. Laube 2008, 5 f.

298 Gräb 2008, be14 f.

299 Vgl. auch: Spaemann 1991, 40 f.

300 Slenczka 2008, 34.

über sich selbst isolieren könnte, sondern in diesen Inhalten geht es um die Frage: »Wer bin ich?«[301] Die Glaubensinhalte haben nicht die Aufgabe, die Welt in einer bestimmten Hinsicht zu charakterisieren, sondern in diesen Sätzen lokalisieren wir uns in der Welt; sie haben daher keine semantisch-deskriptive, sondern eine pragmatisch-performative Funktion. Die Aussagen des Glaubens sind Deutungen des menschlichen Lebensvollzuges. Der Glaube redet über die Sünde, indem er über sich selbst redet und er kann nur über sich selbst reden, indem er über die Sünde redet. Er redet über die Sünde über sich selbst.[302]

4.3 Sünde als Beschreibung der existentiellen Not des Menschen Um nicht den Eindruck zu erwecken, als beruhe das Misstrauen gegen die Rede von der Sünde ausschließlich auf Missverständnissen, sei sofort eingestanden, dass die Rede von dem Menschen als Sünder in der Tat einem idealisierten Bild des Menschen, seiner »Kraft zu moralischem Handeln« und seiner »vernünftigen Selbstbestimmung« (s. o.) widerspricht. Damit wird nicht in Abrede gestellt, dass der Mensch ein vernunftbegabtes Wesen ist. Die Vernunft – so kann Luther in seiner »Disputatio de homine« sagen – ist das Hauptunterscheidungskriterium zwischen Mensch und Tier.[303] Doch auch diese Gabe unterliegt nach Luther der Möglichkeit, durch die Sünde gefangen genommen zu sein.[304] Die Vernunft ist unter den Bedingungen der Sünde nämlich keinesfalls unversehrt geblieben,[305] sondern verkehrt; sie richtet sich unter den Bedingun-

301 Vgl. Bayer 1999, 21 ff.

302 Vgl. Slenczka 2003, 10 f.

303 Vgl. Luther 2006c, 664 (These 6) Vgl. hierzu Dieter 2009, 147 ff.

304 Vgl. Luther 2006c, 666 (These 24).

305 Vgl. Luther 2006c, 666 (These 21).

gen der Sünde daher in der Tiefe nicht auf das Beste,[306] sondern ist in ihrer Tiefe von einem Abgott beherrscht. Deshalb kann Luther die Vernunft als »die hochste hur«[307] bezeichnen. Mit der Sünde ist für Luther somit eine Grundverkehrung in den Blick genommen und nicht etwas, was in oder am Menschen einen kleineren oder größeren Mangel darstellt. Diese Grundverkehrung ist nicht durch unser (moralisches) Wollen zu beseitigen, sondern stellt eine unverfügbare und daher unentrinnbare *Ausrichtung* unseres Willens dar. Ein Widerspruch zum aufgeklärten Bild vom Menschen und seinem Optimismus hinsichtlich der Entwicklung des Menschengeschlechts ist nicht abzustreiten. Zu fragen aber ist, was das *realistischere* Bild ist. Besonders im Blick auf die Schrecken des 20. Jahrhunderts hat doch das humanistisch aufgeklärte Bild vom Menschen mehr als unschöne Flecken erhalten und Zweifel laut werden lassen. Hat die »Chicago Tribune« am 1. Januar 1901 geschrieben, dass das 20. Jahrhundert das Jahrhundert der Humanität und Brüderschaft aller Menschen werden könne, so zieht Joachim Fest am Ende des 20. Jahrhunderts ein ernüchterndes Fazit: »[D]er lange Traum zerstob in wenigen Jahren und war bereits zur Mitte des Jahrhunderts ausgeträumt. Alle Versuche ihn zurückzuholen oder in veränderter Form fortzusetzen, sind Stückwerk geblieben« (*Der Spiegel* 43/1999, 183). Aber nicht erst im Blick auf die Schrecken des 20. Jahrhunderts, sondern vor allem im Blick auf die eigene Selbstreflexion stellt sich die Frage nach dem realistischeren Menschenbild. Ist es tatsächlich eine moralische Integrität, die in einer aufrichtigen Selbstreflexion zum Vorschein kommt? Bleiben wir tatsächlich verschont von der Erfahrung, zutiefst abgestoßen zu sein von dem, was wir tun möchten, verschont davon, Motivationen und Begehrlichkeiten in uns entdecken, die wir für schlecht, verwerflich und erniedrigend halten – und anderen, aber auch uns selbst nur allzu gerne verbergen?

306 Vgl. Luther 2006c, 666 (These 28).

307 Luther 1914, 126, Z. 9.

Stoßen wir nicht in unserer Selbstreflexion auch auf fragwürdige Mechanismen unseres Handelns, die immer wieder unser Handeln bestimmen – selbst dann, wenn wir ihren problematischen Charakter durchschaut haben? Gibt es nicht die lähmende Erfahrung, dass alles so schön sein könnte und auch so herrlich einfach, dass wir aber nicht »aus unserer Haut können«?

Ob mit der Sünde ein (zu) pessimistisches oder ein realistisches Menschenbild transportiert wird, müssen die weiteren Überlegungen zeigen. Festzustellen bleibt zunächst, dass die Rede von der Sünde vor allem dann grundsätzlich verkannt wird, wenn unter »Sünden« (Plural) losgelöst von einem Verständnis der Sünde (Singular) einzelne moralische Verfehlungen verstanden werden und damit einzelne Taten in den Blick kommen. Die theologische Tradition redet nämlich primär von der Sünde im Singular und bezeichnet damit etwas, das als »Macht« erfahren wird und unser Denken und Wollen und in der Konsequenz damit auch unser Handeln bestimmt. Die Sünde manifestiert sich (immer auch) in einzelnen Taten, und – im Unterschied zum Denken und Wollen – sind die Taten auch das, was jedermann sichtbar vor Augen steht, aber die Sünde ist von unseren Taten ebenso zu unterscheiden wie von den einzelnen Akten des Denkens und Wollens, die diese Taten generieren. Daher differenziert die theologische Tradition begrifflich zwischen *peccata actualia* (so genannte Tatsünden, die Erscheinungsformen der Sünde sind) und *peccatum originale* (so genannte Ursünde; älterer, aber missverständlicher Begriff: Erbsünde). Bei der Rede von *der* Sünde (*peccatum originale*) geht es um das Bestimmt-Werden der ganzen Person. Mit ihr ist eine Grundbefindlichkeit im Blick, die das Denken, Wollen und Handeln, ja selbst das Fühlen der Person bestimmt und ihm die Richtung verleiht. Diese Rede von der Sünde wird in ihrer Bedeutung grundsätzlich verkannt, wenn sie zu eng verstanden wird, indem man sie als Rede über einzelne Taten, noch enger: über einzelne unmoralische Taten und schließlich am engsten (aber wohl am häufigsten anzutreffen): über einige das Sexualverhalten betreffende Handlungen versteht. Über die »Sünde« zu sprechen ist etwas anderes, als einem kleinbürgerlichen Konservativismus und seinen Wertvorstellungen zu frönen.

Offensichtlich ist die Sünde nicht moralisch zu verstehen, sondern als ein tief sitzendes Unvermögen, das die existentielle Not des Menschen begründet – und zwar eine solche Not, in der der Mensch festgehalten ist und aus der er sich selbst nicht befreien kann. Die Sünde ist somit von einem moralischen (Miss)-Verständnis zu befreien. Natürlich wirkt sich die existentielle Not, die mit dem Begriff »Sünde« zur Sprache gebracht wird, in einzelnen Handlungen aus, durch die anderen Menschen die Lebensgrundlage entzogen wird und die daher unserer moralischen Missbilligung ausgesetzt sind; die existentielle Not wirkt sich aber vor allem auch in solchen Handlungen aus, durch die der Mensch sich selbst die Lebensgrundlage entzieht. Wenn Luther die Sünde als In-sich-selbst-Verkrümmtsein (*homo incurvatus in se ipsum*) bezeichnet, dann beschreibt er damit eine Tendenz, in der sich der Mensch vom Leben selbst abschnürt.[308] Und in dieser Tendenz schnürt sich der Mensch deshalb von Leben ab, weil er sich von dem abschnürt, von dem er alles Gute zu erwarten hat. Insofern sich der Mensch in der Sünde im Widerspruch zu Gottes heilvoller Zusage in der Schöpfung befindet, lässt sich die Sünde gerade dann verstehen, wenn man sie vom Schöpfungsglauben her versteht, indem man dessen Verkehrung bedenkt.

Fragt man nach dem Schöpfungsglauben, dann ist daran zu erinnern, dass die reformatorische Tradition den fiduzialen Charakter des Glaubens betont. Dass für die reformatorische Tradition der Glaube wesentlich Vertrauen (*fiducia*) ist, zeigt die Synonymisierung von »Glaube« und »Vertrauen« im Großen Katechismus[309] und von »fiducia« im lateinischen Text der *Confessio Augustana*[310] und

308 Vgl. Bayer 2007, 165 f.

309 GrKat, 560.

310 Vgl. CA, 53.

»Glaube« im deutschen Text. Der Glaube wird in der reformatorischen Tradition verstanden als eine persönliche Haltung, ein Ausgerichtetsein des ganzen Menschen. So bezeichnet Luther im Großen Katechismus den Glauben als eine »Zuversicht des Herzens«[311], die sich auf Christus richtet. Wenn Luther formuliert: »Der glawb hanget alleyn dem wort blos und lautter an, wendet die augen nicht darvon, sihet keyn ander ding an«[312], dann ist deutlich, dass Glaube als ein Lebensvollzug verstanden wird, als eine das Leben – in all seinen Dimensionen – bestimmende Bewegung des ganzen Menschen. Unüberbietbar deutlich wird dies in Luthers Auslegung des Ersten Gebots im *Großen Katechismus*: »Also daß ein Gott haben nichts anders ist, denn ihn vom Herzen trauen und gläuben, wie ich oft gesagt habe, daß alleine das Trauen und Gläuben des Herzens machet beide Gott und Abgott. Ist der Glaube und Vertrauen recht, so ist auch Dein Gott recht, und wiederümb, wo das Vertrauen falsch und unrecht ist, da ist auch der rechte Gott nicht. Denn die zwei gehören zuhaufe [gemeint: zusammen], Glaube und Gott. Worauf du nu (sage ich) Dein Herz hängest und verlässest, das ist eigentlich Dein Gott.«[313]

So versteht Luther den Glauben als Erfüllung des Ersten Gebots; denn er ist das Vertrauen auf Gottes Zusage »Ich bin der Herr, dein Gott!« Im *Großen Katechismus*[314] legt Luther diese Zusage so aus: »ICH, ich will dir gnug geben und aus aller Not helfen, laß nur Dein Herz an keinem andern hangen noch rugen [gemeint: ruhen]«. Die angemessene Antwort auf eine solche Zusage ist nicht, sie zu »wissen«, sie »anzuerkennen« oder »für wahr zu halten«, sondern im Modus des Vertrauens im eigenen Leben wirksam werden zu lassen, kurz: Die angemessene Antwort auf Gottes Zusage ist die

311 GrKat, 560.

312 Luther 1905, 423, Z. 20 f.

313 GrKat, 560.

314 GrKat, 560.

vertrauensvolle Hinwendung des ganzen Menschen, der menschliche Lebensvollzug.

Inwiefern dieses Vertrauen unsere Wahrnehmung der Gegenwart als gewährt und persönlich zugesagt bestimmt, verdeutlicht Luther in seiner Auslegung des Ersten Artikels im Großen Katechismus. Was es bedeutet, an Gott den allmächtigen Vater, den Schöpfer des Himmels und der Erde zu glauben, erläutert Luther folgendermaßen: »Ich gläube, daß mich Gott geschaffen hat sampt allen Kreaturn, mit Leib und Seel, Augen, Ohren und alle Glieder, Vernunft und alle Sinne gegeben hat und noch erhält, dazu Kleider und Schuh, Essen und Trinken, Haus und Hofe, Weib und Kind, Acker, Viehe und alle Güter, mit aller Notdurft [gemeint: notwendigen Bedarf] und Nahrung dies Leibs und Lebens reichlich und täglich versorget, wider alle Fährlichkeit beschirmet und für allem Ubel behüt und bewahret, und das alles aus lauter väterlicher, göttlicher Güte und Barmherzigkeit ohn alle mein Verdienst und Wirdigkeit, des alles ich ihm zu danken und zu loben und dafür zu dienen und gehorsam zu sein schüldig bin; das ist gewißlich wahr«[315]. An die Schöpfung zu glauben, bedeutet nicht zu glauben, dass die Welt »von anderwärts her ist«[316], sondern auf die Welt als *mir* zugesagtem Lebensraum zu vertrauen und die Gegenwart als für *mich* gegeben wahrzunehmen. Der in dieser Weise von der Schöpfung sprechende Mensch versteht sich eben nicht (bloß) als Element innerhalb eines (von Gott in Gang gesetzten) Naturzusammenhanges[317], sondern begreift die Welt als ihm *persönlich* zugesagt und daher die Gegenwart als den ihm von Gott eröffneten Möglichkeitsraum des Handelns. Der Schöpfungsglaube ist das Vertrauen auf die Welt als mir zum Leben zugesagt und damit auch das Vertrauen darauf, dass ich anerkannt und angenommen bin als der, dem das Leben »ohn

315 KlKat, 510 f.

316 Schleiermacher 1960, § 4, 3.

317 Gegen Schleiermacher 1960, § 46, 2; § 47. Kritisch hierzu: Roth 2004a.

all mein Verdienst und Wirdigkeit« zugesagt ist. Mit dem Glauben an die Welt als Schöpfung Gottes ist daher einer bestimmten Form der *Wahrnehmung* der Gegenwart Ausdruck gegeben. »Das Wahrnehmen des Gewährten im Nehmen, Essen und Leben – das ist Glaube.«[318]

Von diesem Vertrauen – nämlich als sein Gegenteil – will die Sünde verstanden werden: als ein tief sitzendes Misstrauen. Die Sünde als Verkehrung des Schöpfungsglaubens zu begreifen, bedeutet, sie als Defizit – als ein Unvermögen – zur Sprache zu bringen. Sünde ist der Verlust des Vertrauens in die Welt als den mir zugesagten Lebensraum. Und damit ist sie auch der Verlust der Erfahrung der Annahme und Anerkennung, die in der Zusage des Lebens enthalten ist. Das Denken, Wollen und Handeln des Menschen unter der Macht der Sünde ist geprägt durch dieses Defizit. Für den Sünder wird das, was eigentlich Gabe ist, zur Aufgabe. Treffend formuliert Walter Mostert: Die Sünde »lebt gewissermaßen empirisch an der Erfahrung vorbei, daß wir physisch und psychisch nicht von uns selbst leben, sondern von den Händen der Mutter, die den Säugling wickelt, bis zu den Händen der Menschen, die unsern Leichnam begraben, aus der Erfahrung der Güte leben, also ursprünglich rezeptiv existieren. Sie ist also letztlich die irrationale Wiederholung des Gegebenen in einem Vergewisserungsakt.«[319]

Das Auf-sich-selbst-gerichtet-Sein will als eben dieser *Mangel* verstanden werden, und die unterschiedlichen Erscheinungsformen der Sünde sind als Kompensationen dieses Mangels zu begreifen, nämlich als »Druck, den Menschen auf ihre Umwelt ausüben, sie mögen ihnen das Echo geben, dass sie gute, daseinswürdige Menschen seien«[320]. Das Auf-sich-selbst-gerichtet-Sein, das Um-sich-selbst-Kreisen des Menschen hat seine Ursache in der Unfähigkeit,

318 Bayer 2009b, 150. Vgl. auch Schneider-Flume 2009, 469 f.

319 Mostert 1975, 456.

320 Gestrich 1989, 203.

der in der Schöpfung ergehenden Zusage zu vertrauen und die in dieser Zusage ergehende Annahme zu empfangen. Die Annahme wird zur Aufgabe des Menschen und gerade diese Aufgaben lassen ihn unaufhörlich mit sich selbst beschäftigt sein, nach seiner Identität fragen und alles und jeden zum Zwecke der Selbstanerkennung und Selbstbilligung zu instrumentalisieren.

Nun darf dieses Um-sich-selbst-Kreisen nicht als etwas verstanden werden, das einzelne Taten oder gar einzelne Taten einzelner besonderer Menschen charakterisiert. Luther spricht von der »Sünde« als derjenigen Grundbestimmung, die uns Menschen alle gefangen hält. In seiner Auslegung des 7. Bußpsalms diagnostiziert Luther, dass der Mensch als Sünder sich ausschließlich an seinen eigenen Bedürfnissen orientiert und daher »eyngekrumet auff sich selb«[321] ist. »Eyn krumer geyst ist [...] der yn allen dingen sich ynn sich selbst boget, das seyne suchet.«[322] Mit diesen Formulierungen richtet sich Luther nicht bloß gegen einen trivialen Egoismus. Diejenigen, die sich zugute halten, dass sie nicht »in fleyschlichen Dingen lust suchen«, sondern in »yren geystlichen gutern, weysheyt unnd vornunfft und frumickeyt«, stecken nach Luther sogar »tiffer in lust der selben«[323]. Der Sünder ist »so sehr in sich verkrümmt, daß er nicht nur die leiblichen, sondern auch die geistlichen Güter auf sich zurückbiegt und sich in allem sucht«[324]. Das Streben des Menschen, alles auf sich selbst zu beziehen, zur eigenen Verherrlichung zu instrumentalisieren, nimmt keineswegs ausschließlich den Charakter von Raub, Mord und Vergewaltigung an, sondern tritt auch in der Verehrung Gottes, in der Befolgung moralischer Regeln oder in dem Versuch zutage, gesellschaftliche Anerkennung zu erhalten oder sich an einem höchsten Guten zu orientieren.

321 Luther 1883, 173, Z. 32.

322 Luther 1883, 191, Z. 2 f.

323 Luther 1883, 165, Z. 2–4.

324 Übersetzung von Luther 1983, 356, Z. 5 f.

4.4 Selbstinteresse, Unfreiheit des Willens und Selbsterfahrung Ich fasse zusammen: Die theologische Tradition redet von der Sünde im Singular und bezeichnet damit keineswegs einzelne Willensentscheidungen, sondern eine unserem Handeln und Wollen zugrunde liegende Ausrichtung, die unser Denken, Wollen und Handeln bestimmt und zwar in der Weise, dass unser Wille immer nur auf uns selbst gerichtet ist. Die als Selbstinteresse verstandene Sünde ist somit eng verbunden mit der Einsicht in die Unfreiheit des Willens.

Auf die Tatsache, dass unser Wollen nicht autonom ist, sind wir bereits gestoßen. Wohlgemerkt: Wir haben an keiner Stelle behauptet, dass der Mensch nicht wollen kann, sondern nur, dass er in seinem Wollen immer seinem So-und-nicht-anders-Sein Ausdruck verleiht. Auch die Gründe, aus denen wir etwas tun, hängen vom So-und-nicht-anders-Sein des Handelnden ab, das sich wiederum unseren erworbenen Erfahrungen und gemachten Einsichten verdankt. Ich habe daher argumentiert, dass das So-und-nicht-anders-Sein des Handelnden die Ursache dafür ist, dass ein bestimmter Grund zum Grund einer bestimmten Person zu einem bestimmten Zeitpunkt wird. Gerade diese Grundrichtung des Wollens ist aber nicht wieder durch einen Willensakt zu bestimmen, denn man müsste fragen, woher dieser Willensakt seine Richtung erhält – es sei denn, man betrachtet den Willensakt als einen bloßen Zufall, der dann aber nicht auf den Menschen zurückzuführen wäre. Kurz: Es kann kein Wollen-Wollen geben. Unsere Wünsche, unser Sehnen und Begehren werden nicht durch unseren Willen bestimmt, sondern bestimmen unseren Willen. Ich habe in Kap. 1.5 darauf hingewiesen, dass diese Unfreiheit des Willens bereits den Reformatoren nicht unbekannt gewesen ist. Nochmal sei hier Philipp Melanchthon[325] zitiert: »[D]urch Erfahrung und Gewohnheit erleben wir, dass der Wille nicht aus Antrieb Liebe, Hass und ähnliche Affekte

325 Melanchthon 1993, 1, 42 und 44.

ablegen kann, sondern ein Affekt wird durch den Affekt besiegt.« Wer behauptet, »dass der Wille von seiner Natur her den Affekten widerstreiten oder er sich des Affektes erledigen kann, so oft es der Verstand anmahnt oder beschließt«, erliegt einer Illusion. Im Herzen, dem »Quell der Affekte«[326], sind wir unfrei. Als diese Grundbestimmung des Willens ist das Selbstinteresse des Menschen, sein Um-sich-selbst-Kreisen, zu verstehen, es verleiht unserem Denken, Fühlen, Wollen und Handeln seine Ausrichtung. Wenn wir sagen, dass das Selbstinteresse des Menschen ein Bestimmungsgrund des Willens ist, dann darf dies nicht als bewusste Intention des Menschen verstanden werden, es ist damit kein Grund für menschliches Handeln bezeichnet, gar ein solcher Grund, den der Mensch auf Nachfrage angibt (»Ich tue dies oder jenes, *weil* ich auf mich selbst gerichtet bin«). Als Bestimmtheit des Willens lässt das Gerichtetsein-auf-sich-selbst einen Grund zu einem Grund werden, anders formuliert: es »treibt« uns zu bestimmten Dingen. Die Sünde ist kein Gegenstand unseres Willens (im Sinne von: »Ich will auf mich selbst gerichtet sein«), sondern eine Macht, die sich *in* unseren einzelnen Willensakten zeigt. Jeder unserer Willensakte ist geprägt von unserem Willen zu uns selbst. Ist damit zuviel gesagt? Ist dies gar nur aus dogmatischer Notwendigkeit heraus gesagt, gar um die Gnade Gottes größer werden zu lassen?

Bereits Melanchthon hat bei der Lehre von dem unfreien Willen nicht auf dogmatische Notwendigkeiten verwiesen, sondern auf die Erfahrung, die lehrt, in dieser Weise über die Bestimmtheit des menschlichen Willens zu reden (vgl. Kap. 1.5). Welche Erfahrung lehrt dies? Die Rede von dem Menschen als Sünder kommt in eine Schieflage, wenn man nicht ernst nimmt, dass es die Selbsterfahrung ist, die in dieser Weise zu sprechen nötigt. Die Lehre von der Sünde macht eine Aussage über *mich* (und *meinesgleichen*). So ist Notger Slenczka zuzustimmen, wenn er darauf verweist, dass die »Lehre

326 Melanchthon 1993, 1, 46.

von der Sünde [...] nicht am Katheder ersonnen«[327] ist, sondern ihren »Sitz im Leben« in der Selbstreflexion des Menschen hat.[328] Die Selbstreflexion des Glaubenden wird nicht nur aufmerksam darauf, dass die Grundrichtung des Lebensvollzugs unverfügbar und damit unentrinnbar ist, sondern auch darauf, dass diese Grundrichtung des Lebensvollzugs bestimmt ist vom Willen zu sich selbst.[329] Auf diese Grundrichtung werden wir nun nicht aufmerksam, wenn wir abstrakt der Frage nachgehen: »Was ist es, das mich bestimmt?« Solche Fragen behandeln wir gerne von unserem »idealen Selbst« aus und beantworten dann in Wahrheit nicht, was es ist, was mich bestimmt, sondern was ich gerne hätte, dass es mich bestimmt. Wir erörtern dann, wie wir »eigentlich« sind – mal abgesehen davon, was es für »uneigentliche« alltägliche Handlungen gibt, die man nicht heranziehen kann, eben weil sie »uneigentlich« sind, nicht »typisch« für uns. Was aber ist »typisch« für mich? Was ich gerne hätte, was typisch für mich ist und demgegenüber alles andere als uneigentlich zu gelten hat, obwohl es den größten Teil meiner Tätigkeiten ausmacht? Oder ist typisch für mich das, was ich tatsächlich tue, also nicht das, was ich »prinzipiell« denke, dass ich es tue, oder was ich prinzipiell für richtig halte zu tun?

Die Selbstreflexion, die von der »Sünde« spricht, setzt nicht bei dem »idealen Selbst« ein (und gerät dabei ins Schwärmen), sondern bei einzelnen Taten, die uns zur Rechenschaft über uns selbst herausfordern.[330] Es sind Taten, die uns zur Selbstbesinnung zwingen, weil etwas Unstimmiges auftaucht, etwas, das unsere Vorstellung von unserem idealen Selbst stört. Eine Tat ist aufgetaucht, die nicht ins Bild passt, genauer: nicht in unser Bild von uns passt. Wir stehen plötzlich vor einer Tat, die uns zur Selbstbesinnung zwingt,

327 Slenczka 2008, 34

328 Vgl. Bayer 2009a, 90 f.

329 Vgl. Slenczka 2008, 46.

330 Vgl. Roth 2010a.

weil es eine Tat ist, die wir für verwerflich halten, weil sie gegen von uns anerkannte Normen verstößt. Etwas stimmt nicht: Bei dieser und jener Handlung haben wir gegen eine Norm verstoßen, welche unser ideales Selbst nicht verletzen würde oder anders formuliert: eine Tat getan, die wir »eigentlich« nicht tun. Es ist eine Tat, von der wir denken, dass »man« sie nicht tut – und doch: Wir haben sie getan. Das ist unübersehbar und eventuell sind auch die Konsequenzen dieser Tat nicht zu übersehen. Warum haben wir dieses oder jenes getan? Natürlich können wir diese unangenehme Frage abbrechen, indem wir uns sagen, dass wir so etwas ja »eigentlich« oder »prinzipiell« nicht tun, hier ein »Ausrutscher« vorliegt, wir eben diesen oder jenen Umständen Rechnung tragen mussten. Wir könnten auch sagen, dass diese Tat unserem eigentlichen Wollen nicht entspricht und wir bloß willensschwach waren. Wir beruhigen uns dann damit, dass die Tat durch äußere Umstände bedingt war, dass sie daher eher eine Ausnahme von der Regel darstellt und wir uns daher gerade nicht so verhalten konnten, wie wir »eigentlich« sind. Wir haben eben dem nicht Folge leisten können, was wir »eigentlich« für richtig ansehen, sondern haben uns durch Umstände hiervon abbringen lassen. Nach wie vor aber –so sagen wir uns – stimmen wir der Norm, die wir verletzt haben, zu und halten daher »grundsätzlich«, »prinzipiell« oder »eigentlich« an ihr fest. Daher sind wir »eigentlich« keine Normbrecher. Und so versuchen wir dann zu zeigen, warum unser Handeln eben eine Ausnahme von der Regel ist, die wir grundsätzlich bejahen. Deshalb sind wir doch nicht so fragwürdig wie andere, die diese oder jene Norm, die wir gebrochen haben, auch gebrochen haben; denn *wir* halten diese Norm ja »eigentlich«. So ist eine Tat aufgetaucht, um nach kurzer Irritation zugleich wieder zugedeckt zu werden: Sie kann uns letztlich nicht in Frage stellen, mit der Ausnahme vielleicht, dass wir uns vornehmen, unseren edlen Willen auch in konfliktreichen Situationen durchzusetzen.

Aber – und diese unangenehme Frage lässt sich nicht immer verbergen – sind wir wirklich so anderes als die anderen, die Normen brechen? Ist nicht eventuell jeder »Normbrecher« »eigentlich« kein Normbrecher, weil er grundsätzlich den entsprechenden Normbruch verurteilt, allerdings in dem konkreten Fall mit einer Norm »in Konflikt kam«? Um es an einem Beispiel zu verdeutlichen: Kein Mann, der seine Ehefrau betrügt, wird den Ehebruch grundsätzlich moralisch legitimieren wollen. Es ist auch durchaus vorstellbar, dass er die Ehe als ein hohes moralisches Gut schätzt, vielleicht sogar selbst ethisch über die Bedeutung der Ehe reflektiert. Er sieht sich vielmehr als Ausnahme von der Regel, bei ihm kann man es »so allgemein nicht sagen«, weil er ja keinen Ehebruch begehen *wollte*, sondern von anderen Dingen beeinflusst war: Die Beziehung zur eigenen Frau war in letzter Zeit schwierig, er fühlte sich nicht mehr richtig verstanden und hat auch in der Beziehung nicht mehr das erlebt, was er einmal erlebt hat. In dieser Situation, in der ihm alles nur noch eingefahren vorgekommen ist, ist ihm eine junge Frau begegnet. Ihm hat es gut getan zu erleben, wie sich eine junge Frau um ihn bemüht, ihm Bewunderung und Anerkennung entgegenbringt. Und er hat es genossen, wieder mit den Augen gesehen zu werden, mit denen ihn einst seine Frau gesehen hat. So hat er sich dem Gefühl des Verliebt-Seins, der Leidenschaft hingegeben und wieder Leben in sich gespürt. Nie aber hat er vorgehabt, seine Frau zu verlassen und vor allem: ihr weh zu tun. Mit anderen Worten: Es war weder seine Intention, seiner Frau weh zu tun, noch auch, die Norm zu brechen. Was nach außen als banaler »Ehebruch« aussieht, ist für ihn etwas ganz anderes gewesen. Und auf sein Verhalten nachträglich angesprochen, würde er entgegnen: »Ja, grundsätzlich hast du Recht, aber hier ist es nicht so einfach zu sagen. Es waren hier besondere Umstände, die eine Rolle spielten. Hier ist der Fall nicht so einfach«. Deutlich dürfte sein, dass dieser angenehmen Bilanzierung ein Fehler zugrunde liegt, der ihm einen allzu angenehmen Reflexionsprozess verbietet: Wenn sich der Mann in unserem Beispiel von anderen (den »Ehebrechern«) darin unterschieden fühlt, dass er ja »nicht in böser Absicht« Ehebruch begangen hat, dann täuscht er sich, wenn er glaubt, die anderen, die »Unmoralischen«, würden Ehebruch begehen, um Ehebruch zu begehen. Auch sie haben nichts anderes getan als er: Sie haben aus besonderen Umständen heraus gehandelt. Unterschieden ist nur das Subjekt, das beurteilt: Einmal ist es der Handlungsakteur selbst, ein andermal ein (kritischer) Beobachter. Der Beobachter sieht den Bruch der Norm, während derjenige, der handelt, »in« der Handlung steht und diese von ihren Motiven her versteht. Und diese Motive sind eben nicht der Normbruch. Pointiert formuliert: Der Grund des Normbruchs liegt nicht in der Intention, die Norm zu brechen. Wir sind also in keinem Fall weniger Normbrecher als andere, die dieselbe Norm gebrochen haben.

Mit dieser Entdeckung beginnt ein schmerzhafter Reflexionsprozess: Eine Tat ist aufgetaucht, die nicht in unser Bild von uns passt und uns zur Selbstbesinnung zwingt. Wir können sie nicht wegschieben als etwas, das wir »eigentlich« nicht tun, sondern hier sehen wir, wer wir »eigentlich« – entgegen unseren Vorstellungen von unserem »idealen Selbst« – *sind.* Was ist es, das uns zum Normbruch treibt? Was ist es, das uns in unserem Willen so bestimmt, dass wir getan haben, was wir getan haben? Wer sind wir? Was ist es, was mich tatsächlich bestimmt und sich in der jeweiligen Tat gezeigt hat? Eine solche Reflexion fragt nicht nur nach dem konkreten Willen, der eine Tat hervorgebracht hat, sondern schreitet weiter zu der Frage, was es ist, das den einzelnen Willensakt geprägt hat, warum wir denn so und eben nicht anders gewollt haben. Was ist unser eigentliches »Aussein-auf«, das unserem Willen die Richtung verleiht und Gründe zu Gründen werden lässt? Was ist es, das mich gegenüber den Interessen anderer verschlossen sein lässt und eine Tat, die ich in Bezug auf andere missbillige, zu meiner Tat hat werden lassen? In diese Richtung verweisen auch Überlegungen von Notger Slenczka: »Die traditionelle Rede von der Sünde formuliert das Ergebnis eines fortschreitenden Reflexionsprozesses, das sich so zusammenfassen lässt. Die Reflexion hebt an beim Tun und bei der *Erfahrung der fehlenden Übereinstimmung einer Tat mit einer Norm.* Aber der ernsthaft auf die ethische Qualität seines Tuns reflektierende Mensch wird auf den *tatbestimmenden Willen* aufmerksam und erfasst von dort aus die *Grundrichtung seines Lebensvollzuges und deren Widerspruch gegen Gott*, erfasst aber eben auch, dass diese Grundrichtung seines Lebensvollzuges – ihm selbst unverfügbar und damit unentrinnbar – bestimmt ist vom *Willen zu sich selbst.*«[331] Mit dem »Willen zu sich selbst« ist eine schonungslose Antwort auf die Frage gegeben, was das für Motive sind, die mich letzten Endes treiben, die mein Wollen und Handeln bestimmen – jenseits dessen, wie ich es mir »schön reden« kann und auch jenseits dessen, was ich andere glauben machen kann, worum es mir geht. Natürlich nimmt diese Selbstreflexion ihren Ausgang immer bei einzelnen Taten und Willensentscheidungen, sie geht aber weiter, weil sie die Frage nicht abschneidet, wie es zu diesen Taten kommt, und sich dabei nicht einredet, dass wir »eigentlich« ganz anders seien, als es in dieser oder jener Handlung, in diesem oder jenem Willensakt zutage tritt. Sie geht der Frage nach, was diese Taten über *mich* aussagen, welche tief sitzenden Bedürfnisse ich durch sie zu befriedigen gesucht habe. Damit erscheint, wer ich eigentlich bin, im Unterschied zu dem, was ich glaube, wie ich eigentlich bin. Das besonders Schmerzhafte ist, wenn wir von einer Tat, die eine Norm gebrochen hat und uns hat aufmerksam werden lassen, zu anderen Taten übergehen und die Frage, was es ist, das mich bestimmt, auch in Bezug auf solche Taten stellen, für die wir uns selbst rühmen und für die wir von anderen gerühmt werden. Sind sie etwa durch das Gleiche bestimmt, das uns zu dem Normbruch geführt hat? Kommen auch sie in den Blick als ausschließlich durch den Willen zu uns selbst bestimmt?

Gerade die Einsicht, dass sich eine Tat von mir nicht trennen lässt, sondern eben jene Grundbestimmtheit meines Willens und gesamten Lebensvollzugs offenbart, verdeutlicht Folgendes: Die Einsicht in die Unverfügbarkeit und Unentrinnbarkeit der Be-

331 Slenczka 2008, 46.

stimmtheit unseres Willens verbietet es keinesfalls, von Verantwortlichkeit und Schuld zu sprechen; denn es ist das Theorem der Willensfreiheit, das es uns gestattet, uns von unserer eigenen Schuld und Verantwortung zu distanzieren. Ich habe bereits gesagt, dass das, was wir tun, Ausdruck dessen ist, wer wir sind. In unseren Taten spiegeln sich unsere Motive und unsere Bedürfnisse, unsere Sehnsüchte und unsere Ängste wider. Das Theorem der Willensfreiheit sieht unsere Taten gerade nicht als ausschließlichen Ausdruck unseres So-Seins, sondern eines Willensentschlusses, der mit unserem So-Sein gar nichts (oder zumindest nicht ausschließlich) zu tun hat, der eher kontingent ist (vgl. Kap. 3.7). Das Theorem der Willensfreiheit erlaubt uns zu denken, wir hätten eine bestimmte Tat genauso gut unterlassen können, wir hätten genauso gut anders handeln können (und würden das nächste Mal auch anders handeln). Damit ist das eigentliche Problem unseres Handelns aber bereits im Ansatz entschärft. Das eigentliche Problem besteht nämlich darin, dass wir die Tat nicht haben unterlassen können, weil wir eben so und nicht anders sind! Auch die verabscheuungswürdigste Tat lässt sich nicht wegschieben, sondern sie ist zutiefst und unauflöslich mit mir verwoben. Die Tat trägt unverkennbar und unaufhebbar mein Ich-Vorzeichen, in ihr spiegelt sich wider, wer ich bin, entgegen allen meinen Illusionen, wie ich »eigentlich« bin. Um es pointiert zu formulieren: Der Wille, der eine bestimmte Tat verursacht hat, ist zutiefst *mein* Wille, nicht etwas, das genauso gut anders hätte sein können. Mein Wille ist aus meinem So-Sein erwachsen und daher von ihm nicht zu lösen. In der jeweiligen Tat zeigt sich, wer ich wahrhaft und eigentlich bin, sie ist keineswegs etwas Zufälliges, das auch anders hätte sein können und das ich von mir als mir nicht zugehörig wegschieben könnte. Von daher ist die Behauptung absurd, die Einsicht in den Sachverhalt, dass der Wille selbst nicht losgelöst von allen Bedingtheiten ist, sei ein willkommenes Argument, die eigene Schuld zu »entschuldigen« oder Schuldgefühle zu nivellieren: Es ist *mein* Wille, der etwas verursacht, und *ich* will etwas, weil ich es *will.* Natürlich kann ich die Entstehungsbedingungen meines

Willens erkennen und mir auch über Umstände klar werden, denen ich in meinem Leben ausgeliefert war, die mich haben werden lassen, was und wie ich *bin* – lange bevor ich mir darüber klar geworden bin. Aber ich kann mich davon nicht trennen, eben weil ich ja *will*. In jedem Akt des Wollens bleibe ich dem Willensraum, in den ich gestellt bin, verpflichtet und bejahe ihn erneut. Schicksal und Schuld sind zwei Seiten derselben Medaille. Gerade dies bringt die Lehre von der Sünde zum Ausdruck, die die Sünde als »Synthese von Schicksal und Schuld«[332] versteht.

4.5 Fazit Das Wesen der Sünde wird verkannt, wenn man sie als Rede über einzelne unmoralische Willensentscheidungen und Taten versteht. Wir kommen dem Phänomen im Verstehen näher, wenn wir es als existentielle Not zu begreifen versuchen, aus der der Mensch sich nicht befreien kann. Mit dem Begriff der »Sünde« ist eine unserem Handeln und Wollen zugrunde liegende Ausrichtung bezeichnet, die unser Denken, Wollen und Handeln in der Weise bestimmt, dass unser Wille immer nur auf uns selbst gerichtet ist. Daher ist die Rede von der Sünde eng mit der Behauptung der Unfreiheit des Willens und der Behauptung des fundamentalen Selbstinteresses der Person verbunden. Vor allem ist bei der Rede von der Sünde zu beachten, dass sie keine theoretischen Aussagen über den Menschen macht, sondern dass diese Rede ihren Ort in der Selbstreflexion des Menschen hat.

Damit kehrt aber die eingangs gestellte Frage wieder. Ich habe Marcus Mockler zitiert, der davon spricht, dass die Bestreitung des Theorems der Willensfreiheit dazu führen würde, dass »Gebote ebenso sinnlos [wären] wie das Reden von der Sünde« *(IdeaSpectrum* 36/2008, S. 15). Nun zeigte sich zwar, dass die Rede von der Sünde die Willensfreiheit nicht voraussetzt, sondern ausschließt – und zwar deshalb, weil die Sünde nicht einzelne autonome Willensent-

332 Elert 1952, 25.

scheidungen bezeichnet, sondern eine Grundausrichtung unserer Existenz, die unseren Willen unverfügbar und damit unentrinnbar zum Willen zu sich selbst bestimmt und dadurch auch zu solchen einzelnen Willensentscheidungen führt, die zum Bruch von Geboten (oder allgemeiner ausgedrückt: sittlichen Normen bzw. moralischen Pflichten) führen. Aber damit verschärft sich das Problem; denn wenn dieser Bruch der Gebote die (notwendige) Konsequenz einer Grundrichtung ist, die durch den Willen des Menschen nicht bestimmt werden kann, welche Aufgabe haben dann die Gebote, sittliche Normen oder moralische Pflichten? Was sollen die Gebote, wenn der Wille des Menschen nicht frei ist und er sich nicht dazu entscheiden kann zu wollen, was er gemäß diesen Geboten wollen soll? Ist hinsichtlich der Leistungskraft der Gebote nicht Skepsis angebracht? Wenn Mockler davon spricht, dass Gebote »sinnlos« werden, stellt sich natürlich die Frage, was »sinnlos« bedeutet. Wenn der Zweck der Gebote darin gesehen wird, den Menschen zur Entsprechung des von den Geboten Gebotenen zu führen, dann wäre dies angesichts des Sünderseins des Menschen (und damit angesichts seiner Ohnmacht) in der Tat ein sinnloses Unterfangen. Dieser Frage werde ich im abschließenden Kapitel nachgehen, in dem ich nach einer – dem Phänomen der Sünde Rechnung tragenden – Gestalt der Theologischen Ethik frage.

5. Theologische Ethik als Skeptische Ethik?

5.1 Vorbemerkung Das Du-sollst setzt voraus, dass ein Subjekt sich dafür entscheiden kann, dass Gesollte zu wollen. Aber können wir wollen, was wir wollen sollen? Wir haben bereits gesehen, dass Erasmus und Kant nicht zuletzt aus dem Grund an dem Theorem der Willensfreiheit festhalten, weil sie durch die Bestreitung der Willensfreiheit die Ethik um ihre Voraussetzung gebracht sehen. Daher stellt sich die Frage, ob die Einsicht in die Unfreiheit des Willens das Unternehmen »Ethik« verunmöglicht. Vor dieser Frage steht im Besonderen die Theologische Ethik, insofern diese auf das Phänomen der Sünde, der Macht, die unser Wollen bestimmt und uns in unserem Selbstinteresse festhält, aufmerksam geworden ist. Kann eine Theologische Ethik, die das Phänomen der Sünde ernst nimmt, überhaupt noch *Ethik* sein? Ist eine Theologische Ethik gezwungen, um eine Ethik entwerfen zu können, ihre Einsicht in das Wesen der Sünde in den Hintergrund treten zu lassen? Es wäre jedoch auch denkbar, dass wir bei den gestellten Fragen bereits mit einem zu engen Verständnis davon arbeiten, worum es bei der Ethik geht: nämlich den Menschen durch ein Du-sollst zu orientieren. Ist mit der Theologischen Ethik gar ein ganz anderes Verständnis von der Aufgabe und der Grundfrage der Ethik gegeben? Diesen Fragen werde ich mich im Folgenden widmen und in einem ersten Schritt danach fragen, was eine »Skeptische Ethik« (Kap. 5.2) ist, um mich sodann der Unterscheidung von Gesetz und Evangelium zuzuwenden, die gerade von der Unfähigkeit, unser Wollen an einem Du-sollst zu orientieren ausgeht (Kap. 5.3). Von Luther wird das Vermögen, angemessen zwischen Gesetz und Evangelium unterscheiden zu können, zur entscheidenden theologischen Kompetenz erhoben.[333] Es geht – wie Gerhard Ebeling formuliert – in

333 Vgl. Luther 1897b, 502, Z. 34.

dieser Unterscheidung »gewissermaßen um die Logik der Sache der Theologie«[334]. Schließlich werde ich mich der moralkritischen Aufgabe der Theologischen Ethik zuwenden (Kap. 5.4) und die Grundfrage der Theologischen Ethik in den Blick nehmen (Kap. 5.5).

5.2 Skeptische Ethik? Eine »Skeptische Ethik« hat der Philosoph Wilhelm Weischedel im Jahre 1976 vorgelegt. Er macht in seinem Buch den Versuch, »aus dem Skeptizismus, wie er das Denken und Handeln der Gegenwart bestimmt, eine zeitgemäße Ethik zu entwickeln«. Das Projekt einer Skeptischen Ethik ist für Weischedel geboten, weil sowohl die Skepsis als auch die Ethik »unabdingbare Elemente des gegenwärtigen Philosophierens« sind, und zwar deshalb, weil »beide notwendige Momente des heutigen Menschseins« sind. Weil der Mensch daher einerseits nicht »ohne sich selbst aufzugeben, auf die ethische Problematik verzichten [kann]«[335], andererseits aber die Skepsis als Element des modernen Denkens ernst genommen werden muss, ist eine Philosophische Ethik für Weischedel nur noch als Skeptische Ethik möglich.

Beide wesentlichen und unaufgebbaren Elemente heutigen Denkens, die Skepsis und die Ethik, widerstreben allerdings einander. Ethik setzt nach Weischedel Freiheit voraus: »Wer keine Möglichkeit der Wahl hat, den kann man sinnvollerweise auch nicht durch ethische Gebote auffordern, dies oder das zu tun oder zu lassen, sich zu diesem oder jenem zu entscheiden. Daß der Mensch frei ist, scheint also eine unerlässliche Grundbedingung der Möglichkeit einer Ethik, auch und gerade einer Philosophischen Ethik zu sein«. Wir können auch sagen: Das Du-sollst, das in der Ethik formuliert wird, setzt voraus, dass der Mensch das Gesollte auch Wollen kann. Gerade aber dieser Freiheit gilt es nach Weischedel andererseits auch skeptisch zu begegnen; denn es tritt uns eine »an-

334 Ebeling 1993, 289.

335 Weischedel 1976, 13.

dere Betrachtungsweise entgegen: daß nämlich auch im Bereich des Ich alles determiniert erscheint. Wünsche, Begehrungen, Leidenschaften, Affekte beeinflussen den Menschen, und zwar derart, daß sein ganzes Denken und Handeln davon abhängig wird. Insgeheim sind also selbst in dem als frei angesehenen Tun andere Motive als die bloße Selbstbestimmung am Werk. Die vermeintliche Freiheit scheint sich als Täuschung zu enthüllen. Bei jeder Entscheidung kann man ein Bestimmendes feststellen. Schließlich merkt man: Die Beeinflussung durch solche aus dem Menschen aufsteigenden Motive beschränkt sich nicht auf einzelne Geschehnisse, sondern geschieht durchgängig. Alles, was der Mensch tut, ist also, so erscheint es unter diesem Aspekt, durch sein Sosein, sein Wesen, seinen Charakter bestimmt. Diese Determiniertheit kann noch weiter zurückverfolgt werden, etwa in frühkindliche Erlebnisse, wie Freud es unternimmt, oder in Geschehnissen der Frühzeit der Menschheit, wie Nietzsche will. Die Freiheit, so muss es jetzt aussehen, ist nichts als eine große Illusion, die der Mensch macht, um sich eine besondere Würde zu geben.«[336]

Damit wird von Weischedel die Frage ins Zentrum gerückt, wie eine Ethik, die die Freiheit des Menschen, tun zu können, was er tun soll, voraussetzt, mit der Einsicht in die Unfreiheit des Willens umgehen kann. Wir stehen somit vor der Frage, die ich bereits zu Beginn dieses Kapitels formuliert habe: Das Du-sollst setzt offenbar voraus, dass ein Subjekt sich dafür entscheiden kann, dass Gesollte zu wollen. Welche Bedeutung hat aber ein Du-sollst, wenn wir nicht einfach wollen können, was wir wollen sollen? Auffällig ist nun, wie leicht Weischedel das Problem zwischen der skeptischen Einsicht in die Determiniertheit aller Geschehnisse einerseits und dem Indeterminismus als Voraussetzung jeder ethischen Fragestellung andererseits zu lösen vermag. Zum einen verweist Weischedel gegen den Determinismus darauf, dass der Gedanke des Indeter-

336 Weischedel 1976, 152.

minismus eine Erfahrung des sittlichen Lebens ist, nämlich die Erfahrung, »daß man sich vielfältig für sein Tun verantwortlich weiß, daß es einem zugerechnet wird, daß man anderen vorwirft, was sie getan haben, daß man Reue empfindet, daß einem das Gewissen schlägt. All das setzt voraus, daß nicht alles bestimmt ist, daß der Mensch vielmehr, wenn auch nicht immer, so doch grundsätzlich die Möglichkeit besitzt, anders zu handeln und anders zu wollen, und das heißt: sich aus sich selber heraus zum einen oder zum anderen zu bestimmen.«[337] Auf Grund dieser Evidenz der Willensfreiheit könne auch eine radikal deterministische Position nicht leugnen, dass der Mensch Erfahrungen der Freiheit macht, selbst wenn diese aus deterministischer Sicht als ein »Schein« betrachtet würden. Gerade diesen Schein können nach Weischedel aber deterministische Anschauungen nicht erklären. So bleibe eine »Antinomie von Notwendigkeit«, die eine »Selbstaufgabe der Freiheit zugunsten der absoluten Notwendigkeit« verbiete. »Der Mensch erfährt in seinen Lebensvollzügen ständig Situationen der Freiheit, indem er, wie dies alltäglich geschieht, vor Entscheidungen gestellt wird. Er weiß: Er kann so oder auch anders handeln; wie er sich entschließt, steht bei ihm. Die Freiheit als unmittelbar erfahrene gehört also zur Wirklichkeit des menschlichen Daseins.«[338]

Dass die Freiheit des Menschen durch die deterministische Position immer auch in Zweifel gezogen wird, findet Weischedel der skeptischen Grundhaltung angemessen, da »Fraglichkeit [...] dem Wesen des Skeptizismus« entspricht: »Es wäre [...] seltsam, wenn ihm [dem skeptischen Menschen] im Felde der Frage nach der Freiheit fraglose Gewißheit begegnete.«[339] Aber nicht nur die Fraglichkeit entspricht nach Weischedel dem Skeptizismus, sondern auch die Freiheit: »Dieser selbe Skeptizismus setzt auch Freiheit voraus.

337 Weischedel 1976, 148 f.

338 Weischedel 1976, 151.

339 Weischedel 1976, 155.

Denn zum Wesen des Skeptizismus gehört das Freisein von Autoritäten, ja von allem, was den Denkenden von außen oder von innen her bestimmen will.«[340] Von daher ist nach Weischedel der Grundentschluss zum Skeptizismus nicht möglich, »wenn nicht zugleich damit die Freiheit des Menschen bejaht wird; denn diese ist die unbedingte Voraussetzung aller Entschlüsse«[341]. So treffen sich Skeptizismus und Ethik; denn wenn wir uns nicht zur Freiheit entschließen, ist weder der Grundentschluss zum Skeptizismus noch eine Ethik möglich. Und umgekehrt: Sowohl die Ethik als auch die Skepsis bedarf des Entschlusses zur Freiheit. So kann denn Weischedel – nach einem skeptischen Zwischenspiel – auf Kant zurücklenken: »Er stellt fest, daß der Verstand, wie er sich erkennend in der Welt der Erscheinungen betätigt, die Tatsache der Freiheit nicht erweisen kann; als Sinnenwesen weiß sich der Mensch vielmehr in den unverbrüchlichen Kausalzusammenhang der Sinnenwelt eingebunden. Und doch gibt es ein Faktum, das ihn dazu nötigt, sich als frei zu verstehen: Er weiß sich zur Sittlichkeit aufgerufen und erfährt in seinem Innern den Anspruch eines unbedingten Gebots. Dieses hat nicht den Charakter einer zwingenden Notwendigkeit, sondern eher den eines Appells. Einen solchen aber könnte der Mensch nicht vernehmen und auf sich beziehen, verstünde er sich nicht als frei zur Entscheidung für oder wider das Gebot. Die Freiheit wird also von Kant als Voraussetzung der Erfahrung eines unbedingten Gebotes postuliert.«[342]

Nun vermögen die Ausführungen Weischedels nicht recht zu überzeugen: Man hat den Eindruck, dass es sich bei ihm nicht wirklich um eine Skeptische Ethik handelt, sondern um eine Ethik, die etwas mit der Skepsis spielt, ohne sich wirklich von ihr herausfordern zu lassen. Die Skepsis wird als Schreckgespenst aus der

340 Weischedel 1976, 155 f.

341 Weischedel 1976, 182.

342 Weischedel 1976, 153.

Schublade geholt, um dann wieder in dieselbe zurückgesteckt zu werden. Dies könnte – so eine erste Vermutung – daran liegen, dass bei Weischedel der Skeptizismus erkenntnistheoretisch motiviert ist und nicht existentiell. Es fragt sich, ob eine Skepsis, die in der Selbsterfahrung begründet ist, sich so schnell und spielerisch außer Kraft setzen lässt, wie dies bei derjenigen Skepsis der Fall ist, die Weischedel für sich in Anspruch nimmt.

Sehen wir uns – um festzustellen, ob unser erster Eindruck trügt und vielleicht etwas vorschnell ist – die Ausführungen von Weischedel genauer an. Zunächst fällt auf, dass Weischedels Terminologie insofern etwas unpräzise ist, als er von »der Freiheit« spricht, die einerseits die Voraussetzung der Ethik sein soll, andererseits aber von dem skeptischen Denken in Frage gestellt werde. Was meint Weischedel aber mit »Freiheit«? Wir haben bereits mehrfach festgestellt, dass die entscheidende Frage nicht ist, ob von der menschlichen Freiheit gesprochen werden kann (oder nicht), sondern *was* jeweils unter menschlicher Freiheit verstanden wird (so bereits in Kap. 1.2). Ich habe in Kap. 2 zu verdeutlichen versucht, dass auch deterministische Positionen ein Verständnis von menschlicher Freiheit entwickeln, so dass die Alternative daher nicht Determinismus versus Freiheit lautet, sondern deterministisches versus nicht-deterministisches bzw. deterministisches versus indeterministisches Freiheitsverständnis. Durch die vorgenommenen Abgrenzungen jedoch lässt sich eindeutig ermitteln, was Weischedel meint. Da er nämlich der Rede von Freiheit die Einsichten des Determinismus entgegensetzt und die Rede von der Freiheit im Bereich des Indeterminismus verortet, scheint er Freiheit eindeutig als »*Willens*freiheit« zu begreifen und zwar in dem in Kap. 1.3 vorgestellten inderministischen Verständnis: Der menschliche Wille kann nicht in geschlossene Kausalverläufe eingeordnet werden, sondern vermag aus sich heraus, selbstinitiiert und ohne außer ihm liegende Gründe eine Handlung zu bestimmen, kurz: Willensfreiheit bedeutet, dass der menschliche Wille eine unverursachte Ursache ist. Von daher muss man den von Weischedel namhaft gemachten Grundkonflikt präziser als Konflikt zwischen der *Willens*freiheit als Voraussetzung der Ethik und der Bestreitung der *Willens*freiheit durch das skeptische Denken beschreiben.

Nun sind uns die Argumente, die Weischedel zur Unterstützung des Theorems der Willensfreiheit heranzieht, um dann das skeptische Denken in seine Schranken zu verweisen, allesamt bereits begegnet, ohne sonderlich überzeugt zu haben. *Erstens* behauptet Weischedel, dass die Willensfreiheit in unserer Erfahrung gegeben ist. Wir konnten jedoch in Kap. 2.3 zeigen, dass es keineswegs so ist, dass die Willensfreiheit auf unmittelbarer Selbsterfahrung beruht. Die Tatsache, dass wir sowohl uns selbst als auch andere als frei handelnde Subjekte wahrnehmen, impliziert keineswegs das Theorem der Willensfreiheit, sondern verweist ausschließlich auf unsere Handlungsfreiheit. Dieser Sachverhalt wird bei Weischedel insofern überspielt, als er begrifflich nicht zwischen Freiheit und Willensfreiheit unterscheidet und so das Gefühl der Freiheit kurzschlüssig mit einem indeterministischen Verständnis von Freiheit (»Willensfreiheit«) identifiziert. *Zweitens* wurde deutlich, dass die Erfahrung von Handlungsalternativen keineswegs dem deterministischen Freiheitsverständnis zuwiderläuft und auf ein indeterministisches Freiheitsverständnis verweist; denn auch unter deterministischen Voraussetzungen wird von Handlungsalternativen gesprochen (vgl. Kap. 2.2). *Drittens* kann daher auch nicht behauptet werden, dass eine deterministische Position nicht die Erfahrung von Freiheit erklären kann. Wir sahen, dass sie es sehr wohl kann, besser sogar als dies indeterministische Positionen tun können (vgl. Kap. 2.2). *Viertens*: Auch unsere alltägliche Praxis der Zuschreibung von Verantwortung und Schuld impliziert keineswegs das Theorem der Willensfreiheit (vgl. Kap. 3).

Anders als bei Weischedel ist die Skepsis im Bereich des christlichen Glaubens in der Selbsterfahrung des Subjektes begründet, sie lässt sich daher auch nicht so leicht und lässig abwerfen, wie Weischedel dieses zu tun vermag. Mit der Sünde ist diejenige Macht zur Sprache gebracht, die den menschlichen Willen bestimmt und allen einzelnen Willensentscheidungen ihre Richtung verleiht. Wir haben die Rede von der Sünde als Beschreibung der existentiellen Not verstanden, aus der der Mensch sich nicht zu befreien vermag. Weischedels Behauptung »Skeptizismus setzt […] Freiheit voraus«[343], weil zum »Wesen des Skeptizismus […] das Freisein von Autoritäten [gehört], ja von allem, was den Denkenden von außen oder von innen her bestimmen will«[344], erscheint als illusionäres Wunschdenken einer aufgeklärt-humanistischen Anschauung, die diejenige Realität übersieht, die mit dem Begriff »Sünde« bezeichnet ist: das unaufhebbare und unentrinnbare Bestimmtsein des menschlichen Willens (und Denkens) durch den Willen zu sich selbst. Das von Weischedel zum Programm für den Skeptizismus erhobene Freisein von Autoritäten, die den Menschen bestimmen, wird als eine Unmöglichkeit und Illusion beurteilt werden müssen. Dies ist der Grund dafür, dass Luther den Menschen – in unüberbietbarer, ja fast anstößiger Schärfe – als ein »Reittier« bezeichnet, das immer geritten wird, mit anderen Worten: immer von irgendeiner Autorität bestimmt wird. Nach Luther kann er nicht einmal entscheiden, von welcher Autorität er bestimmt wird.

Ein in der Einsicht in das Wesen der Sünde verhafteter Skeptizismus, der von der Erfahrung der Ohnmacht des menschlichen Willens ausgeht, wird anders als derjenige Weischedels daher auch nicht so leicht nach einigen skeptisch anmutenden Einwürfen sich Kant anschließen und aus dem Sollen ein Können folgern. Wenn mit der Sünde eine Grundausrichtung unserer Existenz bezeichnet ist, die unseren Willen unverfügbar und damit unentrinnbar zum Willen zu sich selbst bestimmt und dadurch auch zu solchen einzelnen Willensentscheidungen führt, die den Bruch von Geboten (bzw. sittlichen Normen, moralischen Pflichten) zur Folge haben, und wenn damit der Bruch der Gebote als die (notwendige)

343 Weischedel 1976, 155.

344 Weischedel 1976, 156 f.

Konsequenz einer Grundrichtung verstanden wird, die durch den Willen des Menschen nicht bestimmt werden kann, dann kann der Sinn dieser moralischen Gebote nicht darin bestehen, Menschen zur Entsprechung des von den Geboten Gebotenen zu führen. Das Sollen führt nicht zur Entsprechung des Sollens, weil das Können nicht im Sollen enthalten ist. Dies ist die Pointe der paulinisch-reformatorischen Unterscheidung von Gesetz und Evangelium.

5.3 Gesetz und Evangelium Mit der Unterscheidung von »Gesetz und Evangelium« ist ein »ur- und genuin-reformatorische[s] Thema[...]«[345] in den Blick genommen. Nun ist damit allerdings bloß eine theologiegeschichtliche Leistung konstatiert. Doch wie bei dem Begriff »Sünde«, ja wie eigentlich bei jedem theologischen Begriff – muss auch hier gefragt werden, ob mit der Unterscheidung von Gesetz und Evangelium von uns ein Traditionsstück traktiert wird, das im heutigen theologischen Diskurs keine Bedeutung mehr hat, sondern nur von einigen ewig Gestrigen als Parole vor sich her geschubst wird, ohne dass deutlich würde, welches Problem mit dieser Unterscheidung markiert ist. Ist die Unterscheidung zu einem »bloßen Schlagwort«[346] ohne theologischen Gehalt verkommen? Besitzt diese Unterscheidung für die Gegenwart überhaupt eine Relevanz oder dient sie ausschließlich dem Ausweis dogmatischer Rechtgläubigkeit? Friedrich-Wilhelm Graf konstatiert im Blick auf den gegenwärtigen ethischen Diskurs: »Auch wenn bis in die unmittelbare Gegenwart hinein das *discrimen legis et evangelii* [Unterscheidung zwischen Gesetz und Evangelium] immer wieder zur wichtigsten Aufgabe theologischer Reflexion erklärt wird, spielt die Produktion dogmatischer Behauptungen über die Relation von Gesetz und Evangelium für die materiale Ethik faktisch keine Rolle

345 Kinder/Haendler 1968, XXI.

346 Wolf 1958, Sp. 1526.

mehr.«[347] Nun ist damit unsere Frage noch nicht beantwortet: Selbst wenn man nämlich Graf darin zustimmen würde, dass die Unterscheidung von Gesetz und Evangelium für die gegenwärtige Theologische Ethik keine Bedeutung besitzt, stellt sich die Frage, ob dies der Theologischen Ethik zum Vorteil oder zum Nachteil gereicht. Deutlich dürfte aber auch im Blick auf die Unterscheidung von Gesetz und Evangelium sein, dass man sich über den Bedeutungsverlust dieser Unterscheidung nicht wundern muss, wenn sie zu einem bloßen Schlagwort ohne theologischen Gehalt verkommt. Als ein solches wäre sie in der Tat eine zu vernachlässigende Größe. Die entscheidende Frage ist daher auch in Bezug auf diese Unterscheidung: Welche erschließende Kraft besitzt diese Unterscheidung? Eines wird man auf jeden Fall festhalten können: Für Luther war die Unterscheidung von Gesetz und Evangelium alles andere als marginal. Luther selbst hat ihre Entdeckung als seine reformatorische Entdeckung bezeichnet: »Zuvor mangelt mir nichts, außer dass ich keinen Unterschied zwischen Gesetz und Evangelium machte.«[348] Mit der Frage nach der Relevanz der Unterscheidung von Gesetz und Evangelium wird (zumindest für Luther) nach nichts Geringerem gefragt als nach der Relevanz der Reformation.

Nun wird im Zusammenhang der reformatorischen Entdeckung Luthers größtenteils nicht auf die Unterscheidung von Gesetz und Evangelium verwiesen, sondern – Bezug nehmend auf einen Rückblick von Luther aus dem Jahr 1545 –[349] auf Luthers Neubestimmung der iustitia dei (Gerechtigkeit Gottes). Luther berichtet in diesem Rückblick, dass ihn der Begriff der Gerechtigkeit Gottes aus dem Grunde beunruhigt habe, weil er diesen Begriff im philosophischen Sinne verstanden habe, nach der sich Gerechtigkeit in der gerechten Zumessung von Lohn und Strafe erweist (distributive Ge-

347 Graf 1984, 125.

348 Luther 1919, 210, Z. 12 f.

349 Vgl. Luther 1928.

rechtigkeit). Dieses Verständnis der Gerechtigkeit wurde auch auf die Vorstellung vom Jüngsten Gericht angewandt; denn in die mittelalterliche Vorstellung von Christus als dem Richter in göttlicher Majestät, vor dem der Mensch sich zu verantworten habe, fügte sich der philosophische Begriff der Gerechtigkeit gut ein. An der Vorstellung des göttlichen Richters entzündete sich die Not Luthers: Erweist Gott sich gerecht, indem er jedem das Seine zukommen lässt und daher den Sünder mit der Strafe der ewigen Verdammnis belegt, hat der Sünder – und als solcher empfindet sich Luther – im Jüngsten Gericht keine Chance. Ins Unerträgliche gesteigert wird diese Not bei Luther dadurch, dass in Röm 1,17 ausgerechnet diese Gerechtigkeit zum Inhalt des Evangeliums erklärt wird, so dass das Evangelium die Not des Sünders nicht mildert, sondern steigert. Die befreiende Entdeckung macht Luther an der Stelle Röm 1,17, die ihm den wahren Sinn des Ausdrucks »Gerechtigkeit Gottes« erschließt: Gottes Gerechtigkeit meint nicht diejenige Gerechtigkeit, nach der Gott jedem das Seine zuteilt (und damit den Sünder in die Verdammnis stürzt), sondern eine Gerechtigkeit, die Gott dem Menschen (ohne Zutun des Menschen) schenkt. Gerechtigkeit ist daher effektiv zu verstehen, im Sinne von: gerecht *machen*. Gerechtigkeit Gottes meint diejenige Gerechtigkeit, die als Geschenk Gottes den Menschen gerecht *macht*, obwohl dieser *nicht* gerecht *ist*. Sie ist reine Gnade Gottes.

Wenn Luther den entscheidenden Durchbruch seines Denkens darin erblickt, erkannt zu haben, dass die Gerechtigkeit Gottes die unverdiente Gabe Gottes an den Menschen bezeichnet und nicht eine solche göttliche Eigenschaft, nach der er gemäß seinen Forderungen an den Menschen diesen richtet, überrascht es nicht, dass er in einem anderen Zusammenhang auf die Unterscheidung von Gesetz und Evangelium als den entscheidenden Durchbruch verweist und damit verdeutlicht, dass seine »Entdeckung der *iustitia dei passiva* mit seiner Entdeckung des Unterschieds von Gesetz und

Evangelium zusammenfällt«[350]: »Zuvor mangelt mir nichts, außer dass ich keinen Unterschied zwischen Gesetz und Evangelium machte, beides für eines hielt und meinte, Christus unterscheide sich von Mose nur dem Grad der Vollkommenheit nach. Aber als ich die Unterscheidung fand, dass eines das Gesetz, ein anderes das Evangelium ist, da brach ich hindurch.«[351] Luther differenziert mit der Unterscheidung von Gesetz und Evangelium zwischen der (in Christus gegebenen) Verheißung und Zusage, die den Menschen voraussetzungslos – als Geschenk – zuteil wird, und den Geboten, die durch Mose gegeben sind. Zu unterscheiden ist nach Luther aus dem Grund, damit die Gabe Gottes und Gottes Forderung an den Menschen auseinandergehalten werden: Gott schenkt seine Gerechtigkeit, indem er den Sünder gerecht macht, nicht indem er denjenigen gerecht spricht, der die Gebote seines Gesetzes befolgt hat. Die Einsicht in die Unterscheidung von Gesetz (»Du sollst«) und Evangelium (»Dir ist gegeben«) ist deshalb zentral, weil Luther mit dieser Unterscheidung zum Ausdruck bringt, dass Gottes Annahme des Menschen eben an keinerlei Forderungen und Voraussetzungen gebunden ist, die der Mensch zu leisten hat. Die Gabe der Annahme durch Gott und die Forderung an den Menschen dürfen nicht miteinander vermischt werden, indem die Gabe mit der Forderung verknüpft und in diese hineingezogen wird: »Ich will die zwei Wort ungemengt, […] ein jedes an seinen Ort gewiesen haben.«[352] Die Annahme durch Gott ist keine solche, die auf den Menschen blickt und hier irgendetwas vorfindet, das die Annahme erforderlich macht, kurz: Die Annahme ist nicht in der Qualität des Menschen begründet. Der Mensch »findet nichts in sich, wodurch er gerecht werden könnte«[353]. Gott nimmt den auf sich selbst ge-

350 Bayer 1992, 28, Anm. 32.

351 Luther 1919, 210, Z. 12–16.

352 Luther 1909, 41, Z. 30–32.

353 Luther 1897a, 24, Z. 9 f.

richteten Menschen nicht an, weil ein Teil in ihm ist, der von der Selbstsucht nicht betroffen ist. Gott nimmt den Menschen auch nicht auf Grund der Tatsache an, dass er sich ändern will oder sogar sich ändern wird (sozusagen als eine Annahme auf Vorschuss). Er nimmt den Menschen bedingungslos an, der auf sich selbst gerichtet ist, der in allem nur das Seine sucht. Für Luther lässt sich die Bedingungslosigkeit der Annahme daher nur dann recht verstehen, wenn man das Evangelium in seiner Unterschiedenheit vom Gesetz und seinen Forderungen bedenkt: Die Verheißung (»Dir ist gegeben«) ist unabhängig von jedem Du-sollst des Gesetzes. Um es in Bezug auf den Begriff der Gerechtigkeit Gottes auszudrücken: In seiner im Evangelium gegebenen Zusage *macht* Gott den Menschen gerecht, der von sich aus *nicht gerecht werden kann.*

Nun ist bei dem Gesagten bereits deutlich geworden, dass die Unterscheidung von Gesetz und Evangelium die Situation des Menschen unter der Macht der Sünde ernst nimmt, das heißt unter derjenigen Macht, die das Denken und Wollen des Menschen gefangen nimmt und ihn in allem nur auf sich selbst gerichtet sein lässt. Der Mensch kann seinen Willen nicht bestimmen, weil sein Wille von einer Ausrichtung beherrscht ist, die seinen Willen bestimmt. Wenn das Du-sollst des Gesetzes auf den Menschen trifft, dann trifft es auf einen Menschen, der in allem nur sich selbst sucht und daher das Du-sollst gar nicht zu erfüllen vermag. Dies wird dann deutlich, wenn man nach dem Kern fragt, auf den die einzelnen Gebote des Gesetzes zielen. Nach Paulus – aber auch viele jüdische Ausleger würden hier zustimmen – ist der Kern des Gesetzes die Liebe; durch die Liebe wird das ganze Gesetz erfüllt (Gal 5,14).[354] Der Kern des Gesetzes lautet daher: »Du sollst lieben!« Liebe aber kann nicht geboten werden. Wir können uns nicht dazu entscheiden zu lieben. Zu Recht formuliert Robert Spaemann: »Wir lieben

354 Vgl. auch Jüngel 1988, 242.

nicht, weil wir lieben wollen, sondern wir finden uns liebend und nichtliebend vor.«[355] Liebe kann man nicht erreichen, indem man lieben will; Liebe liegt unserem Wollen voraus.[356] Sie wird nicht durch unser Wollen bestimmt, sondern sie bestimmt unser Wollen. Das Wollen des Sünders ist aber gerade nicht durch die Liebe zum anderen bestimmt, sondern ausschließlich auf sich selbst gerichtet. Liebe kann nicht befohlen werden (»Du sollst lieben«!), zur Liebe muss man befähigt und befreit werden. Gerade diese Befreiung zur Liebe kann das Du-sollst des Gesetzes nicht leisten, es ist auch nicht seine Aufgabe.

Was aber ist dann die Aufgabe des Gesetzes? Luther formuliert folgendermaßen: »Die Gebote lehren und schreiben uns mancherlei gute Werke vor; nur sind sie damit noch nicht geschehen. Sie geben wohl Anweisungen, sie helfen aber nicht, sie lehren, was man tun soll, geben aber keine Stärke dazu. Darum sind sie nur dazu gegeben, dass der Mensch in ihnen sein Unvermögen zum Guten sieht und an sich selbst zu verzweifeln lernt [...]. Er findet nichts in sich, wodurch er gerecht werden könnte. So kommt darauf das andere Wort, die göttliche Verheißung und Zusage.«[357] Das Du-sollst des Gesetzes schreibt vor, was das Gute ist, das es zu tun gilt, aber es gibt nicht die Kraft dazu. Zu Recht weist Oswald Bayer darauf hin, dass »das Können [...] nicht schon [...] im Sollen, im Gesetz, beschlossen [ist]«[358]. Das Gesetz schreibt zwar vor, was Gottes Wille ist, aber es kann den sündigen Menschen nicht zur Entsprechung des göttlichen Willens führen. In dieser Aufgabe kann daher auch nicht die von Gott verfügte Aufgabe des Gesetzes bestehen. Seine Aufgabe besteht nach Luther darin, »dass der Mensch in ihnen sein Unvermögen zum Guten sieht und an sich selbst zu verzweifeln

355 Spaemann 1998a, 229.

356 Vgl. Spaemann 1998a, 229.

357 Luther 1897a, 24, Z. 9 f.

358 Bayer 1992, 39.

lernt«. Er entdeckt, dass er »nichts in sich [hat], wodurch er gerecht werden könnte«. Aufgabe des Gesetzes ist daher ausschließlich die Anklage.[359] In dieser Weise hat auch Paulus, von dem Luther zwischen Gesetz und Evangelium zu unterscheiden gelernt hat, die Funktion des Gesetzes bestimmt: Es war nie »Bestimmung und Funktion des von Mose gegebenen Gesetzes, lebendig zu machen (Gal 3,21), sondern die Sünde als Übertretung zu qualifizieren und als Schuld zu dokumentieren (Gal 3,19)«[360]. Das Gesetz ist auch nach Paulus nicht zum Leben gegeben, es ist zur Anklage und zum Schuldaufweis gegeben.[361]

Ist damit nicht dem Verständnis des Gesetzes widersprochen, wie es im Alten Testament und im Judentum vorliegt? Ist das Gesetz nicht gegeben, um dem Menschen den Zugang zu Gott zu erhalten, und so ein »Gegengift gegen das Gift der Sünde«? So wird der Satz, dass das Gesetz ausschließlich zur Anklage gegeben ist, häufig als »Polemik gegen das Gesetz«[362] verstanden, gar als antialttestamentlich oder antijüdisch. In den 1980er und 1990er Jahren wurde emphatisch betont, dass die Erkenntnis der heilsamen Bedeutung des Gesetzes durch das Alte Testament und die jüdische Religion dem Christentum erneut vermittelt werden müsse. So begrüßt es bspw. Frank Crüsemann enthusiastisch, dass »in der protestantischen Theologie ansatzweise eine Sicht des Gesetzes heimisch geworden [ist], die dem Judentum originär ist, zweifellos den biblischen Texten entspricht und auf die Formel ›Tora als Gnade‹ gebracht werden kann. Die Forderung nach einer Reintegration der Tora in eine evangelische Theologie ist die theologisch unausweich-

359 Luther 1897a, 23, Z. 24- 24, Z. 20.

360 Vgl. Eckstein 1996, 129 ff; Hofius 1989, 61.

361 Gegen Barth 1968, 8 f; Kreck 1978, 255; Gollwitzer 1968, 45 f; Joest 1958, Sp. 1530; Klappert 1976, 111; Wolf 1968, 173 f.

362 So u. a. Davies 1974, 551.

liche Folge.«[363] Ist damit der Weg zurück hinter Luther und Paulus angezeigt?

Weder Luthers noch Paulus' Gesetzesverständnis kann als Polemik gegen das Gesetz verstanden werden, sondern es ist als eine Neubestimmung des Gesetzes zu sehen. Neu bestimmt werden *Inhalt*, *Form* und *Intention* des Gesetzes.[364] *Inhalt* des Gesetzes ist Gottes heiliger Wille in Bezug auf menschliches Handeln. Gerade weil Gott in seinem Gesetz seinen heiligen Willen bekannt gibt, ist das Gesetz »heilig, gerecht und gut« (Röm 7,12). Das Gesetz ist »heilig, gerecht und gut«, weil in ihm – mit Mi 6,8 gesprochen – »dem Menschen gültig ›gesagt‹ ist, ›was gut ist und was Jahwe von dir fordert‹«[365]. Ebenso wie Paulus geht auch Luther davon aus, dass im Gesetz Gottes Wille dokumentiert ist. Die Gebote des Gesetzes schreiben »gute Werke« vor, sie lehren uns, was Gott getan haben will.

Vom Inhalt des Gesetzes zu unterscheiden ist die *Form* des Gesetzes: Der heilige Wille Gottes in Bezug auf menschliches Handeln ist im Gesetz in der Form der Forderung gegeben. Das Gesetz sagt, was der Mensch tun *soll*. Wesentlich ist, die Unterscheidung von Inhalt und Form zu beachten: Das »Du-Sollst« ist nur eine mögliche – nicht die notwendige – Form des Gegebenseins des göttlichen Willens. Paulus macht ausdrücklich darauf aufmerksam, dass diese Form des göttlichen Willens durch die Sünde bedingt ist, das Gesetz ist »hinzugekommen, um der Sünde willen« (Gal 3,19). Gottes Antwort auf die Sünde des Menschen besteht darin, dass der göttliche Wille in Bezug auf menschliches Handeln in der Form der Forderung an den Menschen ergeht, wobei diese Form durch die Sünde des Menschen bedingt ist.[366] Gerade um die Beziehung des

363 Crüsemann 1992, 9. Ebenso Gestrich 1989, 206; Welker 1989.

364 Vgl. Roth 2005a.

365 Hofius 1989, 53.

366 Gegen Herms 1992b.

Gesetzes auf die Sünde und damit den nur sekundären Charakter des Gesetzes deutlich zu machen, betont Paulus, dass das Gesetz erst 430 Jahre nach Abraham gegeben wurde (Gal 3,15–18).

Insoweit scheint das Gesagte problemlos und man könnte es etwa folgendermaßen verstehen: Das Du-sollst ist gegeben, weil der Mensch eben nicht will. Wer sowieso will, braucht kein Du-sollst. Ich soll eben etwas, das ich eigentlich nicht will. Das Sollen hat daher die Funktion, mein Wollen zu orientieren. Gerade an diesem Punkt aber geht die Unterscheidung von Gesetz und Evangelium einen anderen Weg. Auf Grund der Einsicht in die Sünde und die Bedingungslosigkeit der göttlichen Gnade kommt das Gesetz in Sicht als etwas, das die Sünde des Menschen nicht zu beseitigen vermochte und vermag, kurz: das Wollen des Menschen *nicht* zu orientieren in der Lage ist. Gottes im Gesetz als Forderung an den Menschen ergehender Wille in Bezug auf menschliches Handeln ist folglich *kein* »Gegengift gegen das Gift der Sünde«[367]. Vielmehr erschließt sich für Paulus auf Grund der Einsicht in die Radikalität der menschlichen Schuld ein – vom Judentum seiner Zeit unterschiedenes – Verständnis der *Intention* des Gesetzes: Der göttliche Wille in der Form der Forderung (im Gesetz) ist begründet durch die Intention, die menschliche Schuld zu dokumentieren und den Menschen auf Grund erwiesener Schuld zu verklagen, nicht durch die Intention, den Menschen zur Entsprechung des göttlichen Willens zu führen.

Von der Einsicht in die Radikalität der Schuld und die Bedingungslosigkeit der Gnade ist auch Luthers Unterscheidung von Gesetz und Evangelium bestimmt:[368] der Verzweiflung darüber, dass er als Sünder vor Gott nicht bestehen kann, und der Erkenntnis, dass Gott durch Christus alleine gerecht macht. Gerade daher ist für Luther entscheidend, Gottes Wort im Gesetz und Gottes Wort

367 Jacobs 1974, 548.

368 Vgl. Bayer 2007, 53 ff.

im Evangelium nicht zu vermischen.[369] Auch bei Luther kann man nicht von einer Gesetzespolemik sprechen: Dass die Gesetze Gottes Willen beinhalten, bezweifelt Luther nicht. Die Gebote des Gesetzes schreiben »gute Werke« vor, sie lehren uns, was Gott getan haben will. Aber wie Paulus bestreitet auch Luther, dass das Gesetz die Fähigkeit besitze, uns zur Entsprechung des göttlichen Willens zu führen. Dies ist deshalb keine Gesetzeskritik, weil auch Luther nicht behauptet, dass die Intention des Gesetzes darin besteht, uns zur Entsprechung des göttlichen Willens zu führen. Vielmehr bestimmt er die (von Gott gegebene) Funktion des Gesetzes in der Aufdeckung der Sünde und damit der Anklage.[370]

Welche Bedeutung hat die Unterscheidung von Gesetz und Evangelium für die ethische Reflexion? Ulrich H. J. Körtner bestreitet die oben zitierte Diagnose von Graf über die Bedeutungslosigkeit dieser dogmatischen Unterscheidung hinsichtlich der Theologischen Ethik und schränkt sie auf materialethische Urteile ein: »Sobald man aber von der inhaltlichen Ebene auf die Verfahrensebene geht, zeigt sich m.E., dass die Unterscheidung von Gesetz und Evangelium durchaus auch in der gegenwärtigen Ethik relevant ist. Ihr entspricht nämlich ein deskriptiver Argumentationsstil, der sich von demjenigen einer lehramtlich gebundenen Moraltheologie durchaus unterscheidet. Die Unterscheidung kommt auch dort zum Tragen, wo die kritische Funktion einer am Evangelium orientierten Ethik gegenüber jeder soteriologischen Überhöhung menschlichen Handelns zur Geltung gebracht wird.«[371] Ich formuliere mal überspitzt: Körtner bestätigt im Grunde die Diagnose von Graf. Wenn die Unterscheidung von Gesetz und Evangelium nur zur Konsequenz hat, dass gegenwärtige Theologische Ethiken das Moralische diskursiv gewinnen und daran erinnern, dass unser Ver-

369 Vgl. u. a. Luther 1909, 41, Z. 30–32.

370 Vgl. Luther 1897a, 23, Z. 24–24, Z. 20.

371 Körtner 2008, 111 f.

such, dem moralisch Gesollten zu entsprechen, von jeder soteriologischen Überhöhung fernzuhalten ist, dann ist die Unterscheidung von Gesetz und Evangelium in der Tat nicht zur Geltung gebracht. Bei dieser Art der Unterscheidung von Gesetz und Evangelium ist ihr kritisches Potential abgeschliffen. Dieses Verständnis lautet etwa folgendermaßen: Die (freilich diskursiv gewonnenen) Gebote (bzw. Pflichten) sagen uns zwar, was wir tun sollen und uns zu tun auch bemühen sollen, aber aus dem Tun des Gesollten werden wir nicht gerecht. Vielmehr wird uns die Gerechtigkeit allein im Glauben zuteil. In dieser Weise ist dann auch jede Theologische Ethik als Lehre des Gesollten mit anderen Ethiken des Sollens kompatibel, freilich mit dem theologischen Vorwort, dass das Tun des Gesollten nicht soteriologisch überhöht werden dürfe.

Mit Körtners Unterscheidung wird die Ohnmächtigkeit des Gesetzes überspielt. Körtner ist natürlich zuzustimmen, wenn er vor einer soteriologischen Überhöhung des Gesetzes warnt: Das Gesetz ist kein Heilsweg. Und die Befolgung der Gebote eröffnet dem Menschen, der auch als Glaubender Sünder bleibt, nicht den Weg zu Gott.

Aber die Bedeutung der Unterscheidung von Gesetz und Evangelium für die Theologische Ethik liegt nicht nur in dem Hinweis, dass das Befolgen der Gebote – seien es nun alt- und neutestamentliche Gebote, seien es diskursiv gewonnene Pflichten – immer nur Stückwerk bleibt. Das in der Unterscheidung von Gesetz und Evangelium gewonnene Verständnis der Impotenz des »Du-Sollst«, d. h. die Einsicht in unsere Unfähigkeit, das Gesollte zu tun, geht erheblich weiter, betrifft nicht bloß die Prolegomena der Ethik, sondern ihren gesamten Charakter; denn mit dieser Unterscheidung ist behauptet, dass die Intention der normativ-ethischen Forderung nicht darin besteht, den Menschen zur Entsprechung des göttlichen Willens zu führen, sondern ausschließlich darin, die menschliche Schuld zu dokumentieren und den Menschen auf Grund erwiesener Schuld zu verklagen. Sie macht damit darauf aufmerksam, dass das Sollen nicht zur Entsprechung des Sollens führt, weil das Können nicht im Sollen enthalten ist. Das Gesollte *kann* nicht erreicht werden, indem wir einem Sollen gerecht zu werden versuchen.

Eine Theologische Ethik, die diesem Sachverhalt Rechnung trägt, muss daher eine andere Form haben als eine normative Ethik.[372] Wohlgemerkt: Es geht nicht (bloß) um den Inhalt der normativethischen Forderungen. Man wird Martin Honecker durchaus zustimmen können, wenn er betont, dass dogmatische Einsichten nicht in der normativ-ethischen Urteilsbildung und damit in material-ethischen Forderungen, sondern gerade in diesen metaethischen Reflexionen ihren Ort haben.[373] Daher klammert Honecker dogmatische Fragestellungen nicht aus der Theologischen Ethik aus, widmet ihnen als »theologische Voraussetzungen der Ethik«[374] vielmehr ein eigenes Kapitel in seiner Ethik. Sie bleiben bei Honecker aber Voraussetzung der ethischen Reflexion, die material-ethischen Reflexionen hingegen, die der eigentliche Gegenstand sind, sind davon weitgehend unberührt. Diese Beschränkung leuchtet aber nicht ein: Warum hat die Theologische Ethik sich an der Findung material-ethischer Forderungen zu beteiligen, wenn der Glaube – wie Honecker betont – keinen Zuwachs an material-ethischer Erkenntnis bringt.[375] Zu fragen ist, warum die Theologische Ethik ihre eigentliche Aufgabe dann nicht darin sieht, dasjenige in dem ethischen Diskurs einzubringen, worauf speziell der Glaube aufmerksam geworden ist und was er in den unterschiedlichen Verstehens- und Kommunikationszusammenhängen zu bewähren und zu ergreifen suchen könnte. Angesichts des großen Booms der Ethik, ethischer Fragestellungen und Moralexperten wird man kaum davon ausge-

372 Vgl. Roth 2008a, 131 ff.

373 Vgl. Honecker 1978. Zu Honecker: Roth 2004b.

374 Honecker 1990, 41 ff.

375 Vgl. Honecker 1980, 339.

hen können, dass die Theologie hier eine »erste Hilfe«[376] zu leisten habe. Im Blick auf die Rede von der Sünde müsste man folgern, dass es nicht die Aufgabe des Theologischen Ethikers sein kann, innerhalb einer ethischen Diskussion sich an der moralischen Rede zu beteiligen und zu fragen, worin das moralisch Gesollte besteht (versehen lediglich mit dem Hinweis darauf, dass wir als Sünder den Anforderungen der Moral immer auch etwas schuldig bleiben); er müsste vielmehr unsere prinzipielle Unfähigkeit thematisieren, das Gesollte zu tun. Das Gesollte wird nicht erreicht, indem wir einem Sollen gerecht zu werden versuchen. Die entscheidende Frage ist nicht, ob eine Theologische Ethik inhaltlich andere materialethische Forderungen besitzt als eine Nicht-Theologische Ethik, sondern welchen Stellenwert sie diesen zuweist. Die Grundfrage der Theologischen Ethik kann nicht lauten: »Was soll ich tun?«. Dies zeigen meine Überlegungen zur moralkritischen Aufgabe der Theologischen Ethik (Kap. 5.4), die in Gedanken zur Grundfrage der Theologischen Ethik münden (Kap. 5.5).

5.4 Moralkritik als Aufgabe der Theologischen Ethik Unsere bisherigen Überlegungen haben gezeigt, dass die moralische Forderung kein Bestimmungsgrund unseres Handelns ist, sondern eine Beurteilungsperspektive. Dies wird gerade dann deutlich, wenn wir den Kern der moralischen Forderung in den Blick nehmen: die Liebe. Die Forderung »Du sollst lieben!« zeigt uns, dass wir immer solche sind, die anderen die Liebe verweigern, sie kann uns aber nicht dazu befähigen, das durch das Gebot Verlangte – nämlich die Liebe – zu erfüllen. Wir können uns nicht dazu entscheiden zu lieben. Deutlich wird im Blick auf diesen Kern der moralischen Forderungen auch, dass wir diese gerade dann verfehlen, wenn unsere Intention in der ihrer Erfüllung besteht. Liebe setzt nämlich voraus, dass es mir um den geliebten Menschen selbst, sein Wohlergehen und seine

376 Gegen Ebeling 1969, 6.

Interessen geht. Liebe muss im Dasein des oder der anderen ihren Grund haben. Ich kann daher nicht lieben, um zu lieben. Wem es um die Liebe selbst geht, wird die Liebe nicht erreichen; denn ein Mensch, der einfach nur Liebe schätzt und hierauf zielt (d. h. Liebe im Allgemeinen oder sogar Liebe im Allgemeinen am Beispiel dieses Menschen), verfehlt den geliebten anderen Menschen mit Sicherheit[377] – und damit die Liebe. Liebe wird dann nicht erreicht, wenn sie als Handlungs*ziel* begriffen wird. Ethische Theorien, die propagieren (oder zumindest dem Missverständnis Vorschub leisten), dass die Erfüllung der normativ-ethischen Forderungen Ziel unseres Handelns sei, verfehlen den konkreten anderen Menschen – und damit das Ziel der normativ-ethischen Forderungen.[378] Diese Einsicht hat bereits Rudolf Bultmann formuliert und damit das Gesetzesverständnis von Paulus vertieft: Wer das Du-sollst des Gesetzes befolgt, um das Du-sollst des Gesetzes zu befolgen, wird die Intention des Gesetzes verfehlen.[379] Die normativ-ethischen Forderungen können daher ausschließlich eine Beurteilungsperspektive sein, als Handlungsgrund sind sie zerstörerisch, denn sie bringen uns in Konflikt mit unseren Motiven. Von hier aus wird Michael Stocker zuzustimmen sein, wenn er behauptet, dass durch moderne ethische Theorien eine Harmonie zwischen unseren Gründen (dem, was wir für wertvoll halten) und unseren Motiven (und den durch die Motive gesteuerten Intentionen) wirksam verhindert wird, diese somit für eine in Übereinstimmung mit sich selbst vollzogene Lebensführung hinderlich sind. »Für moralische Menschen – d. h. für Menschen, die erreichen wollen, was sie für wertvoll halten – ist es schlicht unmöglich, auf der Grundlage dieser ethischen Theorien zu handeln, und sie kompromittieren so ihre Motive. Aus diesem Grunde werden Menschen, die sich ihre Motive kompro-

377 Vgl. Stocker 1998, 28.

378 Vgl. Spaemann 1998b, 148 f.

379 Vgl. Bultmann 1984, 264 f.

mittieren lassen, ein Leben führen, dem es an Wertvollem ernsthaft mangelt.«[380] Wohlgemerkt: Es geht Stocker nicht darum zu kritisieren, dass die Ethiken inhaltlich falsche normative Forderungen an das menschliche Leben aufstellen, sondern darum, dass sie verkennen, dass diese Forderungen nicht erfüllt werden können, indem man die Erfüllung dieser Forderung zum Handlungsziel macht.

Die Sündenlehre thematisiert die Einsicht, dass normativ-ethische Forderungen uns nicht zur Erfüllung dieser Forderungen führen können. Die Theologische Ethik ist moralkritisch, insofern sie diese Einsicht in den moralischen Diskurs einbringt. Sie nimmt damit Bezug auf ein Problem, vor dem jede Ethik steht: die Differenz zwischen moralischem Urteil und moralischem Handeln. Das Problem der moralischen Orientierung der Person besteht nicht darin, dass wir moralische Normen oder moralisches Handeln nicht allgemein anerkennen, sondern darin, dass wir die Moral in *unserem* Handeln nicht befolgen. Genauer: Wir befolgen die Moral nicht, obwohl wir sie grundsätzlich anerkennen. Nun wird sich eine Theologische Ethik nicht im Blick auf diese konstatierte Diskrepanz zu einem emphatischen Plädoyer für ein Befolgen der Moral auch in dem eigenen Handeln hinreißen lassen. Vielmehr zeigte sich ja, dass der Unterschied zwischen dem Befolgen und dem Anerkennen der Moral *prinzipiellen* Charakter besitzt: Die Moral ist kein Bestimmungsgrund unseres Handelns, sondern eine Beurteilungsperspektive. Das Du-sollst kann uns nicht zur Entsprechung des Gesollten befähigen, sondern sie dokumentiert den Bruch der Norm und wird damit zu einer Anklage der Person. Wir haben im Rahmen der Diskussion des Sündenbegriffs gesehen, dass die Selbstreflexion bei der Erfahrung der fehlenden Übereinstimmung einer Tat mit einer Norm einsetzt. Gerade dieser Normbruch wird durch die moralische Forderung dokumentiert. Eine Selbstreflexion, die diesen Normbruch nicht einfach damit erklärt, dass diese Tat unserem ei-

380 Stocker 1998, 22.

gentlichen Wollen nicht entspricht und wir bloß willensschwach waren (eine Selbstreflexion also, die die Tat nicht wegschiebt als etwas, das wir »eigentlich« nicht tun), wird sich durch die Tat sagen lassen, wer der auf sein Tun reflektierende Mensch »eigentlich« ist – entgegen seinen Vorstellungen von seinem »idealen Selbst«. Eine ernsthaft die ethische Qualität einer Tat berücksichtigende Reflexion wird auf den tatbestimmenden Willen aufmerksam und darauf, dass die Grundrichtung unseres Lebensvollzuges – uns selbst unverfügbar und damit unentrinnbar – bestimmt ist vom Willen zu uns selbst. Die moralische Forderung setzt daher einen schmerzhaften Reflexionsprozess in Gang, an dessen Ende unsere Verurteilung steht.

Angesichts dieser Aufgabe der Moral wird sich die Theologische Ethik kritisch zur allgemeinen Klage über den Verfall der Moral verhalten. Der eigentliche »Verfall« besteht in unserem *Gebrauch* der moralischen Forderung, nicht in einem Werteverfall, einem Werterelativismus oder dem Verfall des allgemeinen Normenbewusstseins, wie es gegenwärtig gerne – besonders hinsichtlich des Sexualverhaltens –[381] diagnostiziert wird.[382] Man kann keineswegs davon reden, dass die Moral aus der Mode gekommen ist, zumindest für das moralische *Urteil* gilt dies keineswegs. Nach wie vor bilden wir uns moralische Urteile, diskutieren mit anderen über moralische Fragen und geizen nicht mit moralischen Vorwürfen.[383] Gerade weil die Moral allgemein anerkannt ist, drücken wir mit Hilfe der Bezugnahme auf die Moral Anerkennung aus. Diese Funktion hat besonders die Analytische Ethik im angelsächsischen Raum herausgearbeitet, deren Frage ist, was wir eigentlich tun, wenn wir moralisch reden und dabei bestimmte Handlungen als »gut« bzw. als »mo-

381 Vgl. bspw. Pannenberg 1996, 15.

382 So prominent: Ratzinger 2005. Hierzu kritisch: Horster 2007, be41 ff.

383 Vgl. Roth 2008c.

ralisch gut« prädizieren.[384] Im Blick auf die faktisch anzutreffende moralische Rede, die moralische Kritik, müsste man allerdings formulieren: Gerade weil Moral allgemein anerkannt ist, verweigern wir mit Hilfe der Moral Anerkennung. Was ist das Verlockende an der moralischen Kritik und der hiermit verweigerten Anerkennung? Wenn wir moralisch reden, weisen wir von uns selbst und unseren subjektiven Empfindungen weg auf eine höhere Ebene. Nicht, was wir über einen Sachverhalt X in Bezug auf einen Akteur Y empfinden, geben wir mit einem moralischen Urteil zum Ausdruck, sondern wie in Bezug auf Y von der Warte der Moral her zu urteilen ist. Zumindest geben wir es vor. Gerade deshalb ist moralische Sprache so anziehend: Es ist ein Sprechen von einem höheren Standpunkt aus.[385] In moralischen Urteilen machen wir uns zum Sprachrohr einer höheren Instanz, nämlich der moralischen Ordnung. Nicht: »Ich *finde* etwas problematisch«, sondern »Vom Standpunkt der Moral *gilt* XY.« Damit erreiche ich, dass mein Urteil von einem rein subjektiven Geschmacksurteil zu einer Wertung wird, der ein objektiver Status verliehen wird: »XY tut man nicht!« Nun darf dies freilich nicht zu offensichtlich passieren – der Moralist macht sich nicht sehr beliebt, begibt sich vielmehr in Gefahr, sich selbst der moralischen Ächtung auszusetzen. In seinem gemeinsam mit Thomas Luckmann geleiteten Forschungsprojekt »Formen der kommunikativen Konstruktion der Moral«[386] untersucht der Soziologe Jörg Bergmann Erscheinungsformen der gelebten Alltagsmoral und stellt fest, dass wir nicht selten moralische Kommunikation betreiben und uns gleichzeitig von Moralisierungsabsichten distanzieren: »Ich will ja nicht moralisieren, aber man parkt sein Fahrzeug nicht auf dem Gehweg …«.

384 Vgl. Moore 1903; Ayer 1946; Stevenson 1944. Vgl. hierzu: Roth 2008b, 134 ff.

385 Vgl. Bittner 2004.

386 Vgl. Bergmann/Luckmann 1999.

Wenn wir jemandem vorhalten, was er tun soll oder hätte tun sollen, verweigern wir ihm die moralische Anerkennung. Gleichzeitig dient es unserer Erhöhung, weil wir uns als jemand gerieren, der von der moralischen Warte aus spricht bzw. zu sprechen in der Lage ist. Gerade hier setzt die moralkritische Aufgabe der Theologischen Ethik an: Ihre Aufgabe besteht darin zu fragen, inwiefern eventuell gerade das moralische Urteil (in Bezug auf andere) unserer Selbsterhöhung dient, wie sich in der moralischen Rede und dem moralischen Urteil auf sublime Weise unsere Lieblosigkeit und unsere mangelnde Empathie Ausdruck verschafft und inwiefern in dem moralischen Urteil eine tiefe Unaufrichtigkeit steckt – vor allem hinsichtlich dessen, wovon wir eigentlich geleitet sind.

Aber nicht nur in Hinblick auf das konkret moralische Urteil in Bezug auf andere Menschen verhält sich die Theologische Ethik kritisch, sondern auch in Hinblick auf verschiedene normativ-ethische Reflexionen. Soll das moralische Urteil darin bestehen, uns zur Selbsterkenntnis zu befähigen, dann ist die dem entgegenstehende Tendenz auffällig, die moralische Betrachtungsweise von uns und unserem Handeln fernzuhalten. Zu Recht beobachtet Ulrich Körtner einen »Ethik-Boom« und ein Verlangen nach Ethik.[387] Was aber wird verlangt, wenn der Ruf nach mehr Ethik ertönt? Eine Antwort hierauf gibt eine Beobachtung von Trutz Rendtorff: »Wenn heute der Ruf nach Ethik ertönt, dann geschieht das oft gar nicht im Blick auf solche Alltagssituationen, sondern hinsichtlich komplexer Probleme der Gesellschaft, der Politik, der menschlichen Lebensführung insgesamt: Sicherheitspolitik (›Frieden‹), Umweltzerstörung (›Bewahrung der Schöpfung‹), Wirtschaftsordnung (›Gerechtigkeit‹) sind z. B. solche Stichworte, die sich an die Forderungen anschließen, sie bedürfen einer kritisch ethischen Beurteilung. Aber auch ›Gentechnologie‹, ›medizinische Forschung‹, ›Kernenergie‹ signalisieren den

387 Körtner 2004, 1 f.

Bedarf ethischer Urteilsbildung«[388]. Dieser von Rendtorff so lapidar konstatierte Umstand ist doch in höchstem Grade bemerkenswert: Was bedeutet es, dass nicht Themen des Alltags, sondern »komplexe Probleme der Gesellschaft« zum Gegenstand der ethischen Erörterung werden? Es verweist auf eine Verlagerung des moralischen Subjektes, nicht der Einzelne wird als das der moralischen Perspektive zu unterziehende Subjekt gesehen, sondern die Gesellschaft. Damit aber wird der Einzelne aus dem Fokus der moralischen Perspektive gerückt, die Gesellschaft tritt als moralisches Handlungssubjekt auf. Die Frage ist: »Was hat die Gesellschaft zu tun?«, nicht: »Was hat der Einzelne zu tun?« und damit »Was habe ich zu tun?«. Das »ich« kommt nur als Teil eines komplexen gesellschaftlichen Zusammenhanges vor, und es ist der gesellschaftliche Zusammenhang, der der moralischen Orientierung bedarf, nicht ich selbst. So wird auch der Einzelne nicht direkt von den ethischen Diskursen betroffen, sondern nur als Teil des gesellschaftlichen Zusammenhangs, dem er ja als Einzelner alleine keine bestimmte Richtung verleihen kann. Die Frage ist daher immer zunächst: Was sollen die anderen (und wenn die, dann auch ich) tun? »Die Gesellschaft sollte mehr für die Förderung der Kunst tun!«, »Die Gesellschaft muss die sozialen Berufe höher anerkennen!« Besonders augenfällig ist, dass die Themen, die Rendtorff aufzählt, größtenteils in das Aufgabenfeld der Politik gehören: Sicherheitspolitik, Umweltpolitik, Wirtschaftspolitik. Man hat daher nicht selten das Gefühl, dass ethische Diskurse gar nicht den Bürger betreffen, sondern hauptsächlich für Politiker geschrieben sind. Und ihnen unterstellt man, sie könnten *die* Gesellschaft handhaben wie ein Pilot seinen Steuerknüppel. Nun ist natürlich nicht in Abrede gestellt, dass auch der Einzelne Teil der Gesellschaft ist, dass der Einzelne – auch wenn er selbst nicht als Politiker tätig ist – an der Politik (nämlich als Wähler) beteiligt ist. Ebenso selbstverständlich sind wir uns bewusst, dass es den Einzelnen nur als

388 Rendtorff 1990, 11.

Teil der Gesellschaft gibt: Wir treffen nie in einem unstrukturierten Raum aufeinander, sondern begegnen einander immer nur in Teilbereichen gesellschaftlichen Lebens, sei es dem der Politik, dem der Wirtschaft, dem der Bildung oder dem der Privatheit. Von daher geht es nicht darum, die Notwendigkeit sozialethischer Fragestellungen zu bestreiten. Dennoch ist es recht auffällig, dass die Gesellschaft oder Teilbereiche der Gesellschaft zum moralischen Akteur erhoben werden. Der Reiz der Perspektive liegt gerade darin, dass der Einzelne *nur* ein Teil der Gesellschaft ist und dass mit dem Blickwinkel auf die Gesellschaft der Einzelne nur in der Brechung vorkommt. Vor allem aber überspielt die Frage nach dem, was die Gesellschaft tun müsste, die Schwierigkeiten des Einzelnen, eine moralische Anforderung auf sich zu beziehen.

Eine zweite Tendenz sei in diesem Zusammenhang genannt: Wenn Rendtorff formuliert, dass nicht unser Alltagsleben im Blick ist, wenn der Ruf nach Ethik entsteht, dann ist festzustellen, dass neben Themen, die *die* Gesellschaft als Handlungssubjekt betreffen, auch nach Themen verlangt wird, die den Einzelnen betreffen, und zwar auffälligerweise fast ausschließlich in »Spitzensituationen«[389] der menschlichen Lebensführung. Schwangerschaftsabbruch oder Sterbehilfe sind bspw. solche Themen. Spitzensituationen sind es deshalb, weil sie keine alltäglichen Problemfragen darstellen, sondern Ausnahmesituationen auf Grund ihrer Besonderheit. Es ist durchaus auffällig, dass wir uns weniger gerne darüber in einem moralischen Diskurs austauschen, wie man sich seinen Nachbarn gegenüber verhält, als über Situationen, die in unserem Leben so gut wie gar nicht vorkommen. Von daher liegt die Vermutung nahe, dass wir von der Ethik gar nicht erwarten, dass sie unser (eigenes) Leben strukturiert, eine Antwort auf unsere (eigenen) Lebensfragen bietet, sondern dass wir im Gegenteil ganz gerne das Feld des Ethischen (und damit die moralische Perspektive) auf Dinge außerhalb

389 Lange 1992, 347.

unserer eigenen Wirksphäre beziehen. Wer von uns hat schon einmal vor der Entscheidung gestanden, ob er für einen nahen Verwandten um passive Sterbehilfe kämpfen soll? Und ob sich uns, wenn wir tatsächlich einmal in eine solche Situation gestellt sind, die gleichen Fragen aufdrängen, wie wenn wir dieses Thema »neutral« diskutieren, ist zu bezweifeln.[390] Gerade aber die Tatsache, dass ein solches Thema die eigene Lebenswirklichkeit nicht betrifft, scheint es reizvoll zu machen für eine ethische Betrachtungsweise. Und damit gilt umgekehrt: Für den uneingeschränkten Genuss einer moralischen Betrachtungsweise scheint es bekömmlich, nicht die eigene Lebensgegenwart zum Thema zu machen. Sowohl der Fokus auf die Gesellschaft als auch auf Spitzensituationen der menschlichen Lebensführung (und damit die Vermeidung der ethischen Betrachtung unseres Handelns) illustrieren unsere obige Beobachtung, dass die moralische Perspektive von dem eigenen Leben fern gehalten werden soll.

Moral droht so zur wohltuenden Unterhaltung zu werden, weil sie nicht zur Auseinandersetzung mit sich selbst und dem eigenen Leben herausfordert, vielmehr dazu dient, Positionen zu entwickeln, die für das eigene Leben keine andere Bedeutung haben als die, anerkannt und für richtig befunden zu werden. Damit ist einem diffusen Unbehagen insofern Genüge getan, als man sich selbst und anderen zeigen kann, dass man den entwickelten ethischen Positionen grundsätzlich zustimmt – und damit ein anständiger Mensch zu heißen verdient.

Ist die Moralkritik eine dankbare Aufgabe? Es wäre ein Zerrbild, wenn man annähme, in unserer heutigen Zeit gehöre der Moralexperte zu den verachteten Gruppen der Gesellschaft, der der gesellschaftlichen Verachtung zum Trotz tapfer sein Werk verrichtet. Das Gegenteil ist der Fall: Er ist gern gesehener Redner auf Tagungen und Kongressen, Schmuck so manchen Gesprächsforums und

390 So auch Fischer 1994, 196 ff.

so mancher Diskussionsrunde; seine Meinung ist allseits gefragt. David McNaughton bringt es auf den Punkt: »Die Nachfrage nach Moralexperten steigt. Sie werden gebeten, in Regierungskommissionen zu sitzen und in Ethikausschüssen von Krankenhäusern und Ähnlichem. Man hat außerdem das Gefühl, dass jeder Berufstätige sein eigener Amateur-Moraltheoretiker werden sollte; keine Weiterbildungsmaßnahme in einem beliebten Berufsfeld ist ohne einen Kursus in praktischer Ethik und Moraltheorie vollständig.«[391] Ganz offenkundig ist das moralische Entertainment ein beliebtes Geschäft, und gerade Theologie und Kirche scheinen an diesem Geschäft beteiligt zu sein. So formuliert Friedrich Wilhelm Graf: »Das Selbstverständnis beider Großkirchen in der Bundesrepublik ist vom Anspruch geprägt, in besonderem Maße für die öffentliche Sitte und individuelle Moral zuständig zu sein. Beide Kirchen verstehen sich als die zentralen Institutionen für gesellschaftliche Wertbildung und Propagierung moralischer Normen« bzw. als »Institutionen, die Moral predigen«[392]. Deutlich wird dies etwa in der als Rede zur Lage der Nation gestalteten Weihnachtsansprache eines deutschen Bischofs im Jahre 2008, in der dieser die mangelnde »gesellschaftliche Solidarität« anmahnt. Nun wundert nicht nur diese emphatische Forderung des Bischofs; denn es fragt sich, wer eine solche Forderung eigentlich *nicht* erhebt. Das Problem besteht doch ganz offensichtlich nicht darin, dass nicht wirklich jeder diese Forderung bejahen würde, sondern darin, dass die gesellschaftliche Solidarität nicht ausgeprägt ist, obwohl *alle* diese Forderung bejahen. Es verwundert daher vor allem, dass niemand an einem an solch zentraler Stelle vorgetragenen Allgemeinplatz Anstoß nimmt und fragt, ob solche Allgemeinplätze tatsächlich alles sind, was von kirchlichen Vertretern zu erwarten ist – und wenn ja, wieso diese öffentliches Interesse beanspruchen und überraschenderweise sogar teilweise er-

391 McNaughton 2003, 238.

392 Graf 1992, 217 f.

halten. Die Antwort auf diese Verwunderung lautet: Man nimmt deshalb keinen Anstoß, weil man es von Kirche erwartet, dass so geredet wird, wie eben (häufig) geredet wird. Es wird erwartet, dass die Kirche moralische Forderungen formuliert, die die meisten bejahen, ohne sie zu befolgen. Worin liegt dabei das Vergnügen? Es besteht darin, dass auf diese Weise ein Setting etabliert wird, in dem Positionen formuliert werden, deren Bedeutung vor allem darin liegt, anerkannt und für richtig befunden zu werden, so dass man anderen, vor allem aber sich selbst zeigen und versichern kann, dass man den genannten Positionen ja grundsätzlich zustimmt, wenn man auch – durch Sachzwänge manchmal gehindert – nicht immer danach handelt, was freilich hinsichtlich der grundsätzlichen Zustimmung bloß marginal genannt zu werden verdient. Kurz: Indem wir den moralischen Positionen zustimmen, zeigen wir uns selbst, wie wir »eigentlich« sind – im Unterschied zu unserem alltäglichen Handeln, das nur »uneigentlich«, weil von Sachzwängen behindert, gelten kann. Außerdem bietet dieses Setting den Raum, mit dem Finger auf andere zu zeigen (da es im Kirchenraum geschieht, freilich mit sanftmütiger Nachsicht, die nicht wütend, sondern »betroffen«, »traurig« und »erschüttert« von der Unmoral der Mitbürger ist): auf Manager und Vorstandsvorsitzende wie Josef Ackermann, die – im Gegensatz zu uns – so schauderhaft unmoralisch sind und jede gesellschaftliche Solidarität vermissen lassen, eine Solidarität, so muss man vermuten, die wir hätten, wenn wir denn an ihrer Stelle stünden, was wir aber nicht tun. So wird eine wohlige Sphäre der moralischen Entrüstung etabliert. Gerade der Kirchenraum bietet das geeignete Setting, die moralische Entrüstung religiös zu überhöhen und damit innerhalb des allgemeinen moralischen Entertainments eine einzigartige Monopolstellung zu haben, die aufzugeben unter *wirtschaftlichem* Gesichtspunkt gesehen töricht genannt zu werden verdient.

Das Du-sollst – so wurde deutlich – ist kein Bestimmungsgrund unseres Handelns, sondern ausschließlich eine Beurteilungsperspektive. Als Beurteilungsperspektive aber zeigt das moralische Gesetz, dass wir *jenseits* des Gesollten stehen, wohlgemerkt: dass *wir* jenseits des Gesollten stehen. Es stellt die Konsequenz unseres Weges fest und leitet dazu an, nach den Ursachen zu fragen. Was sind das für Tendenzen in uns, die uns Begründungen dafür finden lassen, warum wir uns von dem ausnehmen, was wir als prinzipiell richtig erkennen und was wir bei einem anderen einfordern? Was hindert uns daran wahrzunehmen, was die Situation fordert? Was ist es, das bewirkt, dass wir uns nicht trauen, dem anderen uns zu öffnen, sondern uns ihm in Selbstsorge und Angst verschließen? Kurz: Warum sind wir zur Liebe unfähig?

Man wird Hannah Arendt Recht geben können, wenn sie von der »Banalität des Bösen«[393] spricht. Ihr ist aber zu widersprechen, wenn sie meint, dass sich die »Bösen« von der moralischen Ordnung bewusst ausnehmen. Dies meinte sie als Prozessbeobachterin des Prozesses gegen Adolf Eichmann 1961 in Jerusalem feststellen zu können. Gegen Arendt formuliert zu Recht Franziska Augstein: »Daß Eichmann und andere NS-Täter sich von der moralischen Selbstbetrachtung durchaus nicht verabschiedet hatten [...], ist Hannah Arendt nicht eingefallen. Daß jemand tausende und abertausende Menschen ermordet und sich selbst dennoch ausschließlich für anständig hielt, hat sie, die schockiert war, sich vermutlich wirklich nicht vorstellen können.«[394] Aber gerade hierin scheint die Banalität des Bösen zu bestehen: Wir verabschieden uns keineswegs in einem großen Akt von der Moral, sondern wir biegen sie zu unseren Gunsten um, wir rechtfertigen moralisch, was wir tun mit unseren Zielen, setzen die Vernunft ein, um zu begründen, warum für uns etwas in der betreffenden Situation nicht gilt, und genau dabei findet der Bruch statt, den wir bei anderen wohl wahrnehmen, während wir in Bezug auf uns selbst mit Blindheit geschlagen sind – ganz leise, ganz unauffällig, ja quasi selbstverständlich. Um es

393 Vgl. Arendt 1986.

394 Augstein 2006, 186.

im Blick auf unser voriges Kapitel zu formulieren: Wir entscheiden uns nicht zur Sünde (im Sinne von: »Von nun ab will ich sündigen!« bzw. »Von nun an werde ich ausschließlich auf mich selbst gerichtet sein!«), sondern in unseren Handlungen sind wir bestimmt von unserem Willen zu uns selbst. Diese Grundrichtung unseres Wollens ist uns selbst nur selten bewusst, wir besitzen Strategien, dieser Grundrichtung nicht gewahr zu werden: Wir reden davon, dass wir »eigentlich« anders sind, als es unsere Taten zeigen, wenden die moralische Perspektive lieber auf andere an und vor allem auf solche Probleme, vor denen wir nicht stehen (oder zu stehen meinen) und die daher geeignet dazu sind, uns (gegenseitig, vor allem aber: uns selbst) unserer moralischen Integrität zu versichern.

Das moralische Du-sollst eignet sich nicht, zwecks Selbsterhöhung andere zu disqualifizieren, deren moralische Vergehen wir so viel deutlicher sehen als unsere eigenen und denen wir so gerne das moralisch Gesollte vorhalten wie etwa dem bereits erwähnten Josef Ackermann. Das moralische Vergehen anderer wird vielmehr zu einem Anlass, über sich selbst nachzudenken und zu entdecken, dass die Vergehen der anderen auf denselben Ängsten, derselben Blindheit und derselben Verschlossenheit gegenüber den Bedürfnissen der Mitmenschen beruhen, von denen unser tagtägliches Handeln geleitet ist.

Das trifft auf alle Taten zu – selbst auf ein Verbrechen wie Mord, über den wir uns empören, weil er anscheinend so ganz anders ist als das, was man uns vorwerfen könnte. Ist das zu weit gegangen? Natürlich, die meisten von uns begehen keine Morde und die wenigstens werden schon eine Bank ausgeraubt oder ein Kind entführt haben und wir begehren auch nicht danach – wir begehren in der Regel Anerkennung. Allerdings: Das Begehren des Mörders besteht auch nicht darin, einen Mord zu begehen, oder um mit Raymond Chandler zu sprechen: Der Mörder hat andere Gründe für den Mord als den, eine Leiche zu produzieren. Der Mord ist ein Mittel, das in Kauf zu nehmen sich der Mörder für gezwungen hält, um sein Ziel zu erreichen. Und es ist damit zu rechnen, dass auch der Mörder das Morden – wie wir – grundsätzlich verurteilt, bis auf den Mord eben, den er begeht; denn dieser Mord ist für ihn durch die Sachlage erfordert. Hier ist es »ganz anders«, hier kann man es »nicht so einfach sagen«. Das Verbrechen – so Albert Camus – fängt an, »seine Gründe in der Vernunft zu suchen«. Damit aber »wuchert es wie die Vernunft selber und nimmt alle Formen logischer Denkschlüsse an«[395]. Alle Künste der Vernunft werden aufgebracht, um das Verbrechen zu rechtfertigen. »Das Schlimmste an dieser Welt ist, dass jeder seine Gründe hat«, befindet der französische Regisseur Jean Renoir in seinem Meisterwerk »Die Spielregel« (*La règle du jeu*, Frankreich 1939) und wirft einen durchdringenden Blick auf jene, die behaupten, dass das, was sie taten, nicht jenes gewesen wäre, was sie eigentlich als das Beste zu tun erkannt hätten, tatsächlich zu tun beabsichtigt hätten und schließlich dennoch nicht tun konnten. Dass wir in Bezug auf unser eigenes Handeln uns vor Sachfragen gestellt sehen und moralische Anforderungen entweder nicht sehen oder sie als uns und unserer Situation nicht betreffend wahrnehmen, ist nun aber durchaus nicht etwas, das nur in einem exklusiven Einzelfall geschieht, wie etwa einem Mord, sondern findet in jedem Augenblick unserer Existenz statt. Nun könnte man natürlich einwenden: »Zugegeben, auch wir tun dieses und jenes moralisch höchst Fragwürdige, wofür wir andere tadeln, ganz selbstverständlich – aber das alles geht doch nicht so weit, dass wir einen Mord begehen!« Ein schonungsloser Blick auf die Geschichte eines Verbrechens wird uns aber zeigen, wie dieses in der Tat exklusive Verbrechen Konsequenz derselben Mechanismen ist, die wir bei uns selbst beobachten können, und uns damit konfrontieren, wie in den in uns wirksamen Mechanismen immer schon der Keim des Mordens steckt. Damit aber ergibt sich eine Verschiebung der moralischen Perspektive, insofern nun wir selbst Gegenstand des moralischen Urteils sind. Gerade so wird die moralische Rede nicht

395 Camus 2003, 9.

abgeschafft, sondern aufgerichtet und kommt zu ihrem eigentlichen Ziel: *unserer* Verurteilung.[396]

5.5 Was ist mir gegeben? – Die Grundfrage der Theologischen Ethik Ich setze ein mit Bekanntem: Normativ-ethische Forderungen können uns nicht befähigen, dem Geforderten zu entsprechen. Im Sollen ist eben nicht bereits das Können enthalten, das Sollen gibt – wie Luther formuliert – »keine Stärke«[397]. Die Funktion der normativ-ethischen Urteilsbildung besteht darin, uns als Sünder offenbar zu machen – und das heißt: als Menschen, deren Willen durch den Willen zu sich selbst bestimmt ist; mit Luther formuliert: Die Gebote zeigen dem Menschen, dass er »nichts in sich [findet], wodurch er gerecht werden könnte«[398].

Wir sind aber bereits einen Schritt weiter gegangen und haben festgestellt, dass gerade die Intention, die ethischen Forderungen zu erfüllen, den Inhalt der normativ-ethischen Forderungen verfehlt. Die Erfüllung von normativ-ethischen Forderungen kann daher kein Handlungs*ziel* sein (bzw. der *Grund* für ein bestimmtes Handeln), zumindest nicht für ein solches Handeln, das die normativ-ethischen Forderungen tatsächlich erfüllt. Dies ist uns gerade im Blick auf den Kern der normativ-ethischen Forderungen klar geworden. Die normativ-ethischen Forderungen zielen auf ein Handeln aus Liebe; »denn der liebende Mensch tut als Liebender genau das, was gut zu heißen verdient«[399]. Im Blick auf die Liebe wird aber die Impotenz der normativ-ethischen Forderungen deutlich: Ich kann nicht lieben, um zu lieben; die Liebe hat ihren Grund im Dasein des oder der anderen. Derjenige, dem es um die Liebe selbst geht, wird die Liebe nicht erreichen; denn ein Mensch, der

396 Vgl. Roth 2009a.

397 Luther 1897a, 23, Z. 33.

398 Luther 1897a, 24, Z. 9.

399 Jüngel 1990, 106.

einfach nur Liebe schätzt und hierauf zielt, verfehlt den geliebten anderen Menschen mit Sicherheit. Liebe ist kein Handlungsgrund, sondern lässt Gründe zu Gründen werden. Wer liebt, handelt nicht wegen der Liebe, sondern aus Liebe. Insofern kann die Grundfrage einer Ethik, die in einem Handeln aus Liebe den Kern der normativ-ethischen Forderungen sieht, nicht sein: »Was sollen wir tun?«; denn Liebe ist nicht etwas, das direkt intendiert werden kann. Liebe liegt unserem Wollen voraus, weil sie nicht durch unser Wollen bestimmt wird, sondern unser Wollen bestimmt. Liebe kann nicht gefordert werden, zur Liebe muss man befähigt und befreit werden. Die entscheidende Frage ist daher: »Wie werden wir zur Liebe fähig?« bzw. »Wie werden wir zur Liebe befreit?« Auf *diese* Fragen beansprucht der Glaube, das Vertrauen auf Gottes allem menschlichen Handeln zuvorkommende Zusage in dem Menschen Jesus von Nazareth, eine Antwort zu geben. Die Theologische Ethik setzt daher nicht beim Tun des Menschen an, sondern bei Gottes Zusage. Ihre Grundfrage ist nicht: »Was soll ich tun?«, sondern: »Was ist mir gegeben?«[400]

Die Theologische Ethik besitzt eine hermeneutische Aufgabe. Diese besteht darin zu verstehen, was das Vertrauen auf Gottes bedingungslose Zusage für das menschliche Handeln bedeutet. Um einige Fragestellungen der Theologischen Ethik zu formulieren: In welcher Weise wird der Mensch, der auf die in der Person Jesu von Nazareth ergangene Zusage Gottes vertraut, die für alle vergangenen wie für alle zukünftigen Taten des Menschen gilt, im immer schon sich im Gang befindenden Prozess der Verwirklichung von Gestaltungsmöglichkeiten des Daseins befähigt, *gelassen zu sein*, weil er sich durch diesen Prozess selbst nicht zu sichern braucht? Inwiefern ist der Mensch, der davon befreit ist, die verschiedenen Gestaltungsmöglichkeiten des Daseins zu seiner Heilssicherung zu instrumentalisieren, zu einem *befreiten* Blick auf die Gestaltungs-

400 Vgl. Bayer 1980, 7.

möglichkeiten des Daseins befähigt, so dass sich »mit der gewährten Freiheit Distanz und Augenmaß ein[stellt]: der nötige Spielraum zum Handeln«[401]? In welcher Weise ist der Mensch, der im Vertrauen auf Christus befreit ist von dem ängstlichen Blick in die Zukunft, befähigt zur *Wahrnehmung der Gegenwart* und der in ihr gegebenen Möglichkeiten und Chancen des Handelns, so dass er zu tun vermag, was nötig ist, und zwar im »Hier und Jetzt«[402], eben weil er sich – mit den Worten Luthers – »lesst begnu(e)gen an dem das fur handen gegenwertig ist« und nicht alles »auffs ku(e)nfftig [...] meystern und regiren«[403] will?

Die Theologische Ethik, die das Vertrauen auf Gottes Zusage zur Sprache bringt, gibt eine Antwort auf die Frage: »Wie werde ich zur Liebe fähig?«. Nach unseren bisherigen Überlegungen dürfte klar sein, dass, weil Liebe kein Handlungsgrund ist, die Aufgabe der Theologischen Ethik nicht darin bestehen kann, Gründe und Begründungen für Handlungen bereitzustellen,[404] sondern für das Verstehen zu erschließen, inwiefern das Vertrauen auf Gottes Zusage zur Liebe befähigt. Liebe richtet sich immer auf ein anderes Subjekt, insofern der liebende Mensch an dem Wohlergehen eines anderen Subjektes interessiert ist. Die Intention einer Handlung aus Liebe besteht in der Schaffung und Bewahrung des Wohlergehens des geliebten Subjektes. Befreiung zur Liebe bedeutet damit nichts anderes, als es der Person zu ermöglichen, die Intention ihrer Handlungen auf das geliebte Gegenüber zu richten. Die Theologische Ethik hat die Frage zu beantworten, inwiefern durch das Vertrauen auf Christus das Gesetz erfüllt wird, das heißt: der Mensch befähigt wird, die Intention seines Handelns auf das Wohlergehen des Gegenübers zu richten. Auch hier seien einige Fragestellungen

401 Bayer 1984, 24.

402 Vgl. Bayer 1984, 36 ff.

403 Luther 1957, 106, Z. 8 f.

404 Vgl. auch Fischer 2002, 82 f.

der Theologischen Ethik formuliert:[405] Inwiefern befähigt das Vertrauen auf die göttliche Zusage zu einer solchen Gelassenheit, die es dem Menschen ermöglicht, die Taten der Liebe zu wagen? Inwiefern ist das Handeln aus Liebe auf einen befreiten Blick auf die Gestaltungsmöglichkeiten des Daseins angewiesen, der gerade im Vertrauen auf Christus ermöglicht wird? Inwiefern ist ein Handeln aus Liebe einer solchen Wahrnehmung der Gegenwart und der in ihr gegebenen Möglichkeiten und Chancen des Handelns bedürftig, »die sich »lesst begnu(e)gen an dem das fur handen gegenwertig ist«[406], so dass – wie der barmherzige Samariter – die konkrete Not des anderen als Möglichkeit und Notwendigkeit zur Gestaltung erkannt wird. Zusammenfassend: Inwiefern befähigt der Glaube zu einer »Existenz in der Liebe«, weil er der Person ermöglicht, das Wohlergehen des anderen zur Intention des eigenen Handelns zu machen?

5.6 Fazit Wir sind von der Frage ausgegangen, ob die Einsicht in die Unfreiheit des Willens das Unternehmen »Ethik« verunmöglicht. Vor allem eine Theologische Ethik ist durch diese Frage herausgefordert, insofern diese auf das Phänomen der Sünde, der Macht, die unser Wollen bestimmt und uns in unserem Selbstinteresse festhält, aufmerksam geworden ist. Theologische Ethik ist Skeptische Ethik; denn sie ist von der Einsicht getragen, dass das Sollen nicht zur Entsprechung des Sollens führt, weil das Können nicht im Sollen enthalten ist. Genau in dieser Einsicht besteht die Pointe der paulinisch-reformatorischen Unterscheidung von Gesetz und Evangelium: Diese Unterscheidung bringt zur Sprache, dass die Aufgabe der normativ-ethischen Forderungen nicht darin besteht, uns zur Entsprechung dieser Forderungen zu befähigen, sondern darin, einen Reflexionsprozess in Gang zu setzen, der uns zeigt, was

405 Vgl. Roth 2003b.

406 Luther 1957, 106, Z. 9.

wir sind: Sünder, deren einzelne Willensakte immer vom Willen zu sich selbst bestimmt sind. Die entscheidende Frage für unser Leben lautet daher: »Wie werden wir zur Liebe befreit?«

Die Grundfrage der Theologischen Ethik ist nicht: »Was soll ich tun?«, sondern: »Was ist mir gegeben?«. Die Aufgabe der Theologischen Ethik ist folglich hermeneutischer Natur: Sie hat ein Leben und Handeln verstehen zu lehren, das sich der Zusage des Lebens verdankt, die zu einer Wahrnehmung und einem Sich-Einlassen auf die Wirklichkeit befähigt. Dieses Leben und Handeln versucht keinem Sollen gerecht zu werden, weil das als Forderung zum Ausdruck gebrachte Gute nicht durch eine Entsprechung der Forderung erreicht werden kann. Die Theologische Ethik beschreibt damit ein Leben, das zur Liebe je und je befreit wird und dessen Wollen von hier aus bestimmt ist.

Zusammenfassung

Dieser Essay verdankt sich nicht zuletzt der Tatsache, dass das Thema »Willensfreiheit« seit geraumer Zeit auch öffentliches Interesse erregt, dabei aber häufig in der Diskussion verstellt ist, worum es bei dem Streit um das Theorem der Willensfreiheit eigentlich geht. So setzen Vertreter des Theorems der Willensfreiheit nicht selten Szenarien des moralischen Chaos in die Welt und lehren die Menschen das Fürchten vor dem Naturalismus der Hirnforschung. Sie behaupten, dass die Bestreitung des Theorems der Willensfreiheit dazu führt, dem Menschen jegliche Freiheit abzusprechen und außer Acht zu lassen, dass Menschen in ihren Entscheidungen nicht einfach durch einen Zwang festgelegt sind, sondern »alternative Handlungsmöglichkeiten haben«. Darüber hinaus wird suggeriert, dass mit der Bestreitung des Theorems der Willensfreiheit auch unsere Rede von Schuld und Verantwortung (und damit die Grundlage der Rechtsprechung samt der Institution der Strafe) sinnlos werde. Teilweise leisten auch Bestreiter des Theorems der Willensfreiheit diesen Horrorszenarien Vorschub, insofern sie sich zu provokativen und überzogenen Aussagen hinreißen lassen.

Ich habe in diesem Essay – vor allem in Auseinandersetzung mit den Konzeptionen von Gerhard Roth und Michael Pauen – eine kompatibilistische Freiheitstheorie zur Diskussion gestellt, die zu zeigen beansprucht, dass Freiheit und Determination miteinander vereinbar (kompatibel) sind. Freiheit haben wir als Handlungsfreiheit verstanden. Von Freiheit sprechen wir, wenn unsere Handlung sich unseren Wünschen und Motiven verdankt und weder Resultat von (äußerem) Zwang noch von Zufall ist. Unsere Handlungen sind folglich als frei zu beurteilen, wenn sie durch unseren Willen determiniert (verursacht) sind. Wir haben gesehen, dass weder unsere Selbsterfahrung noch die Rede von Schuld und Verantwortung das Theorem der Willensfreiheit erforderlich macht. Dies – so habe ich zu zeigen versucht – wird dann übersehen, wenn die Rede von

Freiheit kurzschlüssig mit dem Theorem der Willensfreiheit verwechselt wird.

Ein wesentlicher Gesichtspunkt dieses Essays bestand in der Begründung der These, dass es nicht die Rede von Schuld und die Begründung von Strafe ist, die das Theorem der Willensfreiheit generieren, sondern das Interesse an einem *selbstgerechten* Reden von Schuld (und eine hierauf aufbauende Begründung der Notwendigkeit von Strafe). Wir haben festgestellt, dass sich diese Selbstgerechtigkeit in zwei Tendenzen zeigt: zum einen in der Erhebung über die Taten anderer, zum anderen in der Nivellierung der eigenen Schuld zum bloßen Zufall.

Dieses Interesse an dem Theorem der Willensfreiheit verdeutlicht, inwiefern die Rede von Sünde unaufhebbar mit der Rede von der Unfreiheit des Willens verbunden ist. Mit der Sünde ist eine Grundverkehrung des menschlichen Lebensvollzugs in den Blick genommen und nicht etwas, das in oder am Menschen einen kleineren oder größeren Mangel darstellt. Diese Grundverkehrung ist daher als eine solche zu verstehen, die nicht durch unser Wollen zu beseitigen ist, sondern eine unverfügbare und daher unentrinnbare *Ausrichtung unseres Willens* darstellt: Die Grundrichtung unseres Lebensvollzugs ist vom Willen zu sich selbst bestimmt. Mit dem »Willen zu sich selbst« wird eine schonungslose Antwort auf die Frage gegeben, was das für Motive sind, die mich letzten Endes treiben, die mein Wollen und Handeln bestimmen – jenseits dessen, wie ich es mir »schön reden« kann und auch jenseits dessen, was ich andere glauben machen kann, um was es mir geht.

Abschließend ist in diesem Essay der Frage nachgegangen worden, ob die Einsicht in die Unfreiheit des Willens das Unternehmen »Ethik« verunmöglicht. Wir haben gesehen, dass vor dieser Frage im Besonderen die Theologische Ethik steht, insofern diese auf das Phänomen der Sünde, der Macht, die unser Wollen bestimmt und uns in unserem Selbstinteresse festhält, aufmerksam geworden ist. Die Sündenlehre ist keine Anleitung zum moralischen Urteilen, sondern ein Versuch, Verstehen zu initiieren. Die Rede von der

Sünde befähigt uns, den anderen (empathisch) zu verstehen, statt uns im Modus des Urteils von ihm zu distanzieren. Ich bin wie der andere und der andere ist wie ich – angewiesen auf Gottes Zusage: »Blicke auf Christus, das bist du für mich!«

Von hier aus besitzt die Theologische Ethik eine hermeneutische Aufgabe: Sie hat zu zeigen, inwiefern das Vertrauen auf Gottes Zusage das menschliche Leben zu einer »Existenz in der Liebe« befähigt, die das Wohlergehen des anderen zur Intention des eigenen Handelns machen kann.

Literaturverzeichnis

Arendt, H. ([14]1986), Eichmann in Jerusalem. Ein Bericht über die Banalität des Bösen. Aus dem Amerikanischen von B. Granzow. Mit einem einleitenden Essay von H. Mommsen, München

Die Augsburgische Konfession ([10]1986), in: Die Bekenntnisschriften der evangelisch-lutherischen Kirche. Herausgegeben im Gedenkjahr der Augsburgischen Konfession 1930, Göttingen (abgekürzt: CA)

Augstein, F. ([2]2006), Taten und Täter. Ein Nachwort, in: H. Arendt, Über das Böse. Eine Vorlesung zu Fragen der Ethik. Aus dem Nachlaß herausgegeben von J. Kohn. Übersetzt aus dem Englischen von U. Ludz, München/Zürich, 177–195

Axt-Piscalar, Chr. (2009), Die Krise der Freiheit. Überlegungen zur Sünde im Anschluss an Sören Kierkegaard, in: H. Höping/M. Schulz (Hg.), Unheilvolles Erbe? Zum Verständnis der Erbsündenlehre, Freiburg, 142–159

Ayer, A. J. (1946), Language, Truth and Logic, New York

Bader, G. (2009), Von dem zum Denken von Schuld erforderlichen Aufwand, in: S. Beyerle/M. Roth/J. Schmidt (Hg.), Schuld. Interdisziplinäre Versuche ein Phänomen zu verstehen (Theologie – Kultur – Hermeneutik Bd. 11), Leipzig, 19–41

Barry, B./Hardin, R. (Hg.) (1982), Rational Man and Irrational Society? An Introduction and Sourcebook, London

Barth, K. (1968), Evangelium und Gesetz, in: E. Kinder/K. Haendler (Hg.), Gesetz und Evangelium. Beiträge zur gegenwärtigen Theologischen Diskussion (Wege der Forschung CXLII), Darmstadt, 1–29

Bauer, F. (1966), Auf der Suche nach dem Recht, Stuttgart

Bauer, F. (1969), Vom kommenden Strafrecht. Mit einem Vorwort von Herbert Jäger, Frankfurt

Bayer, O. (1980), Zugesagte Freiheit. Zur Grundlegung theologischer Ethik, Gütersloh

Bayer, O. (1984), Aus Glauben leben. Über Rechtfertigung und Heiligung, Stuttgart

Bayer, O. (1992), Leibliches Wort. Reformation und Neuzeit im Konflikt, Tübingen

Bayer, O. (1999), Gott als Autor. Zu einer poietologischen Theologie, Tübingen

Bayer, O. (2007), Martin Luthers Theologie, Tübingen, 3. erneut durchgesehene Auflage

Bayer, O. (2009a), Angeklagt und anerkannt. Religionsphilosophische und dogmatische Aspekte, in: H. Chr. Knuth (Hg.), Angeklagt und *anerkannt*. Luthers Rechtfertigungstheologie in gegenwärtiger Verantwortung (Veröffentlichungen der Luther-Akademie Sondershausen-Ratzeburg e.V. 6), Erlangen, 9–107

BAYER, O. (2009b), Ethik der Gabe, in: H. Chr. Knuth (Hg.), Angeklagt und anerkannt. Luthers Rechtfertigungstheologie in gegenwärtiger Verantwortung (Veröffentlichungen der Luther-Akademie Sondershausen-Ratzeburg e.V. 6), Erlangen, 133–154

BAYERTZ, K. (2004), Warum überhaupt moralisch sein?, München

BECKER, P. (2002), Verderbnis und Entartung. Eine Geschichte der Kriminologie des 19. Jahrhunderts als Diskurs und Praxis, Göttingen

BECKERMANN, A. (2006), Freier Wille – Alles Illusion?, in: S. Barton (Hg.), »[...] weil er für die Allgemeinheit gefährlich ist!«, Baden-Baden, 293–330

BENÖHR, H.-P. (1975), Erfolgshaftung nach dem Sachsenspiegel?, in: Zeitschrift für Rechtsgeschichte. Germanistische Abteilung 92, 190–193

BERGMANN, J./LUCKMANN, Th. (Hg.) (1999), Kommunikative Konstruktion der Moral, Bde. 1 u. 2, Opladen

BIERI, P. (⁹2009), Das Handwerk der Freiheit, Über die Entdeckung des eigenen Willens, München

BINDING, K. (1914), Die Normen und ihre Übertretung Bd. II/1, Leipzig

BIRBAUMER, N. (2004), Hirnforscher als Psychoanalytiker, in: Ch. Geyer (Hg.), Hirnforschung und Willensfreiheit. Zur Deutung der neuesten Experimente, Frankfurt a.M., 27–29

BITTNER, R. (2004), Verwüstung durch Moral, in: B. Boote/ Ph. Stoellger (Hg.), Moral als Gift oder Gabe? Zur Ambivalenz von Moral und Religion, Würzburg, 98–103

BITTNER, R. (2005), Aus Gründen handeln, Berlin

BLAKEMORE, S. J./WOLPERT, D. M./ FRITH, C. D. (2002), Abnormalities in the awareness of action (Trends in Cognitive Science 6), 237–242

BLOCK, J./ESCHMANN, H. (Hg.) (2010), Peccatum magnificare. Zur Wiederentdeckung des evangelischen Sündenverständnisses für die Handlungsfelder der praktischen Theologie. Festschrift für Christian Möller (Arbeiten zur Pastoraltheologie, Liturgik und Hymnologie 60), Göttingen

BOCK, M. (2000), Kriminologie, München

BOCKELMANN, P. (1963), Willensfreiheit und Zurechnungsfähigkeit, in: Zeitschrift für die gesamte Strafrechtswissenschaft 75, 372–385

BORNER, M. (2008), Kann ein Mörder schuldlos sein?, in: K.-J. Grün/M. Friedman/ G. Roth (Hg.), Entmoralisierung des Rechts. Maßstäbe der Hirnforschung für das Strafrecht, Göttingen, 168–182

Bossi, R. (2005), Halbgötter in Schwarz. Deutschlands Justiz am Pranger, Frankfurt a. M.
Brandt, S./Suchocki, M. H./Welker, M. (Hg.) (1997), Sünde. Ein unverständlich gewordenes Thema, Neukirchen-Vluyn
Brockhaus Conversations-Lexikon 3, Amsterdam/Leipzig 1811
Bultmann, R. (1984), Theologie des Neuen Testaments, 9. Aufl. durchgesehen und ergänzt von O. Merk, Tübingen
Bunge, B./Mahner, M. (2000), Philosophische Grundlagen der Biologie, Berlin
Burkhardt, B. (1998), Freiheitsbewusstsein und strafrechtliche Schuld, in: A. Eser (Hg.), Festschrift für Theodor Lenckner zum 70. Geburtstag, München, 1–25
Campbell, R./Sowden, L. (Hg.) (1985), Paradoxes of Rationality and Cooperation. Prisoner's Dilemma and Newcomb's Paradox, Vancouver
Camus, A. ([25]2003), Der Mensch in der Revolte. Essays. Aus dem Französischen von J. Streller, bearbeitet von G. Schlocker unter Mitarbeit von F. Bondy, Reinbek bei Hamburg
Chisholm, R. M. (1982), Human Freedom and the Self, in: G. Watson (Hg.), Free Will, Oxford/New York, 24f.
Claussen, J.-H. (2005), Glück und Gegenglück. Philosophische und theologische Variationen über einen alltäglichen Begriff, Tübingen
Crüsemann, F. (1992), Die Tora. Theologie und Sozialgeschichte des alttestamentlichen Gesetzes, München
Danner, M. (1977), Gibt es einen freien Willen? Eine psychologische Studie, Heidelberg/Hamburg, 4. erweiterte Auflage
Davies, W. (1974), Die Bedeutung des Gesetzes im Christentum (Concilium 10), 551–556
Denzinger, H. ([37]1991), Enchiridion symbolorum definitionum et declarationum de rebus fidei et morum. Hg. v. P. Hünermann, Freiburg i. Br./Basel/Rom/Wien, (abgekürzt: DH)
Detlefsen, G. (2006), Grenzen der Freiheit – Bedingungen des Handelns – Perspektiven des Schuldprinzips. Konsequenzen neurowissenschaftlicher Forschungen für das Strafrecht, Berlin
Diekmann, A./Mitter, P. (Hg.) (1986), Paradoxical Effects of Social Behavior. Essays in Honor of Anatol Rapport, Heidelberg
Dieter, Th. (2009), Beobachtungen zu Martin Luthers Verständnis »der« Vernunft, in: J. von Lüpke/E. Thaidigsmann (Hg.), Denkraum Katechismus. Festgabe für Oswald Bayer zum 70. Geburtstag, Tübingen, 145–169
Dihle, A. (1985), Die Vorstellung vom Willen in der Antike, Göttingen
Dölling, D. (2008), Willensfreiheit und Verantwortungszuschreibung unter kriminalitätstheoretischen Aspekten, in: E.-J. Lampe/M.

Pauen/G. Roth (Hg.), Willensfreiheit und rechtliche Ordnung, Frankfurt a. M., 371–395

Drechsel, W. (2004), Sünde – anachronistisches Design weltfremden Christentums in der Moderne oder gegenwartsbezogene Lebensdeutung? Aktualität und Praxisrelevanz eines marginalisierten Themas für eine zeitgemäße Praktische Theologie, in: Pastoraltheologie 93, 17–32

Dreher, E. (1987), Die Willensfreiheit. Ein zentrales Problem mit vielen Seiten, München

Duras, M. (1984), Die englische Geliebte. Roman (aus dem Französischen von Regula Wyss), Basel/Frankfurt

Ebeling, G. (1969), Die Evidenz des Ethischen und die Theologie, in: ders., Wort und Glaube II: Beiträge zur Fundamentaltheologie und der Lehre von Gott, Tübingen, 1–41

Ebeling, G. (1993), Dogmatik des christlichen Glaubens 3, Tübingen

Eckstein, H.-J. (1996), Verheißung und Gesetz. Eine exegetische Untersuchung zu Galater 2,15–4,7 (Wissenschaftliche Untersuchungen zum Neuen Testament 86), Tübingen

Elert, W. (1952), Morphologie des Luthertums Bd. 1: Theologie und Weltanschauung des Luthertums hauptsächlich im 16. und 17. Jahrhundert (verbesserter Nachdruck der 1. Aufl. von 1931), München

Epikur (2000), Briefe – Sprüche – Werkfragmente. Übersetzt und herausgegeben von H.-W. Krautz, Stuttgart

Erasmus von Rotterdam (1969), De libero arbitrio, in: ders., Ausgewählte Schriften. Gesammelte Werke in 8 Bänden. Bd. IV, Darmstadt

Ferber, R. (²2003), Philosophische Grundbegriffe, München

Fischer, H. (2002), Protestantische Theologie im 20. Jahrhundert, Stuttgart/Berlin/Köln

Fischer, J. (1994), Leben aus dem Geist. Zur Grundlegung der christlichen Ethik, Zürich

Fischer, J. (2002), Theologische Ethik. Grundwissen und Grundorientierung, Stuttgart/Berlin/Köln

Frankfurt, H. (1993), Willensfreiheit und der Begriff der Person, in: P. Bieri (Hg.), Analytische Philosophie des Geistes, Bodenheim, 287–302

Freud, S. (1947), Eine Schwierigkeit der Psychoanalyse, in: ders., Gesammelte Schriften Bd. XII. Hg. v. A. Freud u.a., Frankfurt a. M., 3–12

Friedman, M. (2008), Der Doppelcharakter von Schuld, Strafe und Verantwortung, in: K.-J. Grün/M. Friedman/G. Roth (Hg.), Entmoralisierung des Rechts. Maßstäbe der Hirnforschung für das Strafrecht, Göttingen, 143–167

Geisler, C. (1998), Zur Vereinbarkeit objektiver Bedingungen der

Strafbarkeit mit dem Schuldprinzip. Zugleich ein Beitrag zum Freiheitsbegriff des modernen Schuldstrafrechts, Berlin

Gestrich, Chr. (1989), Die Wiederkehr des Glanzes in der Welt. Die christliche Lehre von der Sünde und ihrer Vergebung in gegenwärtiger Verantwortung, Tübingen

Gestrich, Chr. (2003), Systematisch-theologische Überlegungen zum Begriff der Sünde, in: ders., Peccatum – Studien zur Sündenlehre, Tübingen, 176–188

Gollwitzer, H. (1968), Zum Verhältnis von Gesetz und Evangelium, in: E. Kinder/K. Haendler (Hg.), Gesetz und Evangelium. Beiträge zur gegenwärtigen theologischen Diskussion (Wege der Forschung CXLII), Darmstadt, 42–52

Goltz, R. (2008), Das Werden der Gewissheit. Eine Untersuchung zum protestantischen Verständnis von Offenbarung als Grund des Glaubens im Anschluss an die Theologie von Barth, Ebeling und Herms (Theologie – Kultur – Hermeneutik 7), Leipzig

Gräb, W. (2001), Religion der freien Einsicht. Über das unvollendete Projekt der kirchlichen Aufklärung, in: E. Herms (Hg.), Menschenbild und Menschenwürde, Gütersloh, 213–230

Gräb, W. (2008), Der menschliche Makel. Von der sprachlosen Wiederkehr der Sünde, in: W. Gräb/M. Laube (Hg.), Der menschliche Makel. Von der sprachlosen Wiederkehr der Sünde, Rehburg-Loccum, 11–29

Grätzel, S. (2004), Dasein ohne Schuld. Dimensionen menschlicher Schuld aus philosophischer Perspektive, Göttingen

Grätzel, S. (2009), Schuld – der blinde Fleck der Ethik, in: S. Beyerle/M. Roth/J. Schmidt (Hg.), Schuld. Interdisziplinäre Versuche ein Phänomen zu verstehen (Theologie – Kultur – Hermeneutik 11), Leipzig, 29–41

Graf, F. W. (1984), Gesetz I. Neuzeit, Theologische Realenzyklopädie 13, Berlin/New York, 90–126

Graf, F. W. (1992), Der deutsche Protestantismus und der zweite Weltkrieg, in: V. Schubert/ G. Grimm/H. Nehlsen, Der zweite Weltkrieg und die Gesellschaft in Deutschland 50 Jahre danach, St. Ottilien, 217–267

Graf, F. W. (2004), Die Wiederkehr der Götter. Religion in der modernen Kultur, München

Der grosse Katechismus ([10]1986), in: Die Bekenntnisschriften der evangelisch-lutherischen Kirche. Herausgegeben im Gedenkjahr der Augsburgischen Konfession 1930, Göttingen, (abgekürzt: GrKat)

Grün, K.-J./Friedman, M./Roth, G. (2008), Vorwort, in: dies. (Hg.), Entmoralisierung des Rechts. Maßstäbe der Hirnforschung für das Strafrecht, Göttingen, 7–9

GRÜN, K.-J. (2008), Glaubensfragen – Die falsche Rede über Zuschreibung von Schuld und Verantwortung, in: K.-J. Grün/M. Friedman/G. Roth (Hg.), Entmoralisierung des Rechts. Maßstäbe der Hirnforschung für das Strafrecht, Göttingen, 11–53

GÜNTHER, K. (2003), Voluntary Action and Criminal Responsibility, in: S. Maasen/W. Prinz/G. Roth (Hg.), Voluntary Action. Brains, Minds and Society, Oxford, 263–280

GÜNTHER, K. (2005), Das Strafrecht und der Schuldbegriff – Eine alte Diskussion mit neuen Impulsen (Forschung Frankfurt 4), 24–31

GÜNTHER, K. (2006), Hirnforschung und strafrechtlicher Schuldbegriff, in: Kritische Justiz. Vierteljahreszeitschrift für Recht und Politik 39, 116- 133

GUSS, K. (2002), Willensfreiheit oder Beruht das deutsche Strafrecht auf einer Illusion?, Borgentreich

HABERMAS, J. (2005), Freiheit und Determinismus, in: ders., Zwischen Naturalismus und Religion. Philosophische Aufsätze, Frankfurt a. M., 155–186

HÄRLE, W. (1995), Dogmatik, Berlin/New York

HÄRLE, W. (2005), Der (un-)freie Wille aus reformatorischer und neurobiologischer Sicht, in: ders., Menschsein in Beziehung. Studien zur Rechtfertigungslehre und Anthropologie, Tübingen, 253–303

HAGGARD, P./EIMER, M. (1999), On the relation between brain potentials and the awareness of voluntary movements, Experimental Brain Research 126, S. 128–133

HAGNER, M. (2008), Eine sehr kurze Geschichte der modernen Hirnforschung, APuZ 44–45, 12–18.

HARNACK, A. von (1927), Die Entstehung der christlichen Theologie und des kirchlichen Dogmas, Gotha

HEGSELMANN, R. (2002), Ist es rational, moralisch zu sein?, in: H. Lenk/M. Maring (Hg.), Wirtschaft und Ethik, Stuttgart, 165–185

HELMRICH, H. (2003), Wir können auch anders: Kritik der Libet-Experimente, Frankfurter Allgemeine Zeitung vom 30.12.2003, 33

HERMANNI, F. (2004), Luther oder Erasmus? Der Streit um die Freiheit des menschlichen Willens, in: ders./P. Kosloswki (Hg.), Der freie und der unfreie Wille. Philosophische und theologische Perspektiven, München, 165–187

HERMS, E. (1982), Einleitung, in: ders., Theorie für die Praxis, Beiträge zur Theologie, München, 7–30

HERMS (1984), Einheit der Christen in der Gemeinschaft der Kirche. Die ökumenische Bewegung der römischen Kirche im Lichte der reformatorischen Theologie. Antwort auf den Rahner-Plan, Göttingen

HERMS, E. (1992a), Glaube, in: W. Härle/R. Preul (Hg.), Glaube

(Marburger Jahrbuch Theologie IV), Marburg, 79–97

HERMS, E. (1992b), Kosmologische Aspekte des Gesetzesbegriffs, in: ders., Offenbarung und Glaube. Zur Bildung des christlichen Lebens, Tübingen, 408–430

HEUN, W. (2008), Die grundgesetzliche Autonomie des Einzelnen im Lichte der Neurowissenschaften, in: E.-J. Lampe/M. Pauen/G. Roth (Hg.), Willensfreiheit und rechtliche Ordnung, Frankfurt a. M., 276–303

HÖFFE, O. (2000), Immanuel Kant, München

HÖFFE, O. (2004), Der entlarvte Ruck. Was sagt Kant zu den Gehirnforschern?, in: Ch. Geyer (Hg.), Hirnforschung und Willensfreiheit. Zur Deutung der neuesten Experimente, Frankfurt a. Main, 171–176

HOFIUS, O. (1989), Das Gesetz des Mose und das Gesetz Christi, in: ders., Paulusstudien (Wissenschaftliche Untersuchungen zum Neuen Testament 51), Tübingen, 50–74

D'HOLBACH, P. T. (1960), System der Natur oder von den Gesetzen der physischen und der moralischen Welt. Übersetzt von F.-G. Voigt, Berlin

HONDERICH, T. (1995), Wie frei sind wir? Das Determinismus-Problem, Stuttgart

HONECKER, M. (1978), Erfahrung und Entscheidung. Zur Begründung einer theologischen Ethik, in: Zeitschrift für Theologie und Kirche 75, 485–502

HONECKER, M. (1980), Vernunft, Gewissen, Glaube. Das spezifisch Christliche im Horizont der Ethik, Zeitschrift für Theologie und Kirche 77, 325–344

HONECKER, M. (1990), Einführung in die Theologische Ethik. Grundlagen und Grundbegriffe, Berlin/New York

HORSTER, D. (2007), Jürgen Habermas und der Papst. Glaube und Vernunft, Gerechtigkeit und Nächstenliebe im säkularen Staat, Bielefeld

HUIZINGA, J. (1944), Homo ludens. Versuch einer Bestimmung des Spielelements der Kultur, Basel

JACOBS, L. (1974), Die Bedeutung des Gesetzes im Judentum (Concilium 10), 547–551

JAHANSHAHI, M./HALLET, M. (Hg.) (2003), The Bereitschaftspotential. Movement-related cortical potentials, New York

JAKOBS, G. (1982), Strafrechtliche Schuld ohne Willensfreiheit, in: D. Henrich (Hg.), Aspekte der Freiheit, Regensburg, 69–83

JAKOBS, G. (²1991), Strafrecht. Allgemeiner Teil. Die Grundlagen der Zurechnungslehre, Berlin

JAKOBS, G. (1993), Das Schuldprinzip. Hg. v. der Rheinisch-Westfälischen Akademie der Wissenschaften (Vorträge, Geisteswissenschaften G 319), Opladen

JEANNEROD, M. (1997), The Cognitive Neuroscience of Action, Oxford

JEANNEROD, M. (2003), Self-generated actions, in: S. Maasen/W.

Prinz/G. Roth (Hg.), Voluntary Action, New York

Jescheck, H.-H. (1978), Lehrbuch des Strafrechts. Allgemeiner Teil, Berlin

Jescheck, H.-H./Weigend, Th. (⁵1996), Lehrbuch des Strafrechts. Allgemeiner Teil, Berlin

Jodl, F. (1896), Lehrbuch der Psychologie, Stuttgart

Joest, W. (1958), Art. Gesetz und Evangelium VI, in: Religion in Geschichte und Gegenwart II, Tübingen, 3. Aufl., Sp. 1526–1531

Joest, W. (1967), Ontologie der Person bei Luther, Göttingen

Jüngel, E. (²1988), Erwägungen zur Grundlegung evangelischer Ethik im Anschluss an die Theologie des Paulus. Eine biblische Meditation, in: ders., Unterwegs zur Sache. Theologische Bemerkungen. Theologische Erörterungen 1, München, 234–245

Jüngel, E. (1990), Wertlose Wahrheit. Christliche Wahrheitserfahrung im Streit gegen die »Tyrannei der Werte«, in: ders., Wertlose Wahrheit. Zur Identität und Relevanz des christlichen Glaubens (Theologische Erörterungen 3), München, 90–109

Kaiser, H. (²1999), Widerspruch und harte Behandlung. Zur Rechtfertigung von Strafe, Berlin

Kant, I. (1956a), Grundlegung zur Metaphysik der Sitten, in: Immanuel Kant. Werke in sechs Bänden. Bd. IV. Hg. v. W. Weischedel, Darmstadt, 6–102 (abgekürzt: GMdS)

Kant, I. (1956b), Kritik der praktischen Vernunft, in: Immanuel Kant. Werke in sechs Bänden. Bd. IV. Hg. v. W. Weischedel, Darmstadt, 103–302 (abgekürzt: KpV)

Kant, I. (1956c), Die Metaphysik der Sitten, in: Immanuel Kant. Werke in sechs Bänden. Bd. IV. Hg. v. Wilhelm Weischedel, Darmstadt, 303–634 (abgekürzt: MdS)

Kant, I. (1956d), Kritik der reinen Vernunft, Immanuel Kant. Werke in sechs Bänden. Bd. II. Hg. v. Wilhelm Weischedel, Darmstadt (abgekürzt: KrV)

Kant, I, (1964), Idee zu einer allgemeinen Geschichte in weltbürgerlicher Absicht, in: Immanuel Kant. Werke in sechs Bänden. Bd. VI. Hg. v. Wilhelm Weischedel, Darmstadt, 31–50 (abgekürzt: Idee)

Kastning, W. (2003), Morgenröte künftigen Lebens. Das reformatorische Evangelium als Neubestimmung der Geschichte (MS), Diss. Göttingen

Kaufmann, A. (1987), Gustav Radbruch – Rechtsdenker, Philosoph, Sozialdemokrat, München

Kaufmann, A. (1993), Über Gerechtigkeit. Dreißig Kapitel praxisorientierter Rechtsphilosophie, Köln

Kinder, E./Haendler, K. (1968), Zur Einführung, in: Dies. (Hg.), Gesetz und Evangelium. Beiträge zur gegenwärtigen theologischen Diskussion, Darmstadt, VII-XXIV

Klappert, B. (1976), Promissio und Bund. Gesetz und Evangelium bei Luther und Barth, Göttingen

Der kleine Katechismus ([10]1986), in: Die Bekenntnisschriften der evangelisch-lutherischen Kirche. Herausgegeben im Gedenkjahr der Augsburgischen Konfession 1930, Göttingen (abgek.: KlKat)

Knaur. Das deutsche Wörterbuch, München 1985

Kock, Chr. (2001), Natürliche Theologie. Ein evangelischer Streitbegriff, Neukirchen-Vluyn

Köhler, M. (1997), Strafrecht. Allgemeiner Teil, Berlin/Heidelberg

Köhler, Th. (2008), Kein spekulativer ›Raum der Gründe‹ – Das falsche Argument vom ›Kategorienfehler‹ in der aktuellen Diskussion um die philosophische Deutung neurobiologischer Erkenntnisse, in: K.-J. Grün/M. Friedman/G. Roth (Hg.), Entmoralisierung des Rechts. Maßstäbe der Hirnforschung für das Strafrecht, Göttingen, 183–190

Körtner, U. H. J. (2004), Zur Einführung: Das Ethische im Konflikt der Interpretationen, in: ders. (Hg.), Christliche Ethik – evangelische Ethik? Das Ethische im Konflikt der Interpretationen, Neukirchen-Vluyn, 1–11

Körtner, U. H. J. (2008), Schriftprinzip und Schriftgebrauch in der christlichen Ethik, in: M. Beyer/U. Liedke (Hg.), Wort Gottes im Gespräch. Matthias Petzoldt zum 60. Geburtstag, Leipzig, 103–118

Kohlrausch, E. (1910), Sollen und Können als Grundlagen der strafrechtlichen Zurechnung, in: Festgabe für Karl Güterbock, Berlin, 1–34

Konkordienformel ([10]1986), in: Die Bekenntnisschriften der evangelisch-lutherischen Kirche. Herausgegeben im Gedenkjahr der Augsburgischen Konfession 1930, Göttingen, 735–1100 (abgekürzt: FC)

Kornhuber, H. H./Deecke, L. (1965), Hirnpotentialitätsänderungen bei Willkürbewegungen und passiven Bewegungen des Menschen: Bereitschaftspotentiale und reafferente Potentiale, in: Pflüglers Archiv für die gesamte Physiologie 284, 1–17

Kreck, W. (1978), Grundentscheidungen in Karl Barths Kirchlicher Dogmatik. Zur Diskussion seines Verständnisses von Offenbarung und Erwählung, Neukirchen

Kürzinger, J. (1996), Kriminologie. Eine Einführung in die Lehre vom Verbrechen, Stuttgart

Kunkel, W./Schermaier, M. ([13]2001), Römische Rechtsgeschichte, Köln/Weimar/Wien

Lange, D. (1992), Ethik in evangelischer Perspektive. Grundfragen christlicher Lebenspraxis, Göttingen

Laube, M. (2008), Vorwort, in: W. Gräb/M. Laube (Hg.), Der menschliche Makel. Von der sprachlosen Wiederkehr der Sünde, Rehburg-Loccum, 5–9

LEDER, M. (1995), Willensfreiheit. Zwei gute Argumente und ein schlechtes, in: Zeitschrift für philosophische Forschung 49, 76–83

LEONHARDT, R. (2008), Servum arbitrium und libertas christiana – ihr Verhältnis im Horizont neuerer Freiheitsdebatten, in: M. Beyer/U. Liedke (Hg.), Wort Gottes im Gespräch. Matthias Petzoldt zum 60. Geburtstag, Leipzig, 143–162

LIBET, B. (1978), Neuronal vs. subjective timing for a conscious sensory experience, in: P.A. Buser/A. Rougeul-Buser (Hg.), Cerebral Correlates of Conscious Experience, Elsevier/NH 1978, 69–82

LIBET, B. (2005), Mind Time. Wie das Gehirn Bewusstsein produziert, Frankfurt a. M.

LOFTSGORDON, D. (1966), Present-Day British Philosophers on Punishment, in: The Journal of Philosophy 63

LÜDERSSEN, K. (2006), Das Subjekt zwischen Metaphysik und Empirie – Einfluss der modernen Hirnforschung auf das Strafrecht?, in: H.-R. Duncker (Hg.), Beiträge zu einer aktuellen Anthropologie, Stuttgart, 189–205

LUTHER, M. (1883), Die sieben Bußpsalmen. Erste Bearbeitung (1517), in: D. Martin Luthers Werke. Kritische Gesammtausgabe 1, Weimar, 154–220

LUTHER, M. (1888), Von den guten Werken (1520), in: D. Martin Luthers Werke. Kritische Gesammtausgabe 6, Weimar, 202–276

LUTHER, M. (1897a), Von der Freiheit eines Christenmenschen (1529), in: D. Martin Luthers Werke. Kritische Gesammtausgabe 7, Weimar, 12–38

LUTHER, M. (1897b), Enarrationes epistolarum et evangeliorum, quas postillas vocant (1521), in: D. Martin Luthers Werke. Kritische Gesammtausgabe 7, Weimar, 458–538

LUTHER, M. (1905), Predigten des Jahres 1522, in: D. Martin Luthers Werke. Kritische Gesamtausgabe 10/III, Weimar

LUTHER, M. (1909), Predigten des Jahres 1532, in: D. Martin Luthers Werke. Kritische Gesamtausgabe 36, Weimar

LUTHER, M. (1914), Predigten des Jahres 1546, in: D. Martin Luthers Werke. Kritische Gesamtausgabe 51, Weimar, 107–196

LUTHER, M. (1919), Tischreden 1531–1546, in: D. Martin Luthers Werke. Kritische Gesamtausgabe. Tischreden 5, Weimar

LUTHER, M. (1928), Vorrede zum ersten Bande der Gesamtausgaben seiner lateinischen Schriften, in: D. Martin Luthers Werke. Kritische Gesamtausgabe 54, Weimar, 176–187

LUTHER, M. (1938), Brief an Wolfgang Capito in Straßburg (vom 9. Juli 1537), in: D. Martin Luthers Werke. Kritische Gesamtausgabe 8. Briefwechsel, Weimar, 99 f (Nr. 3162)

LUTHER, M. (1957), Vorrede auf den Prediger Salomo (1524), in: D.

Martin Luthers Werke. Kritische Gesamtausgabe 10/II,. Die deutsche Bibel Weimar, 104–106
Luther, M. (1983), Diui Pauli apostoli ad Romanos epistola, in: D. Martin Luthers Werke. Kritische Gesamtausgabe 56, Weimar
Luther, M. (2006a), Disputatio Heidelbergae habita/Heidelberger Disputation (1518), in: Martin Luther. Lateinisch-deutsche Studienausgabe 1. Unter Mitarbeit von M. Beyer hg. und eingel. v. W. Härle, Leipzig, 35–69
Luther, M. (2006b), De servo arbitrio/Vom unfreien Willensvermögen (1525), in: Martin Luther. Lateinisch-deutsche Studienausgabe 1. Unter Mitarbeit von M. Beyer hg. und eingel. v. W. Härle, Leipzig, 219–661
Luther, M. (2006c), Disputatio D. Martini Lutheri de homine/Disputation D. Martin Luthers über den Menschen (1536), in: Martin Luther. Lateinisch-deutsche Studienausgabe 1. Unter Mitarbeit von M. Beyer hg. und eingel. v. W. Härle, Leipzig, 663–669
Luther, M. (2006d), Assertio omnium articulorum Martini Lutheri per bullam Leonis X. novissimam damnatorum/Wahrheitsbekräftigung aller Artikel Martin Luthers, die von der jüngsten Bulle Leos X. verdammt worden sind (1520), in: Martin Luther. Lateinisch-deutsche Studienausgabe 1. Unter Mitarbeit von M. Beyer hg. und eingel. v. W. Härle, Leipzig, 71–217
Mackie, J. L. (1981), Auf der Suche nach dem Richtigen und Falschen, Stuttgart
Maurer, E. (2006), Der Streit um den freien Willen (Glauben und Lernen 21), 124–135
McNaughton, D. (2003), Moralisches Sehen. Eine Einführung in die Ethik. Aus dem Englischen übersetzt von L. Schewe, Frankfurt a. M.
Melanchthon, Ph. (1993), Loci communes 1521, lat./dt., übers.v. H. G. Pöhlmann, Gütersloh 1993
Merkel, G./Roth, G. (2008), Freiheitsgefühle, Schuld und Strafe, in: K.-J. Grün/M. Friedman/ G. Roth (Hg.), Entmoralisierung des Rechts. Maßstäbe der Hirnforschung für das Strafrecht, Göttingen, 54–95
Merkel, R. (2008), Handlungsfreiheit, Willensfreiheit und strafrechtliche Schuld, in: E-J. Lampe/M. Pauen/G. Roth (Hg.), Willensfreiheit und rechtliche Ordnung, Frankfurt a. M., 332–370
Meyers Grosses Konversations-Lexikon 13, Leipzig/Wien 1908
Möntmann, H. G. (1997), Roben, Richter, Rechtsverdreher. Wem der Prozeß gemacht wird und wem nicht, München
Mohr, G. (2008), Welche Freiheit braucht das Strafrecht?, in: E.-J. Lampe/M. Pauen/G. Roth (Hg.), Willensfreiheit und rechtliche Ordnung, Frankfurt a. M., 72–96

MOLTMANN, J. (2009), Theologie als Kulturwissenschaft oder Theologie des Reiches Gottes? Zur Diskussion über die Funktionen der Theologie heute, in: J. von Lüpke/E. Thaidigsmann (Hg.), Denkraum Katechismus. Festgabe für Oswald Bayer zum 70. Geburtstag, Tübingen, 527–539

MOORE, G. E. (1903), Principia ethica, Cambridge

MOSTERT, W. (1975), Erfahrung als Kriterium der Theologie, Zeitschrift für Theologie und Kirche 72, 427–460

MÜLLER, H.-P. (2005), Kann es einen freien Willen geben? – Was sonst!, in: Zeitschrift für Rechtsphilosophie 3/1, 26–35

MÜLLER, J. (1844), Die christliche Lehre von der Sünde, Breslau

NIDA-RÜMELIN, J. (2005), Über menschliche Freiheit, Stuttgart

NIDA-RÜMELIN, J. (2006), Ursachen und Gründe. Eine Replik auf Michael Pauen, Ursache und Gründe, in: Information Philosophie 1, 32–36

NIETZSCHE, F. ([2]1988a), Menschliches, Allzumenschliches II, in: Friedrich Nietzsche. Sämtliche Werke 2. Kritische Studienausgabe in 15 Bde. Hg. v. G. Colli und M. Montinari, München, 367–704

NIETZSCHE, F. ([2]1988b), Götzen-Dämmerung oder Wie man mit dem Jammer philosophirt, in: Friedrich Nietzsche. Sämtliche Werke 6. Kritische Studienausgabe in 15 Bde. Hg. v. G. Colli und M. Montinari, München, 55–160

NIETZSCHE, F. ([2]1988c), Der Antichrist. Fluch auf das Christentum, in: Friedrich Nietzsche. Sämtliche Werke 6. Kritische Studienausgabe in 15 Bde. Hg. v. G. Colli und M. Montinari, München, 165–253

NIETZSCHE, F. ([2]1988d), Nachgelassene Fragmente. Herbst 1885 bis Anfang Januar 1987. 2. Teil: November 1887-Anfang Januar 1889 (11–25), in: Friedrich Nietzsche. Sämtliche Werke 13. Kritische Studienausgabe in 15 Bde. Hg. v. G. Colli und M. Montinari, München

PANNENBERG, W. (1996), Grundlagen der Ethik. Philosophisch-theologische Perspektiven, Göttingen

PAUEN, M. (2001), Freiheit und Verantwortung. Wille, Determinismus und der Begriff der Person, in: Allgemeine Zeitschrift für Philosophie, 23–44

PAUEN, M. (2006), Illusion Freiheit? Mögliche und unmögliche Konsequenzen der Hirnforschung, Frankfurt a. M.

PAUEN, M. (2008), Freiheit, Schuld und Strafe, in: E.-J. Lampe/M. Pauen/G. Roth (Hg.), Willensfreiheit und rechtliche Ordnung, Frankfurt a. M., 41–71

PAUEN, M./ ROTH, G. (2008), Freiheit, Schuld und Verantwortung. Grundzüge einer naturalistischen Theorie der Willensfreiheit, Frankfurt a. M.

PETZOLDT, M. (2008), Gehirn – Geist – Heiliger Geist. Muss der Glaube die Willensfreiheit verteidigen?, Hamburg

PFISTER, O. (1903), Die Willensfreiheit. Eine kritisch-systematische Untersuchung, o. O.

PLACK, A. (1974), Plädoyer für die Abschaffung des Strafrechts, München

PLANCK, M. (⁵1949), Vom Wesen der Willensfreiheit, in: ders., Vorträge und Erinnerungen, Stuttgart

PLESSNER, H. (1961), Lachen und Weinen. Eine Untersuchung nach den Grenzen menschlichen Verhaltens, Bern/München

POTHAST, U. (1987), Die Unzulänglichkeit der Freiheitsbeweise. Zu einigen Lehrstücken aus der neueren Geschichte von Philosophie und Recht, Frankfurt a. M.

PRINZ, W. (2004), Der Mensch ist nicht frei. Ein Gespräch, in: Ch. Geyer (Hg.), Hirnforschung und Willensfreiheit. Zur Deutung der neuesten Experimente, Frankfurt a. M., 20–29

RATZINGER, Joseph Kardinal (2005), Werte in Zeiten des Umbruchs. Die Herausforderung der Zukunft, Freiburg im Breisgau

RAWLS, J. (1955), Two Concepts of Rules, in: The Philosophical Review 64, 3–32

RENDTORFF, T. (1990), Ethik. Grundelemente, Methodologie und Konkretionen einer ethischen Theologie 1, 2., überarb. und erw. Auflage, Stuttgart

RENSCH, B. (1979), Gesetzlichkeit, psychologischer Zusammenhang, Willensfreiheit und Ethik, Berlin

RÖSLER, F. (2008), Was verraten die Libet-Experimente über den »freien Willen«? – Leider nicht viel!, in: E.-J. Lampe/M. Pauen/G. Roth (Hg.), Willensfreiheit und rechtliche Ordnung, Frankfurt a. M., 140–164

ROTH, G. (2003a), Fühlen, Denken, Handeln, Frankfurt a. M.

ROTH, G. (2008), Homo neurobiologicus – ein neues Menschenbild?, in: APuZ 44–45, 6–12

ROTH, G./LÜCK, M./STRÜBER, D. (2008), Willensfreiheit und strafrechtliche Schuld aus Sicht der Hirnforschung, in: E-J. Lampe /M. Pauen/G. Roth (Hg.), Willensfreiheit und rechtliche Ordnung, Frankfurt a. M., 126–139

ROTH, M. (2000), Oskar Pfister – der Beginn einer problematischen Freud-Rezeption innerhalb der Theologie. Eine Problemanzeige (Praktische Theologie 35), 40–57

ROTH, M. (2003b), Die Seelsorge als Dimension der Ethik. Überlegungen zur seelsorgerlichen Struktur der Ethik, Pastoraltheologie 92, 319–333

ROTH, M. (2004a), Gottes Allmacht und Passivität des Menschen in der christlichen Frömmigkeit. Überlegungen zum Menschen im Gebet (Luther 75), 123–142

ROTH, M. (2004b), Normative Ethik und weltanschaulicher Pluralismus – Bemerkungen zur ethischen Urteilsbildung in der offenen Gesellschaft im Anschluß an G. Ebeling und M. Honecker (Berliner Theologische Zeitschrift 21), 172–191

Roth, M. (2005a), Protestantische Ethik als Explikation der Ethosgestalt des Glaubens? Thesen zur fundamentalethischen Bedeutung der Unterscheidung von Gesetz und Evangelium (Luther 76), 26–40

Roth, M. (2005b), Hermeneutik der Gegenwart und Kontextualität der Theologie, in: T. Claudy/M. Roth (Hg.), Die Freizeit als Thema der theologischen Gegenwartsdeutung (Theologie – Kultur – Hermeneutik 1), Leipzig, 53–76

Roth, M. (2008a), Theologische Ethik als Ethische Theologie – Versuch einer enzyklopädischen Orientierung der Theologischen Ethik, in: M. Beyer/U. Liedke (Hg.), Wort Gottes im Gespräch. Matthias Petzoldt zum 60. Geburtstag, Leipzig, 119–141

Roth, M. (2008b), Ein Mord, den jeder begeht. Überlegungen zur Moral in der Detektivgeschichte, in: W. Kinzig/U. Volp (Hg.), God and Murder. Literary Representations of Religion in English Crime Fiction (= Studien des Bonner Zentrums für Religion und Gesellschaft 4), Würzburg 129–151

Roth, M. (2008c), Was ist ein Moralist? Überlegungen zum moralischen Bullshit und seiner Vermeidung, in: M. Roth/J. Schmidt (Hg.), Gesundheit – humanwissenschaftliche, historische und theologische Aspekte (Theologie – Kultur – Hermeneutik 7), Leipzig, 195–224

Roth, M. (2009a), Lex semper accusat. Lutherische Moralkritik, in: Angeklagt und anerkannt. Lutherische Rechtfertigungslehre in der Verantwortung (Veröffentlichungen der Luther-Akademie Sondershausen-Ratzeburg 6), Erlangen, 109–132

Roth, M. (2009b), Was sucht lutherische Theologie bei den Kulturwissenschaften? Überlegungen zur Bedeutung des interdisziplinären Gesprächs für eine lutherische Theologie, in: J. von Lüpke/E. Thaidigsmann, Denkraum Katechismus. Festgabe für Oswald Bayer zum 70. Geburtstag, Tübingen, 507–526

Roth, M. (2009c), Vernunft des Glaubens – Vernunft des Glaubenden. Überlegungen zur Gefahr einer unangefochtenen Theologie für den angefochtenen Glauben, in: F. Schweitzer (Hg.), Kommunikation über Grenzen (Tagungsband des XIII. Europäischen Kongress für Theologie), Gütersloh, 657–675

Roth, M. (2010a), Moral, Gewissen und Sünde. Überlegungen zur Selbstreflexion (Berliner Theologische Zeitschrift 27)

Roth, M. (2010b), Die Bedeutung der Rede von der Sünde für das Selbstverständnis des christlichen

Glaubens, in: Gegenwärtige Herausforderungen und Möglichkeiten christlicher Rede von der Sünde. Herausgegeben im Auftrag der Bischofskonferenz der Vereinigten Evangelisch-lutherischen Kirche Deutschlands (VELKD) von M. Lasogga und U. Hahn (Amt der VELKD), Hannover

Roxin, C. (1979), Zur jüngsten Diskussion über Schuld, Prävention und Verantwortlichkeit im Strafrecht, in: A. Kaufmann/G. Baumann/D. Krauss/K. Volk (Hg.), Festschrift für Paul Bockelmann zum 70. Geburtstag, München, 279–309

Roxin, C. (1987), Was bleibt von der Schuld im Strafrecht übrig?, in: Schweizerische Zeitschrift für Strafrecht 104, 356–376

Roxin, C. (1994), Strafrecht. Allgemeiner Teil. 1: Grundlagen. Der Aufbau der Verbrechenslehre, München

Sacks, O. (1988), Der Mann, der seine Frau mit einem Hut verwechselte. Deutsch von D. van Gunsteren, Frankfurt a. M.

Sauter, G. (2002) Evangelische Theologie an der Jahrtausendschwelle, Leipzig

Schiemann, A. (2008), Risiken und Nebenwirkungen der Hirnforschung für das deutsche Strafrecht – Kann es einen freien Willen geben?, in: K.-J. Grün/M. Friedman/G. Roth (Hg.), Entmoralisierung des Rechts. Maßstäbe der Hirnforschung für das Strafrecht, Göttingen, 131–142

Schleiermacher, F. ([7]1960), Der christliche Glaube. Nach den Grundsätzen der evangelischen Kirche im Zusammenhange dargestellt Bd. 1, neu hg. u. mit Einl., Erläut. und Register versehen v. M. Redeker, Berlin

Schnädelbach, H. (2007), Vernunft (Grundwissen Philosophie), Stuttgart

Schnädelbach, H. (2009a), Der Fluch des Christentums. Die sieben Geburtsfehler einer alt gewordenen Weltreligion. Eine kulturelle Bilanz nach 2000 Jahren, in: ders., Religion in der modernen Welt. Vorträge, Abhandlungen. Streitschriften, Frankfurt a. M., 153–173

Schnädelbach, H. (2009b), Nachschrift 2009, in: ders., Religion in der modernen Welt. Vorträge, Abhandlungen. Streitschriften, Frankfurt a. M., 174–176

Schneider-Flume, G. (2009), Vom Lebewort zur konkreten Theologie. Die Bedeutung von Luthers Schriftverständnis für die Theologie und Verkündigung heute, in: J. von Lüpke/E. Thaidigsmann (Hg.), Denkraum Katechismus. Festgabe für Oswald Bayer zum 70. Geburtstag, Tübingen, 451–471

Schockenhoff, E. (2004), Wir Phantomwesen. Über zerebrale Kategorienfehler, in: Ch. Geyer (Hg.), Hirnforschung und Willensfreiheit. Zur Deutung der neuesten Experimente, Frankfurt a. M., 194–204

SCHREIBER, H.-L. (2005), Ist der Mensch für sein Verhalten rechtlich verantwortlich?, in: B.-R. Kern/E. Wadle/K.-P. Schroeder/Ch. Katzenmeier (Hg.), Humaniora. Medizin – Recht – Geschichte, Berlin, 1069–1078

SCHULZE, G. (2006), Die Sünde. Das schöne Leben und seine Feinde, München/Wien

SCHWARZ, R. (1998), Luther. Studienausgabe, Göttingen, 2., überarbeitete Aufl.

SCHWÖBEL, Chr. (1990), Offenbarung und Erfahrung – Glaube und Lebenserfahrung. Systematisch-theologische Überlegungen zu ihrer Verhältnisbestimmung, in: W. Härle/R. Preul (Hg.), Lebenserfahrung (Marburger Jahrbuch Theologie III), Marburg, 68–122

SEEBASS, G. (1993), Freiheit und Determinismus, in: Zeitschrift für philosophische Forschung 47, 1–22; 223–245

SEEBASS, G. (2003), Art. »Wille/Willensfreiheit: Philosophisch«, in: Theologische Realenzyklopädie 36, Berlin, 55–73

SEEBASS, G. (2006), Die Signifikanz der Willensfreiheit, in: ders., Handlung und Freiheit. Philosophische Aufsätze, Tübingen, 191–246

SEEL, M. (1999), Versuch über die Form des Glücks. Studien zur Ethik, Frankfurt a. M.

SINGER, W. (2002), Der Beobachter im Gehirn, Essays zur Hirnforschung, Frankfurt a. M.

SINGER, W. (2004), Verschaltungen legen uns fest. Wir sollten aufhören, von Freiheit zu sprechen, in: Ch. Geyer (Hg.), Hirnforschung und Willensfreiheit. Zur Deutung der neuesten Experimente, Frankfurt a. M., 30–65

SINGER, W. (2005), Grenzen der Intuition: Determinismus oder Freiheit, in: R. M. Kiesow/R. Ogorek/S. Simitis (Hg), Summa. Festschrift für Dieter Simon zum 70. Geburtstag, Frankfurt a. M., 529–538

SLENCZKA, N. (2003), Der Tod Gottes und das Leben des Menschen. Glaubensbekenntnis und Lebensvollzug, Göttingen

SLENCZKA, N. (2008), Lebendiges Erbe. Von der erschließenden Kraft der dogmatischen Sünden- und Erbsündenlehre, in: W. Gräb/M. Laube (Hg.), Der menschliche Makel. Von der sprachlosen Wiederkehr der Sünde (Loccumer Protokolle 11/08), Rehburg-Loccum, 31–51

SPAEMANN, R. (1991), Über einige Schwierigkeiten mit der Erbsündenlehre, in; Chr. Schönborn/A. Görres/R. Spaemann, Zur kirchlichen Erbsündenlehre, Freiburg, 37–66

SPAEMANN, R. (^{2}1998a), Personen. Versuche über den Unterschied zwischen »etwas« und »jemand«, Stuttgart

SPAEMANN, R. (^{4}1998b), Glück und Wohlwollen. Versuch über Ethik, Stuttgart

SPARN, W. (1980), Begründung und Verwirklichung. Zur anthropologischen Thematik der lutherischen Bekenntnisse, in: M. Brecht/R. Schwarz (Hg.), Bekenntnis und Einheit der Kirche. Studien zum Konkordienbuch, Stuttgart, 129–153

SPILGIES, G. (2004), Die Bedeutung des Determinismus-Indeterminismus-Streits für das Strafrecht. Über die Nichtbeachtung der Implikationen eines auf Willensfreiheit gegründeten Schuldstrafrechts, Hamburg

STADLER, M. (2007), Der freie Wille, die Zeit und die Verantwortlichkeit, in: J.-C. Heilinger (Hg.), Naturgeschichte der Freiheit, Berlin/New York, 117–132

STEINVORTH, U. (²1994), Freiheitstheorien in der Philosophie der Neuzeit, Darmstadt

STEINVORTH, U. (2004), Ist Moralität Gewalt gegen sich selbst?, in: B. Boote/Ph. Stoellger (Hg.), Moral als Gift oder Gabe? Zur Ambivalenz von Moral und Religion, Würzburg, 104–126

STEMMINGER, G. (1992), Gottes Güte und die Übel in der Welt, Tübingen

STEVENSON, C. L. (1944), Ethics and Language, London

STOCKER, M. (1998), Die Schizophrenie moderner ethischer Theorien, in: K. P. Rippe/P. Schader (Hg.), Tugendethik, Stuttgart, 19–41

STRATENWERTH, G. (2000), Strafrecht. Allgemeiner Teil. 1: Die Straftat, Köln

STRAWSON, P. F. (1982), Freedom and Resentment, in: G. Watson (Hg.), Free Will, Oxford/New York, 59–80.

TANNER, K. (2002), Theologie im Kontext der Kulturwissenschaften (Berliner Theologische Zeitschrift 19), 83–98

THOMÄ, D. (2003), Vom Glück in der Moderne, Frankfurt a. M.

URBAN, M. (2005), Warum der Mensch glaubt. Von der Suche nach dem Sinn, München

WALDE, B. (2004), Ein Fingerschnipsen ist noch keine Partnerwahl. Ein Gespräch, in: Ch. Geyer (Hg.), Hirnforschung und Willensfreiheit. Zur Deutung der neuesten Experimente, Frankfurt a. Main, 148–152

WALTER, H. (1998), Neurophilosophie der Willensfreiheit, Paderborn

WEGNER, D. (2002), The Illusion of Conscious Will. Bradford Books, Cambridge Mass./London

WELKER, M. (1989), Gesetz und Geist, in: I. Baldermann et al. (Hg.), »Gesetz« als Thema biblischer Theologie (Jahrbuch Biblische Theologie 4), Neukirchen-Vluyn, 215–229

WEISCHEDEL, W. (1976), Skeptische Ethik, Frankfurt a. M.

WESSEL, J./BEULKE, W. (2003), Strafrecht. Allgemeiner Teil. Die Straftat und ihr Aufbau, Heidelberg

WINGERT, L. (2004), Gründe zählen. Über einige Schwierigkeiten des Bionaturalismus, in: Ch. Geyer (Hg.), Hirnforschung und Willensfreiheit. Zur Deutung der neuesten Experimente, Frankfurt a. M., 194–204

WINGERT, L. (2006), Grenzen der naturalistischen Selbstobjektivierung, in: D. Sturma (Hg.), Philosophie und Neurowissenschaft, Frankfurt a. M., 240–260

WOLF, W. (³1958), Art. Gesetz und Evangelium V, Religion in Geschichte und Gegenwart Bd. II, Tübingen, Sp. 1519–1526

WOLF, W. (1968), Habere Christum omnia Mosi. Bemerkungen zum Problem »Gesetz und Evangelium«, in: E. Kinder/K. Haendler (Hg.), Gesetz und Evangelium. Beiträge zur gegenwärtigen theologischen Diskussion (Wege der Forschung CXLII), Darmstadt, 166–186

WUKETITS, F. M. (2008), Die Illusion des freien Willens. Essay, in: APUZ 44–45, 3–5